社会权力的运作逻辑与法律规制

SHEHUI QUANLI DE YUNZUO LUOJI YU FALÜ GUIZHI

丁延龄 ◎ 著

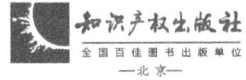

全国百佳图书出版单位
—北京—

图书在版编目（CIP）数据

社会权力的运作逻辑与法律规制/丁延龄著. —北京：知识产权出版社，2021.9
ISBN 978－7－5130－7718－7

Ⅰ.①社… Ⅱ.①丁… Ⅲ.①权力—研究 Ⅳ.①D033

中国版本图书馆 CIP 数据核字（2021）第 187958 号

责任编辑：李学军　　　　　　　　　　责任校对：王　岩
封面设计：刘　伟　　　　　　　　　　责任印制：孙婷婷

社会权力的运作逻辑与法律规制

丁延龄　著

出版发行：	知识产权出版社有限责任公司	网　址：	http://www.ipph.cn
社　　址：	北京市海淀区气象路 50 号院	邮　编：	100081
责编电话：	010－82000860 转 8559	责编邮箱：	752606025@qq.com
发行电话：	010－82000860 转 8101/8102	发行传真：	010－82000893/82005070/82000270
印　　刷：	北京虎彩文化传播有限公司	经　销：	各大网上书店、新华书店及相关专业书店
开　　本：	720mm×1000mm　1/16	印　张：	14.25
版　　次：	2021 年 9 月第 1 版	印　次：	2021 年 9 月第 1 次印刷
字　　数：	252 千字	定　价：	88.00 元
ISBN 978－7－5130－7718－7			

出版权专有　侵权必究
如有印装质量问题，本社负责调换。

目 录

导 言 · 1
 一、社会权力研究与法律反思 · 6
 二、社会权力研究的理论形态 · 13
 三、本书的研究思路与框架 · 19

第一章　权力的一般分析 · 26
第一节　权力研究的理论误区 · 26
 一、权力研究的两种简化论倾向 · 26
 二、权力的产生与权力的策略性竞争的混淆 · 31
第二节　权力研究的重要参数 · 36
 一、权力的形式 · 36
 二、权力的合法性 · 41
 三、权力的意志因素 · 43
 四、权力的限度 · 47
第三节　权力的内涵界定 · 49

第二章　社会权力的含义分析 · 52
第一节　国外社会权力研究的理论梳理 · 52
第二节　我国社会权力研究的发展与学术关注 · · · · · · · · · · · · · · · · · · 61
第三节　社会权力的理论界定 · 68
 一、界定社会权力的其他关键词 · 68
 二、社会权力的内涵界定 · 74

第三章　社会权力的基本结构 ………………………………………… 77
第一节　法律多元主义研究的启示 ………………………………… 78
一、早期法律多元主义研究的理论关注 ………………………… 78
二、法律多元主义研究的理论转向 ……………………………… 81
第二节　社会权力的存在结构 ……………………………………… 82
一、社会权力的两种解释模型 …………………………………… 82
二、社会权力的主要存在结构——半自治的社会领域 ………… 88
第三节　半自治社会领域的自规范能力 …………………………… 89
一、半自治社会领域的内部规则生成能力 ……………………… 90
二、半自治社会领域的内部纠纷解决能力 ……………………… 91
三、半自治社会领域影响成员行为选择的能力 ………………… 93

第四章　社会权力对法律运行过程的参与 …………………………… 99
第一节　社会权力对立法过程的参与 ……………………………… 101
一、借助立法程序的参与 ………………………………………… 101
二、借助信息供给的参与 ………………………………………… 103
第二节　社会权力对执法过程的参与 ……………………………… 104
一、参与执法过程对于社会权力的意义 ………………………… 104
二、社会权力参与执法过程的具体形式 ………………………… 107
第三节　社会权力对司法过程的参与 ……………………………… 112
一、参与司法过程对于社会权力的意义 ………………………… 113
二、社会权力参与司法过程的具体形式 ………………………… 114

第五章　社会权力影响法律的不同维度 ……………………………… 124
第一节　社会权力的法律决策维度 ………………………………… 124
一、社会权力第一种面相：决策参与 …………………………… 125
二、法律决策研究的理论局限 …………………………………… 129
第二节　社会权力的法律非决策维度 ……………………………… 132
一、社会权力的第二种面相：非决策 …………………………… 133
二、社会权力影响法律的非决策形式 …………………………… 135
三、非决策研究的理论局限 ……………………………………… 140
第三节　社会权力的法律偏好影响维度 …………………………… 142

一、社会权力的第三种面相：偏好影响 …………………………… 142
二、"本质上争议的概念"：理解不同权力维度的一种分析框架 …… 145

第六章 社会权力的法律规制——反思理性法的理论逻辑与实证分析 …… 151
第一节 反思理性法的产生背景与制度逻辑 …………………………… 153
一、法律系统与其他社会系统的自创生性 …………………………… 153
二、法律的演化与反思理性法的制度逻辑 …………………………… 164
第二节 信息公开与市场激励为基础的反思理性法模式 …………… 172
一、传统环境管理模式及其局限 ……………………………………… 173
二、"欧盟生态管理和审计计划"及其反思理性特征 ……………… 175
第三节 沟通和协商为基础的反思理性法模式 ……………………… 181
一、美国规章协商制定程序 …………………………………………… 181
二、规章协商制定程序的反思理性特征 ……………………………… 184
第四节 合同为基础的反思理性法模式 ……………………………… 187
一、反思性整体责任机制的合同模式 ………………………………… 187
二、反思理性在合同治理中的运用——以美国私人
监狱经营合同为例 ………………………………………………… 188
第五节 反思理性法的中国实践分析 ………………………………… 192
一、我国国家环境标志产品认证制度的反思理性分析 ……………… 193
二、《城市生活垃圾处理特许经营协议示范文本》的反思理性分析 … 197

结　语 ………………………………………………………………………… 201

参考文献 ……………………………………………………………………… 207

后　记 ………………………………………………………………………… 219

导　言

　　人素有追慕古风的思维特点，例如，洛克循着圣经故事和古典神话，认为人类原来所处的自然状态，"是一种完备无缺的自由状态，他们在自然法的范围内，按照他们认为合适的办法，决定他们的行动和处理他们的财产和人身，而无须得到任何人的许可或听命于任何人的意志"。那是"一种平等状态，在这种状态下，一切权力和管辖权都是相互的，没有一个人享有多于别人的权力"。❶ 在这种状态下，人人平等，不存在从属和压制关系，人们自由但不放纵。所以，在洛克心中，人类社会初期的生存形态，是一种权力分布相对均衡的状态，人人遵循理性一起生活，虽有缺陷，但也值得称道。洛克的描述可能偏于理想化，但至少也是部分准确的。在人类社会的起点处，权力关系尚未制度化，"他们不知晓阶级、国家乃至精英；甚至他们在性别和同龄群体之间的区别也没有表明永久的权力差……在真正的起点，既不存在权力，也不存在历史。"❷ 即使在进入权力关系逐渐制度化的纪元之后，初期的社会制度依旧是较为松散的。据《击壤歌》记载，在帝尧之世，民风古朴，人们"日出而作，日入而息。凿井而饮，耕田而食。帝力于我何有哉？"人类社会初期的这种制度宽松、自主安逸、不受束缚的田园生活，也正是后来很多思想家追慕的理想生活。如老子所言，大文明若野蛮，理想的社会应是含有野蛮（原始社会之风）之文明境界。❸

　　但是随着帝力日盛，"采菊东篱下，悠然见南山"的闲逸生活已经越来越成为一种奢侈，要想摆脱无所不在的帝力，只有"心远"已远远不够，而真

---

❶ ［英］洛克：《政府论》（下篇），叶启芳、瞿菊农译，商务印书馆1964年版，第3页。
❷ ［英］迈克尔·曼：《社会权力的来源》（第一卷），刘北成、李少军译，上海人民出版社2007年版，第43页。
❸ 冯友兰：《中国哲学史》（上），重庆出版社2009年版，第160页。

正"地偏"的"桃花源"又难觅得，于是唯有借助外力方能在放浪形骸中获得一时身心的解脱和自由。所以，我国古代社会中，凡爱自由者，必爱酒，甚至不惜葬身于酒国（例如，竹林七贤之一的刘伶，常常乘坐鹿车，提一酒壶，命人荷锄跟随，并谓之曰，何时醉死何时埋我）。除了特定的历史时期之外（如南北朝时期，也曾有过以行事放达不守礼教——越名教而任自然——为高的风尚），追逐自主、自由的生活，逐渐成为一种边缘性人格和生存形态，不为世俗所理解，为了"不愿躬身车马前"，只能"但愿老死花酒间"，感叹"别人笑我太疯癫，我笑他人看不穿"。也就是说，在我国传统社会中，随着礼教日盛，社会控制日益严格，追逐自由也日渐成为一种个人的追求而不是社会的事情（社会倾向于压抑个性与自由），而有这种追求的人也仅占少数，而且往往不被世人理解，自由的代价往往是自我放逐、远离政治和内心苦闷。我们从未发展出"每人借着自然和理性之光的烛照，都要做有利于个人最大利益的事……私人的腾达向上就会是公众的利益"这样的信念和哲学思想。❶

在夏、商、周时代，作为政治组织的基本制度，分封制建构的是一个分层的权力金字塔结构，每一层的贵族都拥有着部分权力，诸侯各君其国，卿大夫世袭官位，帝力和王权并不集中。社会力量也尚有比较充分的生存空间。尤其是春秋战国时期，周天子名存实亡，诸侯并起，群雄逐鹿，权力分散，诸子百家有充分的学术自由，辩论之风盛行。学术团体也可摆脱诸侯的约束而自由地选择自己的雇主，"君臣以义合，合则为君臣，不合则可去"，此诸侯国不用，还可去他国，即使"买卖不成"，仁义和敬重尚存。❷江湖之上，武艺绝伦、勇气盖世的侠客也是来去自由、相对独立的社会力量。"银鞍照白马，飒沓如流星。十步杀一人，千里不留行。事了拂身去，深藏功与名"（李白《侠客行》），正是对当时江湖生活的一种追慕。曹沫、专诸、豫让、聂政、荆轲等一众刺客，尚可立意较然，不欺其志，并名垂后世。墨者更是兼具学术和侠客之风的纪律和组织严密的社会团体。❸据《墨子·公输》记载，"公输班为楚造云梯之械成。将以攻宋。子墨子闻之"，由于主张"非攻"（即反对一切攻势的战争），墨子只身赶赴楚国劝诫楚王罢兵，同时遣派自己的弟子禽滑厘等

---

❶ 转引自［英］罗素：《中国哲学史》（下卷），马元德译，商务印书馆1976年版，第169页。
❷ ［日］沟口雄三：《中国的公与私·公私》，郑静译，生活·读书·新知三联书店2011年版，第165页。
❸ 冯友兰：《中国哲学史》（上），重庆出版社2009年版，第73－74页。

三百余人，持守城之器械帮助宋国守城，从而成功阻止楚国攻宋。《吕氏春秋》也记载了墨者巨子（墨家组织的领袖）孟胜携弟子守护阳城君领地而战斗身亡的故事。

而随着封建解体，郡县制代替分封制，大一统的皇权开始出现，此后两千年的历史就是皇权不断加强的历史，皇权之外的其他社会制衡力量逐渐消亡。武士和侠客阶层消失了，自由的学术团体也不见了，官僚也不再是古时基于出身和血缘的贵族（当然也有部分是基于功勋），而只是"皇帝的工具，工具只能行使政权而没有政权。贵族是统治者的家门，而官僚只是统治者的家仆"❶。对于有志和有才之士，"天下统一于君，虽但有进退，而无去就"，于是"进退亦制于君，而无所逃"❷，"君臣以义合"的契约精神不复存在了。从此，王朝更迭，治乱兴衰，再也逃不出皇权至上的怪圈，推翻一个旧皇帝和旧王朝，又立起一个新皇帝和新王朝，周而复始，毫无新意。

值得注意的是，上述分析只是一个大致的概括，实际上，在中国历史上，分封制一直是国家结构的一个重要部分，也是郡县制的重要补充，但也一直被视为威胁中央政权的不安定因素。直到明末清初，还有很多学者托封建论而倡导地方自治，如顾炎武就主张"寓封建之意于郡县之中"（《亭林文集》卷一），并反对地方官选任过程中的回避制（回避地方官本人出生的州县）和不久任制（任期最长三年，少则半年），主张地方官应从地方人士中选任，任期可以是终身的，职位甚至可以世袭，其真意无非是分散中央权力，将一部分决策权和发言权交还地方和乡绅阶层。清初的吕留良和曾静也曾提出同样的主张，对此，雍正皇帝直接斥责，"如吕留良、曾静、陆生楠之流，皆以宜复封建为言……殊不知狂肆逆恶如陆生楠之流，实天下所不容也。"（《东华录》，雍正七年秋七月丙午）❸ 由于受雍正帝的打击，清朝中后期再未出现封建论和地方自治论盛行的情况。但事实上，地方乡绅、地主阶层、商业精英的经济和社会权力，在清代还是得到了实实在在的扩展。虽然他们是一种自力更生的力量，但主要还是代行基层权力，而不是真正的自治，也不敢与官方对立。

---

❶ 费孝通：《皇权与绅权》，载《乡土中国》，上海人民出版社2007年版，第92页。
❷ [日] 沟口雄三：《中国的公与私·公私》，郑静译，生活·读书·新知三联书店2011年版，第165页。
❸ [日] 沟口雄三：《中国的公与私·公私》，郑静译，生活·读书·新知三联书店2011年版，第164-165页。

也就是说，虽然在清朝末期，社会权力获得了一定的发展空间，但主要还是作为维护皇权的工具而存在和发挥作用。清末政权受西方逼迫，由此开启的洋务运动、"师夷长技以制夷"、"中学为体，西学为用"、戊戌变法等社会革新运动无一例外地都是打着振兴皇权的旗号。直到最后，国破家亡在即，清皇室却依旧毫无诚意，人民万念俱灰之下，才想起效法欧洲，起而革命，但还是担心民生和民权不足以为推翻皇权提供牢固的道德支撑，于是又挖出民族主义的仇恨（满汉之间的民族矛盾）这本陈年老账，才算万无一失，并免了谋叛和谋反之谴责的后顾之忧，由此可见皇权的意识在我国之根深蒂固。在传统观念中，家与国的界限并不十分清楚，"古人惯以忠、孝相提，君、父并举"，❶而且中国古代社会中对于孝道的强调近乎宗教，而孝的基本要求又是顺，即服从。所以，"'是非'，毋宁说是系于身份的。我错了，因为我是他的儿女。他的话和行为是对的，因为他是我的父亲。"❷而君为臣纲，父为子纲，臣民服从君主就如子女服从父亲一样合情合理。在这样的背景下，唯唯诺诺才是人民的生存常态，自主、独立、创新是一种极度边缘的形态。这样的社会不可能有活力，也难有实质性进步。于是，在两千多年的历史演变中，封闭尊儒的中国社会几乎一直都在原地踏步，也逐渐在世界的变革中落伍。

关于中国传统的治世理念，一般认为道家主张"清静无为"，但也有学者指出，将无为与道家画等号似有不妥，事实上，"'虚静无为'是法、道、儒三家的共同话题"❸。此外，也有学者指出，随着中国封建社会治乱的交替，无为而治与有为而治的统治策略也在交替发挥作用。按照这种理解，无为而治好像是放权于社会，就如同资本主义早期的自由主义一样，于是君上无为而臣民有为。实际上，关于无为而治，老子在《道德经》一文中说得非常清楚，"圣人处无为之事"，圣人对于民，应"虚其心，实其腹；弱其志，强其骨。常使民无知无欲，使夫知者不敢为也"。"使民复结绳而用之。甘其食、美其服、安其居、乐其俗。"即通过"无为"实现"无不治"。换句话说，"无为而治的真谛是：统治者运用更高明的统治术，因应自然，操持大纲，以静驭动，任贤使能，形似柔弱却无坚不摧，看似无为却无所不为，从而实现利益与尊严

---

❶ 梁治平：《寻求自然秩序中的和谐》，中国政法大学出版社2002年版，第8页。
❷ 瞿同祖：《中国法律与中国社会》，商务印书馆2010年版，第17页。
❸ 张分田：《秦汉之际法、道、儒三种"无为"的互动与共性——兼论"无为而治"是中国古代的一种统治思想》，载《政治学研究》2006年第2期。

的最大化。"❶ 由此可见，无为而治的要旨在于使民"虚心弱智"，保持俭朴，无欲无求，这种愚民政策不可能使社会自身以及生长于社会的各种力量真正有所作为，其本质也恰恰与自由主义倡导的理性、自主、独立、个人主义的理念背道而驰。因此，说到底，无为而治只是中国古代帝制思想的重要组成部分，无为而治的策略也不可能为社会的发展真正赢得空间。

总之，无为也好，有为也罢，自进入奴隶社会开始，中国社会一直是国家权力或政治权力异常发达的社会。所以，孟德斯鸠才会发出以下的感慨："奴役精神主宰着亚洲，亚洲从来不曾摆脱奴役精神。在这块土地的全部历史上，找不出任何一个能表明自由精神的标记，除了敢于奴役的气概以外，再也不可能看到别的精神。"❷ 在这样的社会中，国家权力全面压制社会，也不可能形成法治和约束权力的思想，人权更是难有保障。而在这种背景下，科学的权力研究也不可能出现，统治者不允许自己最大的秘密被人解读，这里就成了学术的禁区，涉足此领域意味着巨大的政治风险。所以，中国传统社会中的权力研究多附着于统治技术的研究，这种研究的目的也主要是优化帝王的统治手段，而不是揭示权力的本质，也不可能是为约束国家权力提供建议。

有学者曾经提到受儒家伦理影响的传统法律和道德所具有的一些局限性，指出无论是国家法律还是民间习俗，通常都极为重视维护整体的秩序与和谐，而不重视个人权利和正义的发扬。"和谐被视为不易的真理，冲突是不好的，如果不能避免，最好也能迅速和解，让和谐的秩序迅速恢复。一味求和的情况下，往往只能促成表面的和谐，一旦积压的怨怒爆发，后果反而更难收拾。"❸ 群体秩序为重的理念影响深远。直到清末的革命运动中，孙中山先生还是主张："中国人为什么是一盘散沙呢？……就是因为是各人的自由太多，由于中国人的自由太多，所以中国要革命。"自由一词要用到国家上，国家要完全自由，而个人自由应受到限制。所以，这里的个人自由被理解为帝力的专横和百姓的利己倾向。陈天华在《论中国宜改创民主政体》一文中也讲到，我追求的是"总体之自由者也，非求个人之自由者也。以个体之自由解共和，毫厘

---

❶ 张分田：《秦汉之际法、道、儒三种"无为"的互动与共性——兼论"无为而治"是中国古代的一种统治思想》，载《政治学研究》2006 年第 2 期。

❷ [法]孟德斯鸠：《论法的精神》（上卷），许明龙译，商务印书馆 2012 年版，第 326 页。

❸ 林端：《儒家伦理与法律文化：社会学观点的探索》，中国政法大学出版社 2002 年版，第 16 页。

而千里也。共和者亦为多数人计"❶。因此，三民主义之民权主要还是一种国民整体之权利，是亡国亡种的危机意识催生出来的产物，个人的自由和权利并非是其关注的重点，个人依旧没有获得可以自由发展的充分支持。

随着中国现代进程的不断推进，自由、人权、法治、约束和规范国家权力已经逐渐成为整个社会的核心理念。国家和政府开始反思自身与社会的关系，社会力量也终于获得了自由发展的空间。当社会权力的飞速发展已经成为不可逆的趋势，国家与社会的关系、法律与社会的关系、法律与社会权力的关系这些基本问题就有必要重新思考。

一、社会权力研究与法律反思

新中国成立之后相当长的一段时间内，中国法理学界的主流话语是探讨法的政治属性。但是，自20世纪70年代末期年始，中国法学界便启动了一场"法学解放"的运动。而解放"主要是从两个路向逐渐展开的：一是试图从中国传统法律'义务本位'观的束缚中获得解放，二是努力从'阶级斗争范式'的宰制中获得解放"❷。从1985年法理学研究会首届学术年会（以法学概念与法学改革的探讨为主题）开始，法理学研究的一系列重要学术会议相继举行，1988年在长春召开的法学基本范畴研讨会之后，以权利和义务为基本范畴构建法学理论体系逐渐成为学界的共识，这也成为这一时期最重要的法学学术成果之一。❸ 伴随着80年代经历的以阶级斗争为纲向以经济发展为中心的历史转变，以权利和义务为基本范畴的法学理论研究适应了当时的社会要求，也意味着中国法理学研究开始了真正意义上的科学发展。❹ 但是，对于权力这一基本法学范畴的忽视，也使得以权利和义务为核心的法学研究模式在解释法律现

---

❶ 转引自［日］沟口雄三：《中国的公与私·公私》，郑静译，生活·读书·新知三联书店2011年版，第176–177页。

❷ 邓正来：《中国法学向何处去（上）——建构"中国法律理想图景"时代的论纲》，载《政法论坛（中国政法大学学报）》2005年第1期。

❸ 代表性的研究成果有张光博：《权利义务要论》，吉林大学出版社1989年版；张文显：《法学基本范畴研究》，中国政法大学出版社1993年版；张光博、张文显：《以权利和义务范畴重构法学理论》，载《求是》1989年第10期；公丕祥：《论权利的确认》，载《法律科学》1989年第3期；公丕祥：《合法性问题：权利的法哲学思考》，载《社会科学战线》1992年第3期；等等。

❹ 童之伟：《论法理学的更新》，载《法学研究》1998年第6期；张文显、姚建宗、黄文艺、周永胜：《中国法理学二十年》，载《法制与社会发展》1998年第5期。

象（尤其是公法关系）时面临着诸多理论困难。❶基于这种现实，一些学者自20世纪90年代初，也开始尝试将权力纳入法学与法治研究的范畴，权力研究也逐渐趋于科学化和体系化，但就整体而言，权力研究依旧是处于边缘的状态。❷

历史一再证明，不管是否愿意，"我们都自觉或不自觉地与传统纠缠着。在这个纠缠的过程中，有人要与传统彻底决裂；有人要默默继承传统；有人要批判地重建，也有人要解构传统，开辟未来"❸。抽刀断水水更流，想与历史一下子划清界限的做法，只能被历史无情地证伪。当然，原地踏步也并非明智的选择，发展的脚步是永不停歇的，唯有对传统不断地重新诠释，才能准确地认识自身和把握自己所处的位置。如前文所述，中国传统的权力分析只有在优化帝王统治技术的研究中才能获得生存空间。也就是说，这种权力研究的本质目标是证明当时统治结构或者权力秩序的合法化，并为巩固帝王的统治提供技术支持，故不可能具有批判和反思的功能，而这一权力研究传统，在新中国成立之后并没有立即发生本质性改变。

正如有学者所总结的那样，新中国成立之后直到20世纪80年代末，我国的权力研究一直都在论证权力学，而论证的权力学是以"论证权力的正当性为目的的权力学，它以权力主体的利益——巩固现存的政治关系为目的"。这种权力学说"给现实权力制度所带来的是正反馈，对制度的完善和进化没有太大的补益。相反，它使权力趋于放任和扩张"❹。因此，以证成政权合法性为核心目标的权力学论证造成了一系列的负面影响：以巩固现有权力秩序为目

---

❶ 童之伟：《论法理学的更新》，载《法学研究》1998年第6期。
❷ 重要的论文有蔡定剑：《国家权力界限论》，载《中国法学》1991年第2期；傅兆龙：《权力制约——一条重要的政治规律》，载《中国法学》1993年第2期；郭道晖：《权威、权力还是权利——对党与人大法律关系的思考》，载《法学研究》1994年第1期，以及《权力的多元化与社会化》，载《法学研究》2001年第1期；刘作翔：《法制社会中的权力和权利定位》，载《法学研究》1996年第4期；沈宗灵：《权利、义务、权力》，载《法学研究》1998年第3期；胡玉鸿：《权力关系与行政诉讼》，载《法律科学》1998年第4期；童之伟：《再论法理学的更新》，载《法学研究》1999年第2期；漆多俊：《论权力》，载《法学研究》2001年第1期；周永坤：《权力结构模式与宪政》，载《中国法学》2005年第6期；马怀德：《预防化解社会矛盾的治本之策：规范公权力》，载《中国法学》2012年第2期等。著作有喻中：《法律文化视野中的权力》，山东人民出版社2004年版；郭道晖：《社会权力与公民社会》，译林出版社2009年版；胡水君：《法律与社会权力》，中国政法大学出版社2011年版等。
❸ 刘军宁：《权力现象》，商务印书馆（香港）1991年版，总序，第i页。
❹ 周永坤：《规范权力——权力的法理研究》，法律出版社2006年版，第59页。

标，而忽略国家权力的控制和规范；权力高于权利，忽视个人自由和人权保护；有利于促生人治而非法治；容易助长不平等与特权等。❶

而随着十一届三中全会带来的历史巨变，社会因素获得了发展的空间，权利与自由成为法学研究的核心关注点，与此相适应，权力研究逐渐转向规范的权力学——以规范和控制国家权力为意旨的权力研究。按照规范权力学的研究思路，权力结构的安排应当立足于保障权利和拓展自由。❷ 国家权力的正当性源自对权利的保障、实现和发展，必须承认政治权力有其独立的利益，并皆有作恶的可能，权力研究的核心目标是探索规范和约束国家权力的可行性模式，并将权力关在"笼子"中。基于这种反思的和批判的权力理论，大多数研究者继承西方历史悠久的权力分立和权力制衡的理论传统（在西方的思想传统中，权力分立乃是政治理论中最为古老的理念之一，中庸以及混合政体的思想比亚里士多德的《政治学》还要历史悠久，混合政体与权力分立被认为有助于政权的稳定，而在整个中世纪，王权源于上帝，有节制的君主制或混合式君主制也是人们普遍熟知的观念，而在思想启蒙时代，这种思想则成为古典自然法的基本命题，并逐步成为近代西方政治的组织原则），主张通过国家权力的内部分工实现权力制衡和权力控制。但是，也有部分学者继承托克维尔（Alexis de Tocqueville）和美国多元主义民主理论的思想传统，开始逐渐意识到"国家权力制衡国家权力"模式之不足，并随之主张"以社会权力制衡国家权力"的权力控制模式，❸ 并引起了一些共鸣。❹ 也正是从这一时期开始，中国法学界逐渐展开对社会权力问题的研究，给予越来越多的关注。

新中国成立之后，受苏联的影响，国家一度奉行高度集权的计划经济体制，并企图通过国家权力的集中调控实现社会平等与经济发展的社会计划。在这一背景下，社会权力的发展空间被严重压缩。但是，自20世纪70年代末以来，在经历了经济、政治层面的制度性改革之后，国家与社会高度一体

---

❶ 周永坤：《规范权力——权力的法理研究》，法律出版社2006年版，第81-83页。
❷ 周永坤：《规范权力——权力的法理研究》，法律出版社2006年版，第59-60页。
❸ 郭道晖：《论国家权力与社会权力——从人民与人大的法权关系谈起》，载《法制与社会发展》1995年第2期。
❹ 刘旺洪：《国家与社会——权力控制的法理学思考》，载《法律科学》1998年第6期；顾昕：《译者后记：以社会制约权力》，载[美]罗伯特·达尔：《民主理论的前言》，顾昕译，东方出版社2009年版，第159-175页。

化和同质化的格局逐渐被打破，社会结构日趋复杂和多元化。而与社会的多元化和利益多元化的结构相适应，社会权力的多元化和飞速发展作为一个基本的社会事实也日益显性化。越来越多的学者开始强调权力并不限于国家所独享，在国家权力系统之外尚有与之并行的若干社会权力形式在生存与发展，两者共同构成了整体的权力生态结构，相互影响，共同构成了两者的生存和运行环境。

托克维尔曾经指出，独立、自治的多元社会结构，可以对国家权力形成一种社会的制衡。❶ 而活跃的社会力量和普遍的公共精神则构成了美国民主制度的真正基础，托克维尔用生动的笔触描写了初到美国的感受，当"你一踏上美国的国土，就会觉得置身于一片喧闹之中。嘈杂的喊声四起……每个呼声都表达某一社会要求，你举目四望，看到人们都在活动：这里，有一伙人在开会，讨论如何建立一座教堂……在另一处，是一群放下了田间工作的乡下人，前来讨论在他们乡修路和建校的计划。公民集会在一起""参与社会的管理并讨论管理的问题"，这是美国人最大的事情。而在城市中，国家和政府无法阻止人们集会议事、聚众结社、采取激烈的行动，城市中的人民和各种社会力量对司法和行政官员具有很大的影响力。

托克维尔的观点被美国政治学家达尔（Robert A. Dahl）继承和发展，形成了影响深远的多元主义民主理论。20世纪90年代初期，伴随着中国政治体制和经济体制的全面改革，社会重建成为基本任务，市民社会研究也成为中国社会科学领域最重要的理论思潮之一，社会开始成为一个独立的研究范畴。基于这一历史背景，在中国现代化模式的研究中，研究者关注的重心也开始转向市民社会，其目的是希望借助"国家—社会"的二元分立，通过市民社会的建构，形成国家与社会之间的良性互动，并借此衍生理性的规则秩序，推进中国的民主与法治建设。而这一思想转折，也为我们认知社会权力提供了基本的路径。正是在这样的时代背景下，刘军宁先生提出社会权力是三种基本权力类型之一，❷ 而郭道晖先生则主张将社会权力纳入法学研究的基本范畴，社会权力问题逐渐进入法学研究者的视野。

通过上述分析可以发现，首先，中国法学界对社会权力问题的关注，起始

---

❶ ［法］托克维尔：《论美国的民主》（上卷），董果良译，商务印书馆1988年版，第216－217页。

❷ 刘军宁：《权力现象》，商务印书馆（香港）1991年版，第60页。

于规范和控制国家权力的理论思考。在新的历史条件下，已经有越来越多的学者意识到多元化的社会权力对于规范和控制国家权力的重要意义。但是"社会权力究竟通过什么方式制衡国家权力"，"或是通过什么具体方式将自己的影响注入法律系统"，以及"社会权力究竟会以什么样的形式影响法律的未来发展"，"面对社会压力，法律系统又该如何回应"，对于这些重要的问题，目前却尚未有系统和充分的分析与回答。有批评指出，以社会权力制衡国家权力的思路实际上是一种形而上的努力，现实的社会权力具有多样性和经验性，那么如此分散的社会权力究竟凭什么以及如何才能制衡国家权力呢？这一问题既涉及价值判断，又涉及事实描述，如果对这一重要问题视而不见或不作回答，那么"社会权力制衡国家权力"这一模式要么会归于无效，要么就只能是流于清谈。❶

要想回应这种批评，或回答上述问题，就必须进行更加细致的、更具有说服力的和更加实证的社会权力研究，清晰地呈现社会权力制衡国家权力的策略和路径。伴随着这一理论思考，会发现法律正是社会权力与国家权力互动关系的枢纽（也就是说，国家权力与社会权力的互动主要是围绕法律的生成和运作过程展开的），而一旦意识到这一点，我们便可以发现一种有意义的研究进路，即"社会权力对国家权力的制衡机制"与"社会权力对法律的影响机制"实则是同一个问题的两种表述方式，探索社会权力影响法律的具体策略和实际状况，也就是在展现社会权力制衡国家权力的具体过程。

其次，传统法律理论往往强调法律与国家权力的关系，借用霍布斯和福柯的术语，可称之为法律的利维坦式理解模式。一方面，国家权力是法律之源；另一方面，法律运作的目的又是规范和实现国家权力。这种理解模式就像莫比乌斯环一样看似矛盾却又自我融通，的确抓住了法律最为明显的外部特征，但就法律运作和发展的实际社会环境而言，上述理解显然忽视了普遍存在的社会权力事实，也无法充分解释为何在如此之多的情境下，法律难以达到预期的效果。因此，只有将研究视野由国家权力与法律的关系深入到社会权力与法律的关系，实证地、科学地研究法律运行的社会权力背景，并探索社会权力对法律施加影响的策略与途径，以及日益复杂的社会权力结构对于法律发展的意义，

---

❶ 周永坤：《权力结构模式与宪政》，载《中国法学》2005年第6期。

才能更加全面地展示法律的全貌。❶

上述研究思路的转变提醒我们，法治建设要想更有效率，需要的绝不仅仅是良法，还必须处理好法律系统和社会环境的衔接和适配问题，或者更确切地说，我们对于良法的认识必须有所改变，在法律的内在道德与外在道德标准之外，良法还需要新的标准，即法律系统必须与社会权力结构的日益复杂相适应。现代社会的基本特征，是具有不同包容性的半自治社会领域的相互衔接，而各种半自治社会领域则构成了社会权力的主要来源和存在位置。半自治社会领域具有形成内部规范或准则的能力，也能够提供保证这些规范或准则实现的强制形式。一方面，社会权力的"荆棘丛生"为法律的运行设置了重重障碍，法律始终面临着多元社会规范的竞争与挑战；另一方面，社会权力又不断为法律系统注入发展动力，提供发展资源，并影响其整体的发展方向。简而言之，复杂的社会权力结构构成了法律运作的实际环境，法律必须从自身内部发展出某些机制，使自身能够适应功能分化的半自治社会领域构成的复杂环境，如果不能适应这种结构变化而固守自己的传统，则难称良法。

再次，社会权力结构的日益复杂化，决定了法律发展的未来方向可能是反思理性的。法律系统和其他社会次级系统的相对自治，意味着它们都能够形成自己特殊的内部理性和发展逻辑，外部的压力、干预和控制必须经过内部结构的选择和支持才能有效地影响其内部秩序。当社会自治与社会分化发展到一定程度，任何一个社会系统内部理性的最大化都会给其他系统带来无法解决的难题。正因如此，传统的政治系统和法律系统的线性的、直接的和强制的社会规划和社会控制模式，事实上就是在用他组织的方法解决自组织的问题，结果只能是要么不得要领，要么被阳奉阴违或被无视，甚至可能会激发反抗。按照德国学者图依布纳（Gunther Teubner）的分析和预测，法律发展的未来阶段将是

---

❶ 但是，这并不意味着本书反对在界定法律概念时将其与国家权力相关联。在我国法学研究中，法律一词有狭义和广义之分，狭义的法律主要是指全国人民代表大会及其常务委员会制定的法律，而广义上的法律则主要是指我国立法法规定的那些具体而又范围有限的法律渊源或形式，如宪法、狭义上的法律、行政法规、地方性法规、自治条例和单行条例、规章等。而我国法理学界在界定法律概念时，也秉承马克思主义法学的传统，强调"由国家制定和认可""以国家强制力保证实施"等外部特征，本书对于法律的理解依然坚持这一传统。但是在探讨社会权力对法律的影响时，却并不仅仅停留在静态的规则层面，而是涉及法律的产生、运行、发展的整个过程。关于法律的概念界定可参见张文显主编：《法理学》（第四版），高等教育出版社、北京大学出版社2011年版，第39-47页；孙国华、朱景文主编：《法理学》（第三版），中国人民大学出版社2010年版，第29-30页；公丕祥主编：《法理学》（第二版），复旦大学出版社2013年版，第40-42页。

反思理性的，而反思理性法的合理性就在于能够协调各种社会权力形式，并通过重构其内部话语系统和外部协调系统，建设或者重建这些半自治的社会领域。❶这意味着社会调整模式由直接转向间接。

一方面，反思理性法首先是一种法律的自我批判和自我反思理论，也就是说，反思理性意味着法律的自我反思与自我限制，即法律系统必须承认法律规划与各种社会权力结构中的复杂的自我指涉结构相比过分简单，这意味着法律系统在诸多领域必须放弃直接规制。另一方面，反思理性法的控制策略是提供外在的制度激励，促进社会权力系统内在的自我管理结构的改进，目的是使各种社会权力结构能够在关注和追求内在理性最大化的同时，还能够对自身行为的外部影响保持敏感。也就是说，国家法的作用不再是进行直接规制，而是为相对自治的社会进程提供组织和程序结构。由于这些程序结构是影响半自治社会领域内部决策或外部沟通过程的重要参数，所以法律系统还是能够间接地影响社会发展的实质目标。因此，不同于形式理性法的规则导向和实质理性法的目的导向，反思理性法提供的是间接的和程序导向的社会控制策略，其目的在于充分征募和调动社会权力完成公共任务。这也可以视为一种中庸的法律策略：一方面，与形式理性法一样，社会权力的自治和发展获得了合法性和承认，但是其发展和自治又是受到规制的；另一方面，与实质理性法一样，法律系统和政治系统依然能够影响社会发展，只是这种影响的实现过程是间接的。所以，图依布纳也认为，反思理性法将是一种能够结合形式理性法与实质理性法的优点，同时又能够克服它们缺点的法律理性形式。

最后，探讨社会权力对法律的影响，有助于深化和提升法学领域中权力研究的层次。恰如前文所述，对于中国法学研究而言，权力所受的关注显然不及权利，权力研究本来就是一个相对薄弱的环节。❷而事实上，法学领域的权力研究落后于其他学科（尤其是政治学和社会学）又是一个基本事实，而且这种落后并不仅仅是指学术成果累计数量方面的落后，更是指研究技术和研究范式方面的落后。对于社会权力问题的研究，正好给我们提供了机会：一方面，可以充分吸收和借鉴哲学、政治学和社会学领域的权力研究成果，深化权力问题的法学研究层次；另一方面，对法律的国家中心主义的理解模式进行系统反

---

❶ Gunther Teubner, "Substantive and Reflexive Element in Modern Law", *Law & Society Review*, 17 (1983), p. 257.

❷ 喻中：《法律文化视野中的权力》，山东人民出版社2004年版，第2－10页。

思，全面展现和描述法律产生、运作和发展的实际社会权力环境。只有放弃理解权力的利维坦模式（权力由国家掌控和运用），并转而关注更加微观和具体的社会权力现象，才能揭示真实的权力策略，并发现法律的真实生存环境。简而言之，"细微之处见真相"。❶ 或者说，"横看成岭侧成峰"，至少，这种研究也能提供一种观察和理解法律的不同视角。

综上所述，以社会权力为视角解释法律的运作与发展乃是本书的基本线索和基本思路。

当下，一个多元化的全球社会已经逐渐形成，这也意味着权力的进一步多元化和国际社会化，国际性的社会权力正在成长为全球管理中的重要力量。❷ 但是基于篇幅的限制，本书主要将分析和研究的范围设定在传统意义上的主权国家范围之内，即主要探讨主权国家范围内的社会权力对其国内法的影响及其主要策略。

二、社会权力研究的理论形态

整体而言，在社会科学领域，无论是在对哲学、社会学、政治学还是法学的研究中，社会权力都不是一个被广泛使用的核心概念。对社会权力的研究也多附着于其他主题的研究之中，如哲学、政治学中一般意义的权力研究，社会学领域中的社会力量、社会事实、社会结构研究，政治学领域的利益集团、民主理论、政治过程以及社会治理问题研究，法学领域的法律多元化以及法律演化理论等。而真正将社会权力作为明确和独立的研究主体，并将其作为独立于国家权力之外的权力形态，中国学者的学术贡献不容忽视。20世纪90年代初期，刘军宁先生开始在政治学研究中明确使用社会权力这一概念。几乎是在相同的时期，在郭道晖先生的倡导之下，社会权力也开始在法学研究领域受到重视。

就本书的主题而言，直接和系统的研究成果非常有限。首先是郭道晖先生在系统分析的基础上，强调社会权力是国家权力之外的、公共指向（即以公共参与为目的）的独立存在的权力形态，多元化的社会权力的发展对于规范

---

❶ [澳] P. H. 帕特里奇：《关于权力概念的札记》，何开诚译，载《国外政治学》1988年第1期。
❷ 郭道晖：《社会权力与公民社会》，译林出版社2009年版，第38-41页。

国家权力和社会主义法治建设具有重要意义。其次，胡水君先生则主要借助福柯的研究方法，系统、全面地分析了社会权力与法律的关系，并强调法律和权利话语背后隐藏的国家权力垄断的倾向，以及国家权力与公民自由的持续螺旋和由此所造成的社会权力的消极化和社会道德危机。^❶ 此外，胡水君博士的研究还为我们理解正义问题提供了有价值的思路——正义可以从社会权力的角度去把握：首先，社会权力的分布越均匀，社会成员利用法律的难易程度差异越小，社会的正义程度越高；其次，法律被社会接受或容忍的程度越高（从而避免一味地借助暴力获得法律实施），国家司法或执法人员面对社会权力的非法干预或渗透的独立性和免疫力越强，社会和法律系统的正义程度就越高；最后，与政府抗衡的社会权力的规模和频次，在一定程度上也反映了法律和国家权力的正义性程度和合法性基础。[2] 当然，这种分析事实上也是从社会权力的视角，为我国法治社会的建设提供了某些衡量标准。

如果抛开概念的"名"的束缚，转而探索具有"社会权力对法律发展的影响"之"实"的研究成果，则会发现更加丰富的研究资料。

第一个方面，法学研究对于社会权力、社会结构以及社会规范的重视，最初源自对于"法律控制的限度"这一问题的探索，这主要涉及法律多元主义的研究。[3] 尽管理论渊源可以追溯到更早的时期，但人们普遍认为系统的法律多元主义研究开始于20世纪早期，即法律人类学对于亚非殖民地原始村落中土生土长的原初秩序与殖民政府强加的法律秩序之间的紧张关系的关注。[4] 随后，法律多元主义逐渐被用以分析现代社会中的多元规范秩序。法律多元主义研究通过强调国家法律与社会规范之间的制度和功能的相似性，展现了人们行为选择过程中的规则竞争，也为法律功能的局限性提供了新的解释。恰如我国

---

[1] 胡水君：《权力与自由的螺旋》，载《天涯》2007年第3期。
[2] 胡水君：《法律与社会权力》，中国政法大学出版社2011年版，第246-247页。
[3] 20世纪90年代初，苏力教授的法治本土资源研究和梁治平教授的法律文化研究，逐渐在我国法学研究中打通了一条通向法律多元主义研究的道路，而随后的民间法研究、私力救济研究、多元纠纷解决机制研究、软法研究事实上都是这一研究思路的发展和延续。参见苏力：《法治及其本土资源》，中国政法大学出版社2004年版，第43-61页；梁治平：《清代习惯法：社会与国家》，中国政法大学出版社1996年版，第36-128页；邓正来：《中国法学向何处去（下）——对苏力"本土资源论"的批判》，载《政法论坛》2005年第3期；邓正来：《中国法学向何处去（续）——对梁治平"法律文化论"的批判》，载《政法论坛》2005年第4期等。
[4] [英]马林诺夫斯基：《原始社会的犯罪与习俗》，原江译，法律出版社2007年版，导论，第1-2页。

学者郑永流先生所言，民间法意指"一种存在于国家之外的社会中，自发或预设形成，由一定权力提供外在强制力来保证实施的行为规则"❶。社会规范的背后是社会权力和社会结构的支持，因此，法律多元主义的研究必然发展到以下阶段：说明社会权力的主要来源或者存在形式，也就是进入社会结构的分析层面。进入20世纪中后期，法律多元主义研究的重心开始转向对社会结构的分析，具有代表性的分析模型有波斯皮西（Leopold Pospisil）的"法律层次"理论，❷ 莫尔（Sally Falk Moore）的半自治社会领域理论，❸ 麦考利（Steward Macaulay）的私政府理论。❹ 上述若干分析模型皆表明，立法者与个人之间并非是权力和规范的真空，法律的运作和生存必须面对社会权力和社会规范的竞争，整个社会就是一个多元的秩序、规则、权力结构丛生的丛林，它们共同构成了社会秩序的环境，而且它们彼此之间的力量对比关系从来都不是固定不变的，而是处于不断的变动之中，没有一种优势是永恒的，这就是法律生存的实际环境。同样，相对于其他秩序和规则，来源于国家的法律并不一定总是占优势的那一方。

第二个方面，社会权力结构并非只是消极地等待法律的输入与干预，它们一直都在积极地谋求将自己的利益偏好注入法律系统，并影响法律的内容和运作。这一方面的研究成果可见诸利益集团、多元主义、精英主义、民主理论等方面的研究。在美国建国之初，那些美国的国父们虽然不可能预见日后美国政治中说客们推进利益集团利益的五花八门的方式，但是他们确实已经预见到利益集团过分卷入政治所导致的困境。麦迪逊是较早强调美国政治与利益集团有联系的政治家，以"党争"为视角，他提出自由与党争犹如空气与火的关系，消灭平等与自由，党争自然会被消灭，但是如同没有了空气，人会窒息而亡一样，没有了自由，社会发展也会停滞不前。既然自由不能被限制，那么唯有通

---

❶ 郑永流：《法的有效性与有效的法——分析框架的建构和经验实证的描述》，载《法制与社会发展》2002年第2期。

❷ Leopold Pospisil, *Anthropology of Law: A Comparative Theory*, New York: Harper & Row, 1971, pp. 107 – 125.

❸ Sally Falk Moore, "Law and Society Change: The Semi - Autonomous Social Field as an Appropriate Subject of Study", *Law & Society Review*, 7 (1972), pp. 719 – 746.

❹ Steward Macaulay, "Private Government", in Leon Lipson and Stanton Wheeler eds., *Law and the Social Science*, New York: Russell Sage Foundation, 1986, pp. 445 – 518.

过利益集团的利益偏好的多样性和人们交流时存在的困难来避免多数人的暴政。❶

1913年，历史学家比尔德（Charles A. Beard）利用令人信服的数据资料，从经济史观的角度证明了美国宪法并非"是'全民'的创造；也不像南方废宪派长期主张的那样，是'各州'的创造。它只是一个巩固的集团的作品"❷。尽管如此，比尔德却否认自己的方法源于马克思，而是强调自己对美国法的经济学解释是源于麦迪逊在《联邦党人文集》中的政治经济学分析。1951年，著名政治学家戴维·杜鲁门（David B. Truman）在《政府过程——政治利益与公共舆论》一书中，系统论述了利益集团对于政党、选举、立法部门、行政部门、司法部门的参与和影响及其具体策略，并明确指出，"构成政府过程的行为不可能离开利益集团而得到充分理解，这些利益集团无时无刻不在活动"❸。而"美国政府制度的一个典型特征是，它提供了利益集团接近决策的各种渠道"❹。精英主义研究的代表性人物米尔斯（Charles Wright Mills）在《权力精英》（1956）一书中指出，美国社会由一小部分权力精英（相同或相似的出身、教育、职业背景使得他们的心理共鸣——"他，当然是我们的一员"——成为可能）掌控，实际上是一种精英主义政治。❺而以达尔为代表的多元主义理论则认为多元利益团体的存在（他们的政治兴趣以及在不同领域的影响力具有巨大差异，这决定了利益集团的政治影响是分散而非集中的），保证了权力的分散化与制衡，美国是一种多元主义的民主政体的典范。❻

第三个方面，通过决策情境认识权力现象，一直是被普遍使用的研究方法，而决策参与也是人们理解权力现象的基本维度。但是在20世纪中期开始

---

❶ [美]哈密尔顿、杰伊、麦迪逊：《联邦党人文集》，程逢如、在汉、舒逊译，商务印书馆1980年版，第44-51页。

❷ [美]查尔斯·A.比尔德：《美国宪法的经济观》，何希齐译，商务印书馆2010年版，第244页。

❸ [美]戴维·杜鲁门：《政府过程——政治利益与公共舆论》，陈尧译，天津人民出版社2005年版，第544页。

❹ [美]戴维·杜鲁门：《政府过程——政治利益与公共舆论》，陈尧译，天津人民出版社2005年版，第549页。

❺ [美]查尔斯·赖特·米尔斯：《权力精英》，王崑、许荣译，南京大学出版社2004年版，第362页。

❻ [美]罗伯特·A.达尔：《谁统治：一个美国城市的民主与权力》，范春辉、张宇译，江苏人民出版社2011年版，第96页。

的"权力面相之争"则提醒人们,决策参与并不能概括权力现象之全貌。承袭行为主义政治学的研究路线,以达尔为代表的多元主义者主张从决策参与和决策胜利的角度研究权力现象。美国政治学家巴卡拉克(Peter Bachrach)与巴拉兹(Morton S. Baratz)的经典论文《权力的两种面相》("*Two Face of Power*",1962)则指出,权力有两种面相,多元主义的研究只见其一。权力的第二种面相是非决策,而非决策"就是将那些企图改变现存利益和特权分配秩序的要求,或者将其扼杀在其公开表达之前,使其保持潜在状态;或者是在它们能够进入相关决策领域之前将其扼杀"❶。也就是说,权力的第二种面相或维度强调的是一种法律议题的社会过滤和选择结构。在《权力:一种激进的观点》(*Power: A Radical View*,1974)一书中,卢克斯(Steven Lukes)批评巴卡拉克与巴拉兹依旧过于保守,更为激进的权力分析应当深入到真实利益(客观利益)的层次,并探索偏好操纵的权力维度。"权力的面相之争"为我们分析社会权力对法律的影响提供了重要的方法论,社会权力对于法律的影响存在决策、非决策、偏好操纵三种维度。虽然"权力的面相之争"影响广泛,但是国内政治学和法学领域依旧缺乏系统深入的研究。我国台湾地区学者郭秋永对于这一主题的一系列研究成果提供了重要参考资料。❷

第四个方面,面对日益复杂的社会环境,德国学者图依布纳(Gunther Teubner)提出了反思理性法的法律发展预测。从《现代法中的实质要素与反思要素》("*Substantive and Reflexive Element in Modern Law*",1983)一文开始,图依布纳逐步完善了反思理性法的理论体系。与此同时,图依布纳也进行了具体制度领域(如劳动法、公司法、反垄断法、环境保护法、社会福利法等)的反思理性法分析。❸

自20世纪90年代中期以来,英美国家的学者也开始将反思理性法理论应

---

❶ Peter Bachrach and Morton S. Baratz, *Power and Poverty: Theory and Practice*, New York: Oxford University Press, 1970, p.43.

❷ 郭秋永:《解析"本质上可争议的概念":三种权力观的鼎力对峙》,载《人文及社会科学集刊》1995年第7卷第2期;郭秋永:《三种权力观的鼎力对峙——真正利益与不可共量》,载《人文及社会科学集刊》1996年第8卷第2期;郭秋永:《对峙的权力观——行为与结构》,载《政治科学论丛》2004年第20期等。

❸ Gunther Teubner, ed., *Juridification of Social Spheres: A Comparative Analysis in the Areas of Labor, Corporate, Antitrust, and Social Welfare Law*, Berlin/New York: De Gruyter, 1987; Gunther Teubner, ed., *Environmental Law and Ecological Responsibility: The Concept and Practice of Ecological Self-organization*, New York: John Wiley, 1994.

用于社会治理改革的研究,其中具有代表性的包括:(1) 社会治理的转型,例如,英国政经学院的布莱克(Julia Black)(*Constitutionalising Self - Regulation*, 1996; *Regulatory Conversations*, 2002),哥伦比亚大学的科恩(Jean Cohen)(*Regulating Intimacy: A New Legal Paradigm*, 2002);(2) 私人组织在社会公共管理中的作用,例如,美国加州大学洛杉矶分校的弗雷曼(Jody Freeman)(*The Private Role in Public Governance*, 2000);(3) "通过合同的社会管理",例如,美国学者 Peer Zumbansen(*The Law of Society: Governance Through Contract*, 2007);(4) 反思法理论在具体问题领域(环境保护)的制度设计,如美国首都大学法学院的 Dennis D. Hirsch(*Green Business and the Importance of Reflexive Law: What Michael Porter Didn't Say*, 2010)和 Eric W. Orts(*Reflexive Environment Law*, 1995)。

虽然反思理性法理论在国外的研究已经颇具规模,而且早就已经应用于社会治理和法治模式的创新性研究,但国内法学界在该领域的研究却还处于起步阶段,研究成果屈指可数。目前,国内关于反思理性法的研究主要分为三类:(1) 对图依布纳反思理性法理论的介绍和评述,如季卫东先生的《社会变革的法律模式》(《转变中的法律与社会:迈向回应型法》代译序,1994)、张骐先生的《直面生活,打破禁忌:一个反身法的思路——法律自创生理论述评》(2003)和王小钢的《托依布纳反身法理论述评》(2010);(2) 对图依布纳学术作品的翻译,如矫波先生所译的《现代法中的实质要素和反思要素》(1999)和张骐先生译的《法律:一个自创生系统》(2004);(3) 将反思理性法理论运用到社会治理研究,例如,岑剑梅的《反思法在现代社团治理中的意义——兼评长春亚泰足球俱乐部诉中国足协案》(2004),王晓、何艳华的《由反思法视角构建社会团体监督机制》(2005),刘艺的《从"立法治教"到"依法治教"——高等教育与法律关系的"反身法"考察》(2006),郭华春的《规范金融跨国监管关系的程序化路径研究——给予反思法理论的视角》(2012),李海平的《后现代背景下行政法的范式转型——迈向反思型行政法》(2005)。

总之,无论是国内还是国外,法学领域系统明确地探讨社会权力对于法律的影响的学术作品都是非常少见的。现有的研究成果多是碎片化的,而且多是作为其他主题研究的理论孳息而产生的。因此,将各个学科领域的理论资源进行系统的整合,全面展现社会权力视域下的法律的产生、运行与发展,依然具有重要的学术意义，同时也有助于为我国当下的社会治理创新研究注入新的理论和制度资源。

三、本书的研究思路与框架

权力是一切群体社会（不仅仅是人类社会，也包括动物群体）的恒常因素。无所不在的权力网络将所有社会成员囊括其中，没有例外。而在传统理论中，权力仅仅被视为压制自由和个性的外部力量，并因此而累有恶名，被很多人认为可除之而后快。但事实上，权力也是动员和集中社会资源实现集体目标的建设性力量，是文明的基石，共赢才是权力现象如此根深蒂固的根本原因，单纯的好或坏都不足以描述权力现象的本质复杂性。此外，权力也并不限于国家所独享，社会权力的广泛生长，既是一个基本事实，也是一种发展趋势，但是法学研究却往往忽视社会权力对于法律的重要影响。

只有在少数极端情况下，社会权力才会作为联合起来的整体与国家权力进行全面对抗（即革命和起义）。社会权力更为普遍的存在形式是微观的、局部的和具体的，其主要来源和存在位置是各种具有半自治特征的社会领域。作为社会权力的主要存在形式，各种组织性的或非组织性的半自治社会领域具有自身内部的规则体系，也能够提供保证这些规则实现的强制力量（但是这些强制力量的强度参差不齐，强制形式也多种多样），而且普遍具有不同程度的内化纠纷的能力。同时，半自治社会领域也具有影响成员认同结构与行为选择的技术和资源。在很多情况下，法律作为外部干涉，必须在一定程度上接受这些半自治社会领域的过滤和选择，才能对其内部环境和成员发挥作用。简而言之，社会权力的"荆棘丛生"为法律的运作增加了诸多樊篱和限制。与此同时，法律系统又为社会权力的生存和发展提供了制度背景。社会权力只有通过各种方式将自身的利益偏好和政策需要输入或反映到法律循环的过程中，才能为自身的生存和发展谋求更大的制度空间。

如果不计代价，国家权力确有能力击败即使不是所有也是绝大部分社会权力结构，但只有少数独裁和专制的政府才愿意通过纯粹的铁血手段并以牺牲自由、隐私、生命以及有价值的社会生活模式为代价追求这种表面的"成功"。面对越来越复杂的社会权力形式构成的复杂结构，政府往往更愿意通过各种不同程度和不同形式的合作来实现控制社会的目标。尤其是进入现代社会之后，自由已经成为具有普遍意义的成就性和评价性概念，并作为一般性价值成为衡量特定社会文明程度的标志，对社会权力的过分压制已经逐渐成为一种不能被容忍的政治策略。既然社会权力生存的自由土壤不应该受到压制，那么法律就必须发展出某些机制以适应日益复杂的社会权力环境，这也必然意味着国家与社会的衔接方式将发生本质性变化。这种法律的自我调整意味着一种新的法律发展的可能性，法律需要尊重各种自我维持的义务体系和力量，同时依然把握那些能够保持自身结构完整性的必不可少的东西，法律系统将会发展出一些方法，使得自身的完整性和开放性能够相互支撑，外部的社会压力将会被视为一种刺激或诱因，从而成为认知和信息的来源，这也为法律的自我矫正提供了机会。诺内特和塞尔兹尼克称这种新的法律形式为"回应型法"，而图依布纳在"回应型法"和卢曼的法律自创生理论的基础上提出，反思理性将是一种有意义的应对策略，按照这种理论，法律在经历了形式理性与实质理性的发展阶段之后，正在导向一种自我反思的方向，这是一种新的法律理性，即反思理性。

反思理性法的合理性在于能够协调各种社会合作形式，反思之名主要源自下述两个方面：一方面，面对功能和逻辑分化的半自治社会领域的发展所导致的现代社会的充分复杂性，法律系统必须承认自身规划能力的有限性，这意味着法律系统的自我反思和自我批判；另一方面，反思理性意味着法律系统从强调直接控制转向间接控制和社会自治，其目的在于充分征募社会权力参与社会治理。为了实现社会自治与法律规制之间的平衡，反思理性法提供了程序导向的控制策略，即法律系统通过对半自治社会领域的内部管理结构、决策体系与外部沟通体系的设计和重塑，促使各种社会权力结构内化社会公共目标，并通过其积极的、创造性的自我反思和自我管理实现上述公共目标。法律系统的自我反思是社会权力自我反思的前提，而社会权力的自我反思又能够促进法律系统的自我反思，两者的持续循环最终将会提升整个社会（包括公民个人）的公共责任意识和反思水平，并最终促成社会文化和公共道德的共同发展。

进入21世纪之后，社会治理创新已经成为提高党的执政能力，促进和谐社会建设的关键工程。而社会治理创新能否有所突破，将主要取决于以下三个核心问题的解决：（1）探索政府和社会良性互动、分工合作、相互促进的稳定的制度形式；（2）法律系统在社会治理中的正确的功能定位；（3）社会活力和公共责任的平衡。而反思理性法的理论和实践正好为我们解决上述难题提供理论指导和制度工具。综上所述，已经是时候重视社会权力对于法律发展的建设性意义了。而这种反思也将意味着法治观念的一种转变,一种对片面强调国家权力与国家法治理念的修正,并转而重视一种能够激发社会权力资源的法治观念和社会治理模式的探索。而这一发展趋势也要求法学研究改变以往从国家权力角度理解法律的单一模式,转而从社会权力的视角来理解法律的产生、运作和发展,并对法治发展的方向和路径做出适当的预测和调整。基于这种反思,本书尝试全面分析社会权力对法律发展过程的影响,并探索社会权力在法律发展过程中的重要意义。

本书第一章主要围绕权力的内涵展开分析。相较于社会权力,关于权力的研究资料要丰富得多,其研究历史也更加悠远。但是关于权力现象的内涵与外延并无一致性结论,权力已经成为困扰社会科学家的主要问题之一,围绕权力展开的争论也异常繁荣,引无数学者竞相讨论,以致有学者干脆将权力视为"本质上争议的概念"(即关于权力的界定并不存在唯一正确的答案),甚至不同的学科也会围绕权力问题展开争论(如社会学和政治学)。因此,权力内涵的界定显然是一项难度极大的学术探险,但是冒险也往往意味着巨大的收获。法学领域对于权力问题的研究落后于其他学科是一个不争的事实,因此本书是在系统分析政治学和社会学关于权力研究的既有成果的基础上,完成对权力内涵的界定。第一章首先分析了权力研究中常见的理论误区,例如,权力分析的两种简化论倾向(即将权力等同于权力的媒介或将权力等同于权力的实际运作),以及权力的产生与权力的策略性竞争的无意识的混淆。在此基础上又对权力现象的一些重要的参数(权力的形式、权力的合法性、权力主体与权力对象的意志、权力的限度)进行了系统的梳理,在上述分析的基础上,本书认为作为法学研究中的权力,应当是一种关系性概念,是借助一定的资源和策略,通过影响他者的外在环境和内在心理,以追逐和实现特定目标的能力。但是"目标"并非仅仅体现掌权者的意志或目的,大多数时候,权力的意义在于集中社会资源实现整体目标。而现代民主政治中,集体目标多数情况下是外在于任何特殊意志(包括掌权者意志)的。

本书第二章围绕社会权力内涵的界定展开分析。在社会科学研究中,社会权力并不似国家权力那样受到广泛关注,而社会权力的研究成果也多是附着于其他问题的学术研究,并散见于各个学科的不同讨论领域,因此对社会权力内涵的界定必须从社会权力研究成果的梳理开始。作为现代社会学的主要奠基人,滕尼斯关注的是共同体和社会的组织形式和基础,而涂尔干则指出各种外在于个人存在的行为、思维或感觉方式等"社会事实",作为一种真实的客观力量和客观存在构成了社会学的研究对象。受涂尔干的影响,滕尼斯也从规范或规则的角度理解社会权力的本质。迈克尔·曼则指出无论是意识形态的权力、经济权力,还是政治权力和军事权力,国家和政府都无力完全垄断。福柯则干脆规劝研究者放弃权力的利维坦式思维惯性,转而关注存在于社会末梢的微观权力现象。除此之外,社会权力的研究成果还散见于利益集团、多元主义、精英主义、权力的面相等讨论领域。相较于国外社会权力研究的不明确和含糊其词,自20世纪90年代初以来,社会权力已经成为我国政治学和法学领域的独立研究对象,并被用于国家权力的约束和社会治理的创新等研究领域,而且也已经涌现出了一些研究成果,并逐渐受到更多学者的关注。

除了权力以外,对社会权力的界定还涉及其他关键词,如社会和社会权力资源,在对既有研究成果的梳理和借鉴的基础上,通过对一系列关键词的分析,本书认为,社会权力是社会主体凭借一定的资源和策略,通过影响他者的社会环境或内在心理,以追逐和实现特定目标的能力。社会权力的作用方向可能是国家权力系统(即以公共参与为目的),或是其他社会权力形式,也可能是导向其自身内部。

法律的有限性是一个经典的法学问题,但也一直缺乏经典答案,而社会权力研究恰好能够提供补充性的解释思路。从20世纪早期的法律人类学开始,法律多元主义就开始关注国家法与其他社会规则的功能相似性问题,随着研究逐步深入到解释社会中的多元规则和秩序的社会权力基础问题的层面。莫尔的"半自治社会领域理论"和麦考利的"私政府理论"就是两种主要的分析模型。第三章在结合"私政府理论"的基础上丰富了莫尔的"半自治社会领域理论",并以之作为分析社会权力来源和存在形式的基本工具。社会中存在的无数相互衔接的半自治社会领域能够(自发或自觉地)形成自己内部的规则体系,也能够提供保障这些规则实现的强制力量,从而具有内化纠纷和左右成员行为选择的能力。尽管围墙或界限并不清晰,但这些半自治的社会领域还是筑成了无数的围城,其内部的因果逻辑,外界并不能完全洞悉(就像隔着一层厚厚的印花玻璃),这种荆棘丛生的社会权力环境构成了法律运作的实际环境,也决定了法律控制的限度。

第四章以传统的立法、行政、司法三种权力为视角,分析了社会权力影响法律运作的具体策略。当社会权力发展到一定程度,为了获致更加充分的生存空间，谋求介入或影响国家权力系统（公共参与）是一种必然的选择。作为最具民主性基础的国家机关，立法机关往往掌握着那些最基本和最重要的社会决策的权力（往往能够直接影响社会发展的方向），因此，影响立法过程也是社会权力的重要日程。通过借助立法程序的安排、与立法机关组成人员的私人关系、自身具有的信息供给能力以及政党，社会权力获得了接近立法过程的各种机会。尽管普遍认为行政机关是法律的执行机关，但实际上，行政机关也拥有范围广泛的立法权，而且基于其本身的经验优势，行政机关制定的规则往往更具有实际操作性，也能够更加直接地影响社会生活。社会权力通过行政立法程序的设置，通过政党，通过各种层次的人员交往以及政府与社会的各种合作形式，不断地将自己的利益诉求输入行政过程，并为自身谋求尽量大的生存空间。在现代社会中，法院系统和检察院系统并非单纯解决案件纠纷的机构，它们也是重要的社会变革的推动者，因此，影响审判权力和法律监督权力的运作也必然被各种社会权力纳入议事日程。

对于社会权力的理解不能止步于具体策略或手段的列举，就像对宇宙的理解不能止步于观察一些具体的和可见的要素（如尘埃、星球、星云），而必须探讨宇宙的维度一样。只有将施加影响的各种具体策略或手段置入不同的权力维度，社会权力的分析才能变得立体和丰富。在权力研究中，拉斯韦尔（Harold D. Lasswell）和卡普兰（Abraham Kaplan）的经验主义方法影响深远。在他们看来，权力就是参与决策过程，"G 如果参与到影响 H 在价值 K 相关政策的决策过程时，G 就对 H 拥有关于价值 K 的权力"[1]。这一研究方法被以达尔为代表的多元主义研究者所继承和发展，并成为理解和解释权力现象的一种基本方法，被称为"权力的第一种面相"。但事实上，决策参与和决策胜利并不能概括权力现象之全貌，科学性和可测度性也不是权力研究唯一需要考量的因素，在最不引人注目的地方，权力往往最有效。第五章主要从多元主义的决策研究、巴卡拉克和巴拉兹的"非决策"研究以及卢克斯的"激进权力观"三个维度或面相更加深入地分析社会权力影响法律的深层策略。加利的"本质上争议的概念"这一分析工具，有助于正确认识关于权力问题的争论，如果将权力视为一种"本质上争议的概念"，并放弃关于权力的本质的唯一正确答

---

[1] ［美］哈罗德·D. 拉斯韦尔、亚伯拉罕·卡普兰：《权力与社会：一项政治学研究的框架》，王菲易译，上海人民出版社2012年版，第83页。

案的探索，转而关注权力现象的不同侧面和层面，才能获知对权力和社会权力的更加全面的理解。

早在两百多年之前，美国开拓者之一的麦迪逊就提醒世人，社会权力广泛发展的社会土壤是自由，而自由和独立又是文明发展的本源。[1] 既然不应该破坏社会权力发展的自由土壤，就必须面对社会结构日益多元化和复杂化这一基本事实，这也意味着法律系统必须对自身的控制策略做出调整，以适应内部理性自治和功能分化的半自治社会领域构成的外部环境。那么法律系统面临的基本问题就是"要使法制既不故步自封又可预测筹划，究竟应该采用什么策略？"[2] 也就是说，法律系统究竟应该如何自处，才能在社会的自治和规制之间以及自身的完整性与开放性之间获致平衡？面对这一问题，本书第六章将运用图依布纳的反思理性法理论，对法律系统如何应对极度复杂的社会权力结构进行系统分析，并对反思理性法的理论逻辑和制度模型进行简要整理。自20世纪80年代以来，在世界范围内，反思理性法的思路已经被广泛应用于环境保护、劳动保障、社会福利、安全生产等领域，其中欧盟1993年着手建立的"欧盟生态管理和审计计划"就是具有代表性的和比较完整的反思理性法的制度模型，其以完善企业内部环境管理体系为基本目标，并旨在塑造可持续性的和积极主动的环境反思的内部企业文化，经过近三十年的发展，"欧盟生态管理和审计计划"已经成为世界范围内最具影响力的环境保护制度工具之一。

此外，反思理性法同"通过合同的社会治理"相结合也是一种趋势，这一结合发展出了反思理性的合同治理思路。进入21世纪之后，我国已逐步建立和完善了市政公用行业特许经营制度，这为我们检视上述思路提供了实践机会，而运用反思理性法的思路对特许经营协议示范文本进行分析和重新设计也将具有重要的现实意义。除了上述两种制度模型以外，反思理性法的制度思路也可适用于行政立法、地方立法或其他决策领域。美国的规章协商制定程序就是一个现实制度范例，而且在不太严格的意义上，曾在欧洲风行一时的合作主义也具有反思理性的特征（尤其是逐渐微观化之后）。随着2015年立法法的

---

[1] 麦迪逊认为，"自由于党争，如同空气于火，是一种离开它就会立刻窒息的养料。但是因为自由会助长党争而废除政治生活不可缺少的自由"，则实在是愚蠢至极。参见［美］哈密尔顿、杰伊、麦迪逊：《联邦党人文集》，程逢如、在汉、舒逊译，商务印书馆1980年版，第46页。

[2] 季卫东：《社会变革的法律模式》，载［美］诺内特、塞尔兹尼克：《转变中的法律与社会：迈向回应型法》，张志铭译，中国政法大学出版社1994年版，代译序，第1页。

修改，地方立法权进一步向设区的市开放，在一些基层的和比较具体的立法领域，运用反思理性法的思路，设计能够让利益各方直接参与的立法或决策程序，也不失为一种可以提升法律权威性和可执行性的可行思路。

自清朝末年以来，中国现代化的进程已历经170余载，其中的迂回曲折可谓跌宕起伏。整体而言，中国现代化的发起和推进一直主要是一个"自上而下"的由政府主导的过程，或许在很长的一段时间内，这将依然是我国现代化发展的基本特征。但令人欣慰的是，在逐步开放和自由的政治风气里，社会权力的发展已经在不知不觉中"随风潜入夜"，而且也不再静默无声。同权力一样，社会权力也是一个极度复杂的问题，本书意欲借助法律运作这一枢纽，讨论社会权力与国家权力之间互动的过程，尤其是社会权力对法律运作和公共权力运作的影响，目的是探索在中国特色社会主义法治建设过程中，社会权力能够发挥的积极作用。不管愿意与否，或是承认与否，改革开放之后的四十余年来，社会复杂的程度几乎是呈螺旋式上升的，面对这变化太快的世界，搞不明白的已经远远不仅是个人。问题越来越多元化、专门化、地方化、具体化，政府和法律系统的认知能力和应对能力早就已经捉襟见肘。从这个角度看，立法法向地方的放权也是不得已而为之。但是，这种应对措施也只能是过渡性的，即使是地方的和基层的政府也无法应对越来越多元的社会问题。

在这一背景下，反思理性法的思路或许是一个值得借鉴的思路。道家有云，上善若水，水善利万物而不争，故几于道。国家权力及其法律系统本就应超然于社会之上，能容万物，且利万物而不与之争。"政治结合的目的是什么？就是为了它的成员的生存与繁荣。"[1]恰如阿伦特所言，权力和所有具有潜在性的事物一样，皆以惊人的程度独立于数量或手段等物质因素，所以，权力发展的关键不在于其控制范围的扩大，而在于其基础合法性的加强，能容万物，也必然意味着能为万物所容，这也是中国共产党坚持走群众路线的基本原因。但是，我们也不可能再回到守夜人式的和自由主义的路子上去，那只会让社会不堪重负，更何况社会权力自身也有其难以克服的局限性。因此，反思理性法强调自治与规制相结合的思路就具有了重要意义，也为我们正确认识法律与社会权力的关系提供了合理的思路。

---

[1] ［法］卢梭：《社会契约论》，何兆武译，商务印书馆2003年版，第107页。

第一章 权力的一般分析

与社会权力相比,权力作为更具一般性的研究对象,一直以来都是社会科学的核心课题,而关于权力问题的研究历史则可以媲美任何自诩古老的理论。"权力是一个社会科学问题(科学问题),同时也是一个社会问题(道德问题)。"[1] 权力既是驱使无数英雄竞折腰的原初动力,也是法律和道德反思的永恒指向,人们早就习惯从权力分配的角度判断社会制度和政治体系的正义程度,而社会结构的变迁也往往被解释为权力分配方式的变革。虽然"中国在传统上是一个权力与政治极其发达的社会",但看似矛盾实则合情合理的事实却是,"权力与政治越畸形发达,就越排斥科学的权力理论",甚至权力研究本身一度曾经是"风险很大的政治"[2],是不允许靠近的学术禁区。正因如此,在国内,"对权力缺乏基本的学理分析仍然是法学和政治学的一个重大缺憾"[3]。作为社会权力的核心关键词,权力研究的这一现状要求必须以权力的一般分析作为社会权力内涵研究的起点和开端。

第一节 权力研究的理论误区

一、权力研究的两种简化论倾向

在政治学领域,权力研究的成果较为丰富,人们对于权力现象的理解也更

---

[1] Robert. Bierstedt, "An Analysis of Social Power", *American Sociological Review*, 15 (1960), p. 730.
[2] 刘军宁:《权力现象》,商务印书馆(香港)1991年版,弁言,第 i 页。
[3] 周永坤:《规范权力——权力的法理研究》,法律出版社2006年版,第97页。

加深刻。美国政治哲学家卢克斯曾经指出："权力是一个意向性概念。它界定了一种能力：权力是一种潜在可能性，而不是实际运作——确实是一种可能永远不会被激活的可能性。"如果研究者认识不到这一点，常常会导致两种形式的权力研究的简化倾向——或者将权力简化为权力的资源或媒介（也就是权力运作的物质基础或手段），或者将权力简化为权力的实际运用及运用的结果。卢克斯分别称之为"权力媒介的谬误"和"权力运用的谬误"，❶ 这两种简化倾向和谬误分别对应了政治学和社会领域的两种权力研究倾向。

（一）权力媒介的谬误

将权力简化为权力的资源或权力的媒介（权力媒介的谬误），是一种历史悠久而又影响广泛的权力解释和研究模式。直至最近两个世纪的许多社会科学家，都还在某种程度上沿用这种研究模式：权力结构的不同，主要被归因于社会资源或基本价值在个人、阶层、阶级或团体之间分配方式和数量的差异。❷ 我们通常会说某个人或某个组织拥有权力（就好像其拥有财富），仿佛权力是一种可占有、可为拥有者带来预期利益的东西。这是一种几乎是共识性的、最直观的、也是最为常见的，同时也是具有独特优势的解释模式——通过对有形的、可见的权力资源的粗略计算，就可以大致估计社会权力分配的基本状况以及各阶层的力量对比关系。但是，这种估算过于粗放，有时并不准确，例如，朝鲜战争和越南战争中的美国，拥有最为先进的武器资源和最为雄厚的经济基础，但是这些权力资源或权力媒介并没有为美国带来荣耀和服从。由此可见，拥有权力的手段或资源并不必然等同于实际拥有权力，从拥有权力资源向实际权力的转化还要受到诸多变量（这些因素既可能是主观的，也可能是客观的）的影响。同样是一把剑，在英雄手中就是建功立业的利器，而在纨绔子弟手中则只是夸张的饰品。

---

❶ Steven Lukes, *Power: A Radical View*, Houndmills: Palgrave Macmillan, 2005, pp. 69 – 70.

❷ 拉斯韦尔和卡普兰曾经列举一种涉及八种基本价值的列表，包括权力（特定形式的权力可以作为其他形式的权力的基础或资源）、尊重、公正、友情、健康、财富、技能、启蒙。参见［美］哈罗德·D. 拉斯韦尔，亚伯拉罕·卡普兰：《权力与社会：一项政治学研究的框架》，王菲易译，上海人民出版社 2012 年版，第 92 页。也有一些学者选择采用更为人熟知的方式划分权力资源，例如，社会地位、财富、信用、财富的分配、声望、工作控制、信息资源等。刘军宁则将权力资源或权力基础分为武力、财富、知识、意识形态、群众、年龄、仪容、口才、声望等。参见刘军宁：《权力现象》，商务印书馆（香港）1991 年版，第 31 – 35 页。

巴卡拉克和巴拉兹指出，至少有三个理由可以证明上述理解模式是不可取的。首先，这种理解模式未区分"对人的权力与对物的权力"，而在社会科学意义上理解的权力则主要是前者，即影响他人的权力，而后者主要是自然科学的研究范畴。其次，"通过行为者能够实现的偏好的总量来衡量其权力的观点是错误的"。任何人都只能在与他人的关系中实现权力，因此权力关系的解释需要分析具体场景。最后，最重要的是，上述权力解释模式错误地暗示了"拥有权力工具就等于拥有权力"，而这种理解忽视了权力的关系属性，也就是说，"权力是不能拥有的，相反，成功的权力运作依赖于处于冲突中的价值在权力对象中的相对重要性"❶。他们还通过一个例子说明前述传统解释模式的问题，当一个没有武装的士兵走向一个在军事禁区站岗的哨兵，哨兵端起枪指向闯入者，并高喊"停下，否则开枪"，命令立即得到遵守，但是假设这名同样接受过训练的士兵，服从哨兵的命令本身就是其价值体系的一部分，因此服从命令几乎是出于本能，也合乎自己的价值判断，也就是说闯入者与哨兵之间并无实际利益和价值冲突，服从者也并非是因为害怕哨兵的制裁而停止前进，在这种情况下，就不能说哨兵拥有并运作了权力。再假如，另一名试图破坏军事设施的闯入者，无视哨兵的命令而被开枪击中，这时双方虽然存在价值冲突，但是该情景同样不存在权力运作，因为其命令并未获得服从，在闯入者的价值序列中，破坏军事设施的目标显然要重于哨兵的命令和自身的生命安全。再假设，有第三个人接近军事设施和哨兵，事实上，该人是想自杀却没有勇气，于是故意无视哨兵的命令而被击毙，这时说"受害者"是拥有和运作权力的人似乎更合适，因为他清楚自己与士兵的价值冲突，并利用后者的行动达到了自己的目标。❷ 所以，权力是关系性的而不是可拥有的或是实质性的东西。权力关系之存在，需要各方之间存在利益或价值冲突，而且一方由于惧怕另一方可能会剥夺自己珍视的价值（也就是制裁），而实际服从了对方的意愿或命令。

对于权力的传统解释模式的另一个有影响的批评者是达尔。正如内格尔所言，达尔所界定的权力关系，包含两个必要条件，即掌握权力者的实际行动，

---

❶ Peter Bachrach and Morton S. Baratz, "Decisions and Nondecisions: An Analytical Framework", in John Scott ed , *Power: Critical Concept*, Vol. II, London and New York: Routledge, 1994, p. 96.

❷ Peter Bachrach and Morton S. Baratz, "Decisions and Nondecisions: An Analytical Framework", in John Scott ed , *Power: Critical Concept*, Vol. II, London and New York: Routledge, 1994, pp. 96 - 97.

以及掌权者的行动与受权力影响的行动者的行为之间的明显因果联系。❶ 权力关系形成的一个必要条件是，A 的权力行为与 B 的回应之间存在先后顺序。这一条件，满足人们对于权力关系的直观感觉，即 A 几乎不能被认为对 B 拥有权力，除非 A 的权力行为先于 B 的回应。权力关系的第二个必要条件是，"不存在超距作用"❷（超距作用的物理学意义是指相隔一定距离的两个物体之间存在直接的、瞬时的相互作用，不需要任何媒质传递，也不需要任何传递时间），A 与 B 之间权力关系的存在，必然意味着两者在时空条件上能够有机会产生相互联系。也就是说，"权力本质上是一种因果关系"，权力观念中严谨因果的唯一意义，即规律性序列，即权力关系中存在一种规律，当甲做了某事，随之而来或概然随之而来的，是乙的一个行为。因此，在达尔看来，实际行动与因果关系构成了权力现象的两个基本特征。从 20 世纪 50 年代开始，作为最具影响力的多元主义者，达尔明确指责精英主义者在其研究模式中误解了权力的本质，并错误地将控制的潜力（即拥有权力的资源或权力的媒介）等同于拥有实际的控制能力。达尔准确地意识到，本身消极存在的权力资源或媒介在向实际权力的转化中涉及诸多变量的影响。

因此，即使是具有相似的权力资源或基本价值，实际权力也可能是云泥殊路。❸ 事实上，并非所有人都愿意动用自己的资源获取政治权力，有些人甚至主动远离政治，不谈国事。即使有此意向，其权力运作能力也要受制于如政治技能、成本、权力对象的心理等诸多因素的限制。尽管在权力研究中，人们习惯于强调权力主体的意志，但实际上，权力对象的意志可能更加重要，有些人更崇尚权威，而另一些人则更习惯于拒绝权威。也就是说，A 控制 B 的机会成本（A 控制 B 需要动用权力资源，这意味着必须放弃一些其他的机会），以及 B 服从 A 的机会成本（B 选择服从 A，也必然意味着放弃一些其他机会），都会影响权力的实际状况，这些偶然性因素的综合作用使得权力现象极度复杂，且充满不稳定性。

---

❶ Jack H. Nagel, "Some Question about the Concept of Power", *Behavior Science*, 13 (1968), p. 129.
❷ Robert A. Dahl, "The Concept of Power", *Behavioral Science*, 2 (1957), p. 204.
❸ 实际上，并非所有人都愿意动用自己的资源获取政治权力，而且由于权力是 A 与 B 之间的一种关系，所以 B 的动机一样重要。See Robert A. Dahl, "Power as the Control of Behavior", in Steven Lukes ed, *Power*, New York: New York University Press, 1986, pp. 44 - 46.

(二) 权力运用的谬误

虽然对精英主义的批判具有重要的启示意义，但是达尔将权力等同于权力的实际运作同样会导致另一种权力研究的简化论错误，即卢克斯所谓的权力运用的谬误，而这一谬误同样也会使研究者和观察者看不到权力现象的一些其他的重要方面。如米尔斯所言，权力精英的地位可以使"他们超越普通人所处的普通环境；他们的地位可以使他们做出具有重要后果的决定。相对于他们所处的关键位置而言，他们是否做出如此决定并不重要。行动未果，或决策失败，其行为本身就比做出决策更具影响力。因为他们主宰了现代社会的等级制度和组织结构。他们支配着大公司，操纵着国家机器并拥有各种特权，掌握军权，掌握着社会结构的战略要津"[1]。而这种地位本身又构成了他们的权力资源，有助于他们获得更多的权力。也就是说，权力主要是一种能力，一种可能性，那些掌权者更多时候无须积极行动就可以实现控制。

韦伯将权力经典性地界定为社会关系的参与者不顾反对而实现自己意志的机会、概率或可能性。但事实上这种概率的计算主要归因于权力对象的预测和判断，这种预测与判断经常是出于对掌权者的权力资源或控制能力的估算，当然也依赖于对掌权者以往的实际控制（尤其是惩罚或奖励）的记忆或恐惧。当然，有时候权力秩序的维系并不必然取决于实际的或真正的力量对比，纸老虎也可以唬人，权力对象可能出于错误的估量和判断而选择暂时服从。因此，虽然有时权力资源向实际权力的转化会被阻断，但这并不能否认权力资源对权力关系的重要性。

因此，权力作为一种能力，多数时候根本不需要激活。我们必须承认，心理的力量和物质的力量一样真实，因此，把意志因素尤其是群体意志纳入权力研究并非是无关紧要的。权力对象根据对掌权者的权力资源的估算（甚至是误判）和以往实际制裁的集体回忆，就足以保证权力目的的实现与权力秩序的维持。权力主要是一种潜在的东西，正所谓"吾人不能踢独裁者一脚以证明他有权力，但吾人不能否认他有权力"[2]。但是权力的这种不战而屈人之兵的成功运作同样会削减自身，不断重复的制裁威胁会逐渐失去可信性，直到最

---

[1] [美] 查尔斯·赖特·米尔斯：《权力精英》，王崑、许荣译，南京大学出版社2004年版，第2页。

[2] 马起华：《政治理论》（第二册），台湾商务印书馆1977年版，第130页。

后，威胁将不会产生服从。所以，对于法律体系而言，权力的实际运作必不可少，因为它可以提高制裁威胁的可信度。由此可见，权力资源和权力运作都是权力的重要组成部分，而且两者互为基础，相互补充。权力资源实质性决定了权力的运作能力（权力的实现很大程度上依赖于权力主体能够支配或调动的资源），而权力的实际运作则强化了权力控制的可信度，并使权力资源向实际权力转化的机制保持良好的运转。各种权力策略或权力技术将两者联系起来，共同实现着不同维度的权力实践，并共同维持着权力结构的稳定性。

二、权力的产生与权力的策略性竞争的混淆

迈克尔·曼指出，权力在最一般的意义上，就是"通过支配人们的环境以追逐和达到目标的能力"。权力有两项特别的意义，"第一意义把它的含义限定为针对他人实施控制"，权力具有以下可能性，即有些行为者可以不顾抵抗地贯彻自己的意志，但是"这样的界定把权力限定在了它的个体性方面，即A对B的权力"，A得到权力，B必然失去权力，此时的权力关系是一种零和现象（而且是一种压制性的力量）。而帕森斯的研究则提醒人们注意到权力现象的第二个方面，即"集体性方面，人们在合作中能据以增加他们对于第三方或自然界的权力"[1]。但是，大多数关于权力的研究并未有意识地对上述两个方面进行明确的理论区分。

（一）权力的产生

为了解释权力的本质，帕森斯将权力与货币相类比，就像在经济体系中货币充任的是一种获得所需之物的一般媒介的作用，在政治体系中，权力发挥着相似的作用。"权力与货币类似，可被视为政治系统的流通媒介。"货币与权力都是一种流通媒介，相较于它们的实际的资源基础——货币性金属和强制、影响、说服、威慑等手段，它们具有更重要的功能。这是因为它们具有合法性。象征性的合法性使得权力和货币的拥有者能够要求对其他人有约束力的义务。象征性的合法性是帕森斯界定权力的秩序背景。[2]

---

[1] [美]迈克尔·曼：《社会权力的来源》，刘北成、李少军译，上海人民出版社2007年版，第8页。
[2] Stewart R. Clegg, *Frameworks of Power*, London: Sage, 1989, p.131.

自足和自利的理性个人并不足以说明社会秩序的形成，事实上，人们都是社会化的行动者。也就是说，对于学术研究而言，如果仅仅是在个人主义或理性主义的框架内思考，而不考虑社会背景，那么，对于"社会秩序何以可能"这一问题就难以理解。社会生活体现为稳定的、有规律的、模式化的社会互动；社会因此被视为一种框架，在其中秩序化的、可说明的、有助益的权力运用得以发展。这不同于霍布斯描述的原初状态中居民之间无序的、自利的不受限制的自我优势地位的争夺。不像是多元主义者（他们将秩序视为世界的自然性质，权力表达是冲突的，但是权力分配又是相互抵消的），帕森斯的权力概念不是一种零和游戏，即一个人的胜利必须以其他人的失败为代价。相反，他寻求展示权力如何有助于秩序和文明的实现。

经济系统中，货币的零和规则因商业银行的信用系统而被打破。储户将货币存入银行，实现货币的保值和增值，并能够在需要时从银行取回储蓄。而银行则有权自由决定投资决策以获益（同时也使储蓄增值）。对于社会而言，包括储户在内的所有需要者都可以获得银行贷款的帮助，这显然是一种共赢的正和情境。同理，"在民主选举系统中，选举获胜的基础，即政治支持可被视为一般的权力授权，选举获胜的领导人处于与银行家相似的位置。选民的权力授予是可以收回的"❶。与银行家一样，被选举的领导者需要一定自由，以制定有利于集体目标的有约束力的法律和决策。在选举政治中，只有当不同党派竞争同一权力位置时，零和现象才会产生（即只能有一方是胜利者），但是权力本身的产生则并不存在这种零和现象。经济系统中，维持正和情境的关键在于信用，信用体系的崩溃会导致金融体系的瓦解。同理，在政治系统中，政府失信于民也会直接瓦解政治权力体系。

权力的产生并不是零和而是共赢，关于这一点，汉娜·阿伦特（Hannah Arendt）与帕森斯的观点是一致的。但是关于权力产生的过程，两者存在分歧。帕森斯将权力产生的过程视为政府行为的增加或活动范围的拓展，此过程可以通过以下方式粗略把握：为了使政府机构的权力（产出）能够增长，政府系统的行动范围必须扩展，这一过程要求加大投入（政治支持和大众忠诚的增加）。也就是说，权力增加的过程始于政治投入，政治领导者必须能够唤

---

❶ Talcott Parsons, "On the Concept of Political Power", *Proceedings of the American Philosophical Society*, 17 (1963), pp. 236–254.

起选民新的需要（如战争），而只有通过加强政府的权力（扩大政府活动范围），这些需求才能得到满足，于是政府权力就增加了。按照帕森斯的系统论观点，权力的产生，可以通过政治领导者对人民施加的巨大的影响力得以实现，这种影响可以通过对精神的强制、说服和操纵等策略来实现。

帕森斯将权力理解为"社会系统动员资源实现集体目标的能力"。[1] 同意的动员产生了权力，通过社会资源的安排和利用，权力转化为有约束力的决策。权力是系统的特性，系统行为指向自己的目标，因此，"帕森斯是在系统理论的层面上重复了韦伯在行为理论层面上的权力目的论概念。阿伦特认为，在这种目的论的解释模式中，权力所特有的，将权力区别于力量的团结话语消失了"[2]。按照阿伦特的解释，帕森斯描述的过程仅仅意味着强制资源和手段的增加，即力量（物质的或社会的运动释放的能量）的增加，而不是政治系统的权力增加了。权力是在不受限制的交往中实现一致行动的能力，因此，权力只能通过不受限制的交往结构得到发展，而不能通过上述手段实现增加。阿伦特提醒我们，政治系统不能任意地处置权力，权力是政治组织争夺的东西，也是政治领导据以成事的东西。但是掌权者会发现权力就在手边（附着于特定权力位置），但他们并没有生产权力，这就是掌权力者的无能为力之处——他们必须从权力的生产者那里借用权力，所以现代民主政治的领导者必须通过选举定期获得合法性。也就是说，帕森斯将权力的产生过程理解为权力控制范围的扩张，而阿伦特则将权力的产生理解为权力合法性的强化（也就是说，在阿伦特看来，权力不能增加，只能强化）。

阿伦特正确地认识到，作为一种共同行动的能力，权力绝非个人的所有物，它属于群体，只有群体保持在一起的情况下，权力才能存在。当我们说某人拥有权力时，实际上是说他被特定数量的人授权以他们的名义行动。只要人们以言说和行动的方式在一起，权力的显现空间就出现了（这种空间早于任何组织化的公共领域和政府），但是权力不像暴力工具那样可以储藏以备不时之需。只有在"言行未分裂，言谈不空洞，行动不粗暴的地方，在言辞不是用来掩盖意图而是用来揭露现实，行动不是用来凌辱和破坏，而是用来建立关

---

[1] Talcott Parsons, *Sociological Theory and Modern Society*, New York: The Free Press, 1967, p. 193.
[2] Jurgen Habermas, "Hannah Arendt's Communication Concept of Power", in Steven Lukes ed, *Power*, New York: New York University Press, 1986, p. 76.

系和创造新的现实的地方，权力才能实现"[1]。故阿伦特指出，"权力和所有具有潜在性的事物一样，只能现实化而不能完全物质化，它以惊人的程度独立于数量或手段等物质因素"[2]。历史上的此类事例不胜枚举，丰富的物质财富和强大的军事资源都不足以弥补内部瓦解（合法性的缺失）的损失，一个看似无比强大的王朝，经常以看似不可能的方式在顷刻之间倾覆。

这种以协商一致为指向的交往权力不同于力量，协商一致本身就是目的，不能作为其他目的而被工具化。因此，阿伦特的权力分析有意识地与目的论模式分离，主张权力建立在交往行为基础上，达成一致本身就是参与交往者的集体目标。个人在交往中积极展示自身作为独特的存在，同时又彼此互相承认是平等的、负责任的人，即能够在主体间达成一致的人（实际上，阿伦特是将权力的基础建立在自由和平等的各方之间的契约之上，人们将自身置于相互的义务之下，在这里，阿伦特回到了古典自然法的社会契约理论）。由此可见，阿伦特关注的是政治权力系统的合法性，而这种合法性只能产生于民主的交往结构，并建基于人民的授权和承认。

整体而言，帕森斯和阿伦特的研究提醒我们，权力具有组织性特征，组织既是权力的载体（生物学上的宿主或许是更好的表达），也是权力表达的媒介。只有依靠成熟的、具有合法性的组织，权力才能长久地存在和实施下去。只有借助复杂的组织，权力才能超越与特定的个人和位置相联系的有限时空。权力想超越时间空间，就不仅要求实施，而且还要求合法性，这样，阿伦特的交往行为或哈贝马斯的"理想交谈情境"，以及一般意义上的政治参与或民主在权力的研究中就具有了重要意义。在某种意义上，社会成员都被以不同方式嵌入组织之中，人们被组织包围。[3]

（二）权力的策略性竞争

正如哈贝马斯所批评的，交往权力概念可以解释权力的产生（实际上就是权力合法性的获得），但却无法解释围绕政治权力展开的策略性竞争以及政治系统内部的权力运用，哈贝马斯所谓策略性行为，是指目的在于获得胜利而

---

[1] [美]汉娜·阿伦特：《人的境况》，王寅丽译，上海人民出版社2009年版，第157页。
[2] [美]汉娜·阿伦特：《人的境况》，王寅丽译，上海人民出版社2009年版，第157页。
[3] [美]迈克尔·曼：《社会权力的来源》，刘北成、李少军译，上海人民出版社2007年版，第9页。

不是达成一致的行为，是与交往行为并存的另一种社会互动行为。现代社会中，权力的策略竞争性因素的范围和重要性毫无疑问地增加了，而且政治权力的策略性竞争也已经逐渐被制度化、程序化和正常化了（通过政党选举、承认劳工斗争的合法性等途径）。当然，这种权力的竞争现象误导了许多政治家和社会理论家，他们将权力界定为进行成功的策略行为（获得胜利）的潜力，从而将政治概念狭窄地理解为政治竞争与权力分配。[1] 针对这种传统，阿伦特正确地认识到政治权力的策略竞争既不能产生也不能维持这些权力所植根的制度，政治制度不是来源于力量，而是来源于承认。没有权力位置的占有者能够运作权力，如果这些位置本身不是立基于法律和政治制度（而法律与政治制度的持续性存在最终建立在一般信念的基础上，也就是必须具有一定程度的合法性基础）的话。

通过上文的分析，可以发现权力的产生与权力的运作都是权力现象的重要组成部分，权力现象不能像阿伦特（按照对希腊城邦的想象）那样简化为行动者一致行动的实践，权力研究必须将视野扩展至围绕政治权力展开的策略性竞争以及政治系统内部的权力运作。当然，无论是帕森斯还是阿伦特，都为我们揭示了权力现象的重要方面：权力的合作性方面，即权力关系不能简单地理解为一种零和现象（这种零和现象主要发生于权力位置的竞争过程或是政治权力的具体运作过程中）。无论是帕森斯还是阿伦特的权力观都在提醒我们，权力位置的占据者（掌权者）所拥有的权力来自于权力对象的授权，掌权者权力的增加（无论是帕森斯理解的政府活动范围的扩大，还是阿伦特理解的合法性的加强），都并不必然意味着其他社会成员权力的大量丧失，权力并不仅仅供掌权者使用，也供所有社会成员使用（虽然使用的方式和难易程度不同）。也就是说，共赢才是权力现象根深蒂固的根本秘密。

在传统观念中，权力是压制自由的。而这种观念对于"不自由毋宁死"的现代人而言更不陌生。例如，在近代自由主义的政治哲学中，通常认为权力是施加于私人自由之上的纯粹限制，是一种不得已的恶。个人自由与国家权力构成了自由主义政治哲学中两个相互对立的点，呈现出此消彼长的反比例关系。事实上，恰如福柯所言，国家权力与公民自由在宏观上主要呈现出一种螺

---

[1] Jurgen Habermas, "Hannah Arendt's Communication Concept of Power", in Steven Lukes ed, *Power*, New York: New York University Press, 1986, pp. 84–85.

旋上升的关系,"权力并不是仅仅消极地限制自由,而是在制约个人自由的同时增进个人自由;而且,越是受到权力的制约……越是获得更大自由……要想获得更大自由,就越是要接受权力的制约"❶。

法学研究中,常常提到的权力分立或权力制约,也可能会产生误解,人们可能倾向于认为权力的总量是有限的,此处的权力增加了,则彼处的权力必然会减少。事实上,恰如阿伦特所言:"权力可以被分割而不受削弱,而且权力之间的相互制衡甚至倾向于产生更多的权力,只要是这个相互制衡的模式有活力而不陷于僵死状态的话。"❷因此,如果将权力现象简单地理解为一种零和游戏,可能会对权力的真正本质产生误解。

第二节 权力研究的重要参数

权力现象的复杂性,决定了权力概念本质的内在复杂性特征,卢克斯借语言哲学家加利之分析框架,将权力视为"本质上争议的概念",❸豪格则承袭维特根斯坦的理念,视权力为"家族相似性概念"。❹无论是"本质上争议的概念"抑或是"家族相似性概念",皆说明权力的本质具有多元解释性的特征。❺因此,全面理解权力现象,必然涉及诸多重要的参数。

一、权力的形式

现代社会科学中,权力词汇以各种细微和不易觉察的方式无处不在地潜入语言系统,影响、暴力、操纵、说服、支配往往都被不同程度纳入惯常的权力

---

❶ 胡水君:《权力与自由的螺旋》,载《天涯》2007年第3期。
❷ [美]汉娜·阿伦特:《人的境况》,王寅丽译,上海人民出版社2009年版,第158页。
❸ Steven Lukes, *Power: A Radical View*, London: Palgrave Macmillan, 2005, p. 30.
❹ Mark Haugaard, "Power: A family Resemblance Concept", *European Journal of Cultural Studies*, 13 (2010), p. 420.
❺ 权力作为社会科学领域最具涵括性的概念之一,据有关学者考证,仅仅是有影响的代表性定义就有影响说、决策说、价值说、关系说、控制说、强者说、放大说、意志说、潜力说、领导说、现象说、结果说等12种界定方式,参见马起华:《政治理论》(第二册),台湾商务印书馆1977年版,第131-136页。

语言范畴。故在一篇著名论文中,达尔希望被赋予一种自由,即有时候为了方便起见,可以互换性地使用权力和影响等概念。❶帕特里奇(P. H. Partridge)则建议,"把'权力'当作一个最富有涵盖性的术语……从这个更宽泛的概念中划分出两极(或两端)来,一极是'影响',另一极是'支配'"❷。按照权力的资源、权力机制以及权力主体和权力对象的心理等因素的差异,标尺两端之间还存在一系列其他权力形式。帕特里奇所谓的影响,是指一个人或一群人对另一个人或另一群人之行动和意向的影响和作用,但并不要求后者完全服从前者,两者之间也并非必须存在价值或行为冲突,甚至有时影响也不是有意为之。而权力标尺的另一端(即支配),则首先预设了冲突格局,并且要求绝对的控制与服从。在美国政治学家巴卡拉克与巴拉兹深具影响力的权力理论中,权力就是被界定为这样一种支配情景。

巴卡拉克与巴拉兹主张权力是关系性的,而权力关系的构成需满足以下条件:"(a)在 A 与 B 之间存在着价值或者行动过程的冲突;(b) B 顺从了 A 的意愿;(c) B 之所以顺从,是因为害怕 A 将剥夺他的某些价值,这些价值与不服从将实现的价值相比,他更加珍视。"❸也就是说,只有符合以下条件,制裁的有效性才能赋予 A 控制 B 的权力:被威胁的人明白自己被期望去做的事情,权力主体与权力对象之间必然有清楚的交流,也就是权力必须具有理性特征;威胁施加的制裁在被威胁者看来,确实是一种制裁或剥夺;对于被威胁者而言,服从会放弃一些东西,不服从也会放弃一些东西,相较而言,他更加珍视前者;被威胁者相信,威胁并非空穴来风,如果不服从,制裁或惩罚确实会发生。❹按照巴卡拉克和巴拉兹的界定,权力应当是通过价值剥夺的威胁而实现的一种命令和服从的关系,具有理性和关系的属性,权力对象必须对于命令的实质要求和预期具有明确理解,并且有机会在服从与不服从两者之间进行选择和定夺,也就是说,成功的权力运作依赖于处于冲突中的价值在权力对象心目中的相对重要性。威胁主要是一种符号层次上的交流,共享符号知识是权

---

❶ Robert A. Dahl, "The Concept of Power", *Behavioral Science*, 2 (1957), p. 202.

❷ [澳] P. H. 帕特里奇:《关于权力概念的札记》,何开诚译,载《国外政治学》1988 年第 1 期。

❸ Peter Bachrach and Morton S. Baratz, "Decisions and Nondecisions: An Analytical Framework", in John Scott ed, *Power: Critical Concept*, Vol. II, London and New York: Routledge, 1994, p. 98.

❹ Peter Bachrach and Morton S. Baratz, "Decisions and Nondecisions: An Analytical Framework", in John Scott ed, *Power: Critical Concept*, Vol. II, London and New York: Routledge, 1994, pp. 97 - 98.

力关系能够成立的前提。按照这种比较严格的理解模式，诸多在日常语言中通常被纳入权力范畴的概念就必须清理出去。

首先，影响被排除出权力范畴。因为影响无须冲突格局，价值剥夺的威胁也不是改变被影响者行为和意向选择的必然条件，而且影响也不必然是有意识的理性选择。其次，操纵也应被排除出权力范畴，因为操纵虽然意味着存在隐藏的冲突，但因为被操纵的对象本质性地减少甚至丧失了自主选择的机会（因为对真实情况不理解而不具有理性选择的机会），故操纵情境并不具有理性关系的特征。再次，至于暴力的使用情境，则因趋向于非关系性而不符合权力概念的要求，"如果核武器由一种威慑的政策转化为实际发射，权力已经让位于暴力"[1]。权力和暴力的区别是显而易见的，在权力关系中，一方获得了另一方的服从，而在暴力情景中面对的则是对方的不服从。假如劫持者利用妻子的安全迫使丈夫交出赎金，则此时存在权力关系，即通过价值剥夺（妻子的安全）的威胁获得了丈夫的服从。但是如果抢劫者必须通过杀死对方才能获得钱包，则只是一种暴力情境。换句话说，暴力的使用意味着权力的失败，因为并未获得服从。同样，在阿伦特看来，无能孕育暴力，权力的削弱带来暴力的诱惑。权力和暴力是对立的，其中之一的绝对统治，必然意味着另一个的消失，暴力总是出现在权力危险之时，但是听任暴力的发展，最后的结果只能是权力的消失，单纯的暴力永远不可能达致伟大。[2] 最后，说服虽然是理性的（即 A 向 B 提出建议，并以 B 的自身利益而不是自己的利益为出发点提供论据，而 B 则根据自身的价值和利益对论据和结果进行衡量，并自主和自由选择是否接受 A 的提议），但由于缺乏制裁的威胁，也应该被排除出权力范畴。

无论是基于惯常的理解，还是基于考察实际权力结构的考虑，巴卡拉克和巴拉兹的权力界定都过于狭窄，只是帕特里奇界定的权力范畴的一种极端形态。"枪杆子里出政权""在迄今为止的人类社会（特别是在阶级社会）中，暴力仍然是政治权力中的核心部分"[3]。暴力是政治精英或权势人物用以"进攻和防御的一种主要手段，它有多种形式。自古以来被囊括在世界武装力量中

---

[1] Peter Bachrach and Morton S. Baratz, "Decisions and Nondecisions: An Analytical Framework", in John Scott ed, *Power: Critical Concept*, Vol. II, London and New York: Routledge, 1994, p. 99.
[2] Hannah Arendt, *On Violence*, New York: Harcourt, Brace & World Inc, 1969, p. 56.
[3] 刘军宁：《权力与政治权力概论》，载《政治学研究》1987 年第 5 期。

的人员数字在一定程度上表明了暴力在政治中所占的地位。"❶ 尤其是在前现代的奴隶社会和封建社会中，暴力以及暴力的展示是维持统治的主要方法。当然，需要注意的是，按照巴卡拉克和巴拉兹的分析逻辑，实际使用暴力对于权力的作用也应当是双重的。❷ 虽然暴力可能破坏既存的权力结构，因为暴力可能激发反抗，并导致权力对象自身的价值排序的重组（如日军进行的南京大屠杀，不但不会达到威慑的效果，反而会激发那些本来心存侥幸和苟且偷生的中国人，从此把民族独立看得远重于自己的生命，并从此将革命作为自己终生的事业），但实际使用暴力也可能增加威胁的可信度，从而有助于既有权力关系的稳定性。但是，暴力的使用必须具有一定的限度，超过限度，可能会适得其反。也就是说，"暴力行动不论用在战争、分裂或革命中都必须从属于它本身作为其中一部分的那个全面行动。施虐狂行为的欢乐必然要受得失考虑的遏制……很少有绝对的暴力行为。暴力只是在正在发展着的形势下为达到某些目的而使用的一种方法"❸。暴力能够带来征服，但是却不能建立长久稳定的权力结构，马上可得天下，却不能治天下。但是，不论暴力曾经造成多大的破坏和带来多大的痛苦，大多数人和国家依然怀有对暴力的期望，并愿意在必要时使用暴力。

在古希腊的城邦时代，在很大程度上，政治就是言说，一切事情必须通过言辞和劝说。❹ 而在我国的春秋与战国时代，在很大程度上，政治就是游说，就是晓以利害，陈以利弊，供帝王诸侯自酌。《说苑·正谏》曾记载以下故事，吴王欲讨荆，并告其左右，敢有谏者死，舍人有少孺子者欲谏不敢，则借"螳螂捕蝉，黄雀在后"的故事进行曲谏，并成功使吴王罢兵。无论是张仪相秦，还是苏秦配六国相印，其成功也主要就是依靠三寸不烂之舌——言说和游说。对于现代民主政治而言，说服亦具有重要意义，雄辩是参与竞选的政党候选人的必备技能。通过对选民的演讲，以及与其他候选人之间的直接辩论，说

---

❶ [美]哈罗德·D.拉斯韦尔：《政治学：谁得到什么？何时和如何得到？》，杨昌裕译，商务印书馆1992年版，第33页。

❷ Peter Bachrach and Morton S. Baratz, "Decisions and Nondecisions: An Analytical Framework", in John Scott ed, *Power: Critical Concept*, Vol. II, London and New York: Routledge, 1994, pp. 99–100.

❸ [美]哈罗德·D.拉斯韦尔：《政治学：谁得到什么？何时和如何得到？》，杨昌裕译，商务印书馆1992年版，第45页。

❹ [美]汉娜·阿伦特：《公共领域和私人领域》，载汪晖、陈燕谷主编：《文化与公共性》，生活·读书·新知三联书店2005年版，第60页。

服选民接受自己的政治主张并将选票投给自己,才能获得选举的胜利。即使选举获胜执政之后,在具体问题的决策过程中,说服(自己的执政团队以及反对党或其他党派)依旧是实现政治目的的核心手段和主要策略。

对于影响,《韩非子·难一篇》有云,"历山之农者侵畔,舜往耕焉,期年,甽亩正。河滨之渔者争坻,舜往渔焉,期年,而让长",对此,《史记·五帝本纪》也有记载,"陶河滨,河滨器皆不苦窳。一年所居成聚,二年成邑,三年成都","举八元,使布教于四方,父义、母慈、兄友、弟恭、子孝,内平外成"。这说明躬身示范的道德教化本就是最古老的和最重要的权力技术。故《大学》提到,"尧舜帅天下以仁,而民从之;桀纣帅天下以暴,而民从之。其所令反其所好,而民不从。是故君子有诸己而后求诸人,无诸己而后非诸人。所藏乎身不恕,而能喻诸人者,未之有也"。躬身垂范,以身作则,向社会成员灌输统治阶级或精英集团的价值倾向和偏好,一直就是维护权力主体政治地位的重要因素。富勒强调"官方行动与法律之间的一致性"作为法律的一项重要的内在道德,❶原因就在于此,即官方对法律的态度会潜移默化影响民众对法律的态度,并最终影响到现有法律体系(权力结构)的权威性和稳定性。

至于操纵,在卢克斯看来,亦是权力的一种重要的面相,"通过塑造认知、偏好,使人们接受现有秩序中的角色,使得他们或是因为看不到或想象不到其他替代性方案,或是因为他们视现有秩序为自然与永恒,或者视其为神圣与有益的,这难道不是一种最为重要和隐蔽的权力吗?"换言之,操纵是一种较为隐蔽和高级的权力形式,是通过阻碍或削弱人们的理性判断能力,使其乐于接受现状,从而获得自愿服从并避免冲突和不满的权力维度,即"通过塑造信仰和愿望,通过在历史变迁中强加内在的约束,来确保服从统治的能力"❷。也就是说,利用某些看似约定俗成的言语、姿态、准则从人民中获得尊重、赞扬、财富等价值,一直都是一种重要的权力技术。"任何组织严密的生活方式都要按照自己设计的模式来塑造人的行为……资本主义社会的个人主义必须从人的襁褓时期开始,直到他埋葬入土之日为止,反复地进行

---

❶ [美] 富勒:《法律的道德性》,郑戈译,商务印书馆2005年版,第96页。
❷ Steven Lukes, *Power: A Radical View*, Houndmills: Palgrave Macmillan, 2005, pp. 143–144.

灌输。"❶ 在个人主义的理念下，需要为成功或失败负责的是个人，当面对一些社会或经济困难，注意力自动聚焦到个人因素。操纵涉及舆论、宣传、教育、生活方式等各个层面，改造人们的心理环境从来都是政治上的重要事情。

权力问题引发的争论往往带有偏见性，不同研究者（基于不同的学术背景和研究目的）通常着力强调权力的某些方面而忽视其他。事实上，任何权力运作往往都是依凭多种权力资源和权力策略，权力的获得、维系和实现通常都需要不同权力形式的交叉或组合运用，某些权力形式（如暴力）适合于进攻，而另一些（如操纵）则更加适合于防御。权力形式的分类只是便于研究和考察的"理想类型"，多数权力关系都不免是混合体，能够有效调动多种权力资源，使用多种权力策略，才能有助于权力主体在复杂环境中保持优势地位。不同权力形式之间又有相互转化的倾向，这也使得权力的精确测量异常困难。以司法权力为例，司法过程的核心虽然是说服（法律解释、法律论证和法律修辞），但也离不开强制力量的运用（国家暴力或暴力威胁，如法警、监狱），此外，操纵（如早期的神明裁判）和影响（如法官的法袍、法槌、专业和公正的形象）也是司法权力的重要形式和策略。

二、权力的合法性

在一般的意义上，权利本身也是一种特殊的权力，一种能够实现目标的能力。正是在这个意义上，英国分析法学家托马斯·霍兰德才会将权利界定为"通过社会的强力影响他人的权力"❷。也就是说，权利实际上是一种被认为"正当"的权力或具有合法性的权力，即被社会成员普遍承认，并以集体的力量加以支持的权力。故有学者主张，一般意义上，"权利不等于权力，即并非所有的权力都是权利，或都可被认为是权利，但权利也并非是与权力无关的东西，权利本身也是一种权力，只不过总是被把它叫做权利的人或人们认为是正当的权力而已"❸。因此，国家权力经过法律的授权，可以转变为法律上的权

---

❶ [美]哈罗德·D. 拉斯韦尔：《政治学：谁得到什么？何时和如何得到？》，杨昌裕译，商务印书馆1992年版，第19页。
❷ 转引自王莉君、孙国华：《论权力和权利的一般关系》，载《法学》2003年第5期。
❸ 孙国华：《权利——被认为是正当的权力》，载《河南政法管理干部学院学报》2002年第2期。

利（权限、职权），❶ 这是国家权力获致合法性的基本要求。但是权力的合法性是否就可以简单等同于合乎法律，则需要更加深入的分析和探讨。❷ 这一点在纳粹政府的例子中表现得尤为明显，"恶法亦法"与"恶法非法"两个命题之间的争论永远不会过时，并应当是政府时刻关注的问题。

卢梭指出，"强力并不构成权利，而人们只对合法的权力才有服从的义务"❸。按照法治主义的权力观，法治意味着国家权力必须有法律授权。若问法律何以能够构成权力的基础，则可以再追溯至宪法对法律的授权，至于为什么宪法可以构成权力合法性的依据，有学者认为可以再追溯至宪法序言，"宪法序言的目的就在于为整个国家的法律体系、并进而为所有的权力体系提供最终的合法性基础"❹。事实上，宪法序言并没有为权力体系提供合法性基础，而只是为权力的合法性提供了论证逻辑。以美国宪法序言为例："美国人民，为建设更完美之合众国，以树立正义，奠定国内治安，筹设公共国防，增进全民之福利，并谋今后使我国人民及后世永享自由生活起见，特制定美利坚合众国宪法。"❺ 显然，根据上述宪法文本的意涵，权力合法性的最终来源外在于宪法，即大多数人民之同意或授权。

正是在这个意义上，阿伦特才提出"权力和暴力的一个最为明显的区别是权力需要人数，而暴力无须人数也可以运作，因为暴力建立在工具的基础上"。人们的支持使得国家制度具有权力，使得法律存在，所有国家制度都是权力的制度化和物化形式，如果人们不再支持，权力就会消失。在这个意义上，所有政府都是建立在舆论和观念的基础之上，水能载舟，亦能覆舟，这一论断适用于民主制政体，更适用于君主制政体。这种逻辑表明，权力的合法性不能简单地完全等同于合乎法律与宪法，"在权力解体的地方，革命是可能的

---

❶ 所以有学者主张，从尽可能贴近我国法律的角度看，"狭义的权利即公民等社会个体的法律权利，权力即国家机关、准国家机关及官员的职权，也可称为法律权力"，而广义的权利包括了狭义的法律权利和法律权力。参见童之伟：《论法理学的更新》，载《法学研究》1998 年第 6 期。

❷ 恰如有学者指出的，在权利的实然与应然之间，正是法哲学大有作为之处。权利的合法性（合乎国家实在法）并不具有必然性的性质。这首先意味着权利不能简单地理解为实在法意义上的权利，其次，合法性也不能简单地等同于合乎宪法与法律，而必须往更深层次探寻合法性的根源。参见公丕祥：《合法性问题：权利概念的法哲学思考》，载《社会科学战线》1992 年第 3 期。

❸ [法] 卢梭：《社会契约论》，何兆武译，商务印书馆 2003 年版，第 10 页。

❹ 喻中：《法律文化视野中的权力》，山东人民出版社 2004 年版，第 102 页。

❺ [美] 汉密尔顿、杰伊、麦迪逊：《联邦党人文集》，程逢如、在汉、舒逊译，商务印书馆 1980 年版，第 452 页。

但不是必然的"❶。完全腐朽的（失去人数和公众意见基础的）政府及其法律体系仍有可能长期存在，只要没有人挑战它们以证明其虚弱。当然，权力的合法性论证还应借助一些实质性依据，如正义、安全、和平、福利、自由、经济等，或者回溯到历史中寻求权力的合法性依据。❷

因此，权力的合法性应当被理解为社会成员普遍的承认和支持，这意味着权力的使用被受其影响的人普遍认可为权利。这种认可当然不必是真正全体的认可，但它一定是广泛的和占有人数优势的。而为了获得这种人数上的优势，掌握权力者必须尊重社会的普遍意识和价值观，并注意与其保持一致。所以，"凡是在统治权力树立起权威的地方，它的首要职能就是为信仰、传统和集体行为赢得尊重，换句话说，就是为了保护共同意识去防范任何内部的或外来的敌人。因此，它成了集体意识的象征，在每个人的眼里，它都是集体意识活生生的表现"❸。在这一意义上，权力制度本身也是为共同意识服务的，为了获得尊重，就必须以维护共同意识为己任。合法性的这种性质，意味着"合法性是一个需要掌权者自觉地、持续地加以关注和审视的东西"❹。正因如此，尽管"从强制性权威到合法权威的过渡永远不会完成，永远不会完全清除权力对象的一切恐惧和敌对关系"，却始终"存在着来自权力关系双方的心理压力，要求把强制性权威转化为合法权威"❺。千里之堤，溃于蚁穴，看似巩固的政府，如果不时时加以关注和维护自己的权威，很有可能在不经意之间，因为一些看似不起眼的小事，就让权力丢失在街上，并从此失去人们的支持。

三、权力的意志因素

对于权力的理解存在两种基本倾向。一种理论倾向认为，权力是一种使有

---

❶ Hannah Arendt, *On Violence*, New York: Harcourt, Brace & World Inc, 1970, pp. 41 – 49.

❷ 喻中指出，我国宪法序言正是采用了通过历史寻找权力合法性的论证逻辑。参见喻中：《法律文化视野中的权力》，山东人民出版社2004年版，第109–117页。

❸ [法] 埃米尔·涂尔干：《社会分工论》，渠东译，生活·读书·新知三联书店2000年版，第47页。

❹ [美] 罗伯特·杰克曼：《不需要暴力的权力——民族国家的政治能力》，欧阳景根译，天津人民出版社2005年版，第126页。

❺ [美] 丹尼斯·朗：《权力论》，陆震纶、郑明哲译，中国社会科学出版社2001年版，第129页。

意想要的或预期的结果发生的能力,因此,权力关系意味着一种意志的施加与回应。韦伯对权力所作的经典解释是"权力意味着在一种社会关系里哪怕是遇到反对也能贯彻自己意志的任何机会"[1]。罗素认为,权力就是"若干预期结果的产生"[2]。丹尼斯·朗则对罗素的定义稍作修改,"权力是某些人对他人产生预期效果的能力"[3]。如上文所述,巴卡拉克和巴拉兹亦认为,行动者之间的理性的意志交流(权力对象必须明白权力主体的命令的意义)是权力关系的核心要素。这种权力观可以称之为目的论的权力观。

另一种倾向则偏向于淡化或否认权力与权力主体意志之间的必然联系。阿伦特将权力与目的论模式分离,以交往行为作为其权力理念的基础,"权力所指的不仅是人类行动的能力,而且是共同行动的能力"[4],交往权力产生于下列事实——行动者的目标是达成一致而不是各自实现自己的偏好或目标。卢克斯指出,"如果将权力概念定义为故意的干预,会过度缩小权力的范围",[5] 权力的运用经常是未经深思熟虑的,而且权力的运用经常会产生超出行动者预期的结果。福柯也认为,"权力分析不应停留在关注有意识的意图和决策,不应试图从一种内在的观点考虑权力,应当尽量避免提出下列复杂和无法回答的问题:谁拥有权力,他内心的想法是什么?拥有权力者的目标是什么?"[6] 帕特里奇则对不同权力形式进行了区分,在"支配"型权力关系中,故意当然是基本要素。但在"影响"型权力关系中,乙(基于对甲的崇拜或仰慕而)模仿甲的言谈举止、穿衣打扮和生活方式,这时甲可能是无意的,但却对乙产生了实际影响,而这种权力关系对于分析社会权力结构也具有重要的意义,因为"社会中的某一成员模仿或效法统治集团或精英集团的倾向",是"维护这种集团的政治地位和社会地位的重要因素"[7]。所以,任何时期的统治者都十分重视营造和维护自身的道德形象(负责任的丈夫和父亲,诚实和善良的人,

---

[1] [德] 马克思·韦伯:《经济与社会》(上卷),林荣远译,商务印书馆1997年版,第81页。
[2] [英] 伯兰特·罗素:《权力论:新社会学分析》,吴友三译,商务印书馆2011年版,第23页。
[3] [美] 丹尼斯·朗:《权力论》,陆震纶、郑明哲译,中国社会科学出版社2001年版,第3页。
[4] Hannah Arendt, *On Violence*, New York: Harcourt, Brace & World Inc, 1970, p.44.
[5] Steven Lukes, *Power: A Radical View*, Houndmills: Palgrave Macmillan, 2005, p.136.
[6] Michel Foucault, "Two Lectures", in Colin Gordon ed, *Power/Knowledge: Selected Interviews and Other Writings*, 1972–77, translated by Colin Gordon, Leo Marshall, John Merpham, and Kate Soper, New York: Pantheon Books, 1980, p.97.
[7] [澳] P. H. 帕特里奇:《关于权力概念的札记》,何开诚译,载《国外政治学》1988年第1期。

有爱心的人，值得依靠的人，孝顺的人，等等），统治权力的崩溃经常是从上层社会的道德败坏开始的。

为什么大多数学者都倾向于将权力与权力主体的意志相联系？帕特里奇认为这是出于经验研究的便利，因为表达意愿、参与制定政策或法律都可以体现出这种意志，而无意的影响则难以观察。实际上，还有另外一个更重要的原因促成了这种研究倾向，即按照人们的惯常理解，权力不应是盲目或不可控的，而是一种在需要时或想要时能够控制局面、实现自身特定目标的能力。但是，如果将权力理解为一种能力，即主要是一种潜在的可能性，而不一定是实际运作或实际运作的结果，那么就需要重新认识权力主体的意志在权力关系中的作用了。

《孙子兵法·谋攻》有云：不战而屈人之兵，善之善者。有一些情况下，即使权力拥有者并未采取实际行动积极寻求控制他人，权力对象也会通过积极预测其反应来安排自己的行为，这同样会达到实际控制的效果，这就是弗里德里希所谓的预测反应机制。❶ 尽管达尔主张将权力的拥有与权力的运作进行明确区分，并仅仅只关注后者，但是《谁统治：一个美国城市的民主与权力》一书的一个重要结论却是：尽管一般公众对于大多数决策鲜有直接的影响力，但是却可以通过选举获得相当大的间接影响力。❷ 这一论断唯有做如下解释才能成立，即领导者必然意识到，如果他一意孤行而罔顾选民或特定集团的利益诉求，那么可以肯定的是，这将会造成选票流失，下次选举就极有可能会失败。这种情况下，权力归属于投票者，因为领导者必须通过预测选民或各种利益团体的反应，以确定自己的施政方针。在这种情况下，选民既无直接的权力运作，也没有施加控制的直接故意。但是，如果否认这样一种权力关系存在的话，现代民主制度的合理性也将大打折扣。由此看来，依靠预测反应机制实现

---

❶ 预测反应机制这一概念最早是由弗里德里希在《宪法政府与政治》中提出。See Carl Joachim Friedrich, *Constitutional Government and Politics*, New York and London: Harper Brother, 1937, pp. 16–18.

❷ 关于这一结论，可参考下列文字："大多数选民实际上对提名过程并没有直接的影响力，然而他们的间接影响力的确非常巨大，因为政党领导人都渴望举荐具有最大选举吸引力的候选人。""纽黑文人默许并认可；他们选举并重新推选将城市重建作为主要政治纲领的某位市长候选人。然而与少数几个领导者的直接影响力相比，选民在事关重建的重要决策上的直接影响力是无足轻重的。""由于领导者与选民之间存在互惠关系，选民可借此对领导者的决策施加大量的间接影响力。"参见［美］罗伯特·A. 达尔：《谁统治：一个美国城市的民主与权力》，范春辉、张宇译，江苏人民出版社2011年版，第116–179页。

的权力关系，权力对象的意志才是其形成的基础。

当然问题可能会更加复杂，达尔曾经提出在参议员投票时存在一种"变色龙"的现象：假设某参议员对于某项法案本身毫无立场（既不支持也不反对），而是一直根据自己对参议院多数投票的预测来决定自己的投票，如果他是一个好的预测者，那么，毫无疑问，就决策结果而言，他经常是获得胜利的。[1] 达尔认为，依照我们的直观感觉，该参议员对参议院并不具有真正的影响力。将这种理解推广开来，如果掌握权力者总是能够非常好地预测人民的利益需求，并及时调整立法和决策方向，故其总是能够获得民众的支持，那么此时他或他们就算不上真正有权力。但是权力显然不是必须通过冲突格局才能实现运作，成功的预测和代表多数人的利益需求，获得多数人的支持，本身就是获得、保持、巩固权力重要的基础策略，也是巩固权力合法性的重要基础。正是基于这种原因，中国共产党才一直要求"坚持党的群众路线，从群众中来、到群众中去，深入基层调查研究，亲近群众，联系群众，服务群众，做好新形势下的群众工作"[2]。群众路线的基本目的就在于积极探知民众需要，并及时做出政策反馈，以加强党和政府的合法性。

权力主体的意志，在许多权力关系中确实具有重要意义。但是恰如上文所言，如果将权力理解为一种能力，那么权力主体的意志之于权力关系的意义就必须重新考量。有些学者指出，"任何权力的背后都反映了一定的意志，不论它是个人意志、社会团体的意志或者说是国家的意志……从意志的角度看，我们可以把权力看成是实现意志的能力，权力主体把自身的意志强加给环境（外化）的能力"[3]。毫无疑问，这种论断具有正确性，但是也会造成一些理解方面的混乱，因为此处的"意志"一词经常是在间接意义上，甚至是在比喻意义上使用的。此外，恰如某学者所指出，"在法治社会中，权力的取得与权力行为追求的目标是与权力主体自身利益相分离的，或起码应该是分离的。它追求的是外在于权力主体的利益"。这说明，就法律权力而言，"决定权力的意志或利益外在于权力主体"。[4] 这时，权力对象的意志就具有了重要的意义。

上述分析说明，直接将权力视为实现权力主体意志的能力，显然会缩小权

---

[1] Robert A. Dahl, "The Concept of Power", *Behavioral Science*, 2 (1957), p. 210.
[2] 习近平：《认真学习党章，严格遵守党章》，载《求是》2012年第23期。
[3] 刘军宁：《权力现象》，商务印书馆（香港）1991年版，第189页。
[4] 周永坤：《规范权力——权力的法理研究》，法律出版社2006年版，第111页。

力现象的范围。权力关系的形成,并不仅仅取决于权力主体的意志,更多时候反而是取决于权力对象的意志(预测与选择)。

四、权力的限度

在对精英主义的批判中,达尔曾经准确地指出,多元化的和不稳定的权力联合(因为利益集团对不同议题领域的兴趣和影响力是有差异的)往往决定着特定领域的法律或决策的命运。权力研究必须重视一个基本问题,即权力的限度。同自然界中力的关系一样,任何权力施加都需要付出成本,即使是在简单的两人之间的权力关系中,甲完全控制乙,而乙则毫无能力迫使甲付出一定代价的例子也极为少见,即使有这种权力关系的近似现象存在,也往往缺乏稳定性,走向崩溃是这种关系的必然趋势。这表明,权力欲维持其合法性,就必须在众多方面保持克制,权力的真理绝对不是多多益善(就权力的作用范围和强度而言),相反,权力的过度膨胀会反噬自身。

儒旺纳尔(Bertrand De Jouvenel)指出,权力有三个特性:广延性,即遵从掌权者命令的权力对象的数量;综合性,掌权者控制权力对象行为的范围;强度,掌权者的命令能够推行得很远而不影响遵从。❶ 这一观点被帕特里奇发展为权力量化的三个基本方面,这三个方面共同界定了权力的限度,这种限度与权力的合法性直接相关。帕特里奇将这三个方面界定为权力的范围、承认区和强度,分别对应儒旺纳尔所谓的广延性、综合性和强度。权力的范围涉及掌权者与权力作用对象的人数比例,承认区则界定了权力作用的合理领域,超出承认区,权力就会遭到抵制或拒绝,例如,现代法律可以限制结婚的年龄,却不能禁止异族通婚。不同于儒旺纳尔,帕特里奇所谓权力的强度,实际上指的是权力的控制程度。也就是说,即使是在承认区范围内,权力对象对于权力的承受或遵从也都有一定的限度,超过这个限度(因为社会的容忍度会不断变化,所以这个限度也会发生变化),权力运作就会被拒绝(公开的或隐蔽的)甚至是无视。例如,如果法律规定的法定结婚年龄是40岁,就必然会遭到全面抵制,甚至是蔑视或无视,作为应对,法律系统则只能选择性执法,而这必

---

❶ Bertrand De Jouvenel, "Authority: The Effective Imperative", in Carl J. Fredrich ed, *Authority*, Nomos I, Cambridge: Harvard University Press, 1958, p. 160.

将进一步破坏法律的权威性。对于现代法律而言，法律权利或人权都为国家权力和法律设定了承认区，其强度也是一个重要问题，即使是在承认区内，法律也必须考虑公民的承受能力或实际处境，而不至于强人所难。

权力的上述三个属性往往相互影响，一般而言，控制范围（这里的范围主要是指控制的行为领域）和控制强度较大的权力形式，广延性（涉及的对象）一定有限，且极不稳定（父母与尚未成年的孩子的权力关系就是一例，就控制范围而言，父母可以控制孩子的几乎所有行为。就强度而言，父母的控制程度可谓极度严苛而孩子难有选择自由，但是父母的这种权力控制只能针对自己监护下的未成年子女，且这种权力关系不可能持久，随着孩子年龄的增长，这种权力关系必然逐渐趋于瓦解）。权力的广延性也会为权力的综合性和强度设置界限，因为面对的人数越多，权力对象的心理状态以及对于控制的可承受程度就越多元化，权力主体就越需要多元化的权力策略，以及多层次的权力体系。而权力体系越复杂，控制链条越长，就越有机会形成多层次的下级权力中心，而这些权力中心的存在会使得权力趋于分散化。

国家权力系统恰当地说明了上述情况，法律意在一般性地约束所有社会成员，这已经本质性地决定了法律控制的行为领域（承认区）和强度必定是有限的。而且法律和国家权力对官僚体系（人的因素）的依赖，又使法律运行过程充满不确定性，从而为各种社会权力形式对法律的渗透和卷入提供了切入点，并最终会造成国家权力的流失。❶

除此之外，在功能高度分化的现代社会，虽然国家一直希望担当社会发展的设计权威的角色，但是国家权力机构的信息能力和设计能力方面的欠缺，却使得法律系统无法充分吸收各种社会发展形式，也无法充分洞悉各种社会结构内部的因果逻辑。因此，国家权力系统提供的规则系统往往无法达到预期的效果。尽管国家机器已经非常庞大，但依然无法面面俱到，面对高度复杂的社会环境，面对层出不穷的社会问题，国家权力系统总是疲于应付。因此，只有国家权力和法律系统能够充分承认和反思自身控制能力的局限性，才能为社会治理的创新和改革提供新的可能性。

---

❶ 胡水君：《法律与社会权力》，中国政法大学出版社2011年版，第203–214页。

第三节 权力的内涵界定

权力现象复杂如斯,决定了权力概念的界定是既困难又冒险的工作,稍有不慎就有可能会排除某些有意义的重要方面。例如,有学者认为,权力只存在于典型的、公认的、较为固定的支配——服从关系格局中,❶ 将考察范围主要限定于制度化和合法化的权力领域,因此而丢失了动态观察的视角,并排除了一些值得注意的权力现象。此类情况俯拾即是,多数研究者都将注意力集中于权力现象的特定方面或特殊形式,而倾向于忽视权力的其他方面。本书认为,权力概念应当是能够尽量涵盖权力现象各个方面的最一般的界定:权力是一种关系性概念,是借助一定的资源和策略,通过影响他者的外在环境或内在心理,以追逐和实现目标的能力。

对于这一概念,需要说明的是:

首先,这里的"目标"不能简单地理解为纯粹基于权力主体意志的目标。多数时候,权力的意义在于相互合作以实现集体目标,而集体目标多数情况下是外在于任何特殊意志的,至少也应该是外在于权力主体意志的。此外,当我们讲到集体意志或是国家意志的时候,实际上已经是在间接意义上,甚至是比喻意义上使用意志这一术语了。当然,这绝非意味着否认权力主体意志的重要性,无论是基于惯常理解,还是基于经验观察,传统权力研究中对于权力主体意志的强调依然具有重要的现实意义。有学者认为,"权力总是处于一种具体的力量强弱对比或情势优劣对比关系中,权力基于不平等结构或非对称结构的优势力量得以显现",❷ 这种理解当然具有重要的解释意义,但也容易使人忽略意志因素对于权力关系的意义。

其次,虽然在整体和长远意义上,特定权力结构的建立和维持需要有意识的经营,但在更为具体的情况下,因为权力结构已经非常稳定,权力就主要是一种潜在的能力,权力关系的形成也并不必然依赖权力主体的有意识的积极行动。同时,应避免从完全物质化的视角理解权力,强制资源和物质财富的增加

---

❶ 刘军宁:《权力现象》,商务印书馆(香港)1991年版,第19—20页。
❷ 胡水君:《法律与社会权力》,中国政法大学出版社2011年版,第83页。

当然有助于加强国家与政府的力量，但归根结底，权力的合法性主要源自于承认，权力的观念基础和群众基础一旦丧失，再多的物质资源也只能是为他人作嫁衣（即成为反抗者的资源），这意味着权力的合法性是一个需要掌权者持续关注且时刻不能放松经营的问题。事实上，国家机构、社会组织或者其他集体形式的社会存在，都是由若干个人成员组成的，因此任何权力技术都可以最终还原为对人的心理的影响。但是，个人身份的多元化（既是国家公民，也是特定社会结构的内部成员，同时还是有自由思想的个人）加剧了权力现象的复杂性，面对各种社会权力形式和社会规范的竞争，国家权力与法律系统未必总是优势者，并能有效地影响个人的行为选择。

再次，权力对象的复杂性、复数性和心理状态的多元化，往往使得权力主体必须动员多种权力资源，并借助多元化的权力策略，才能实现权力结构的稳定性和合法性。所以，无论从何种角度观察，权力现象往往都是异常复杂的，多种权力形式的组合才是最为常见的社会事实，各种不恰当的理论简化（如将权力等同于权力的实际运作及其结果，将权力等同于权力资源，将权力视为权力主体意志的体现，将权力理解为支配），都会在一定程度上缩减权力现象某些有意义的方面。

最后，权力主要是一种社会的和文化的现象，是能够产生具有因果关系属性的行为关系的潜在能力。作为一种社会的或关系性的概念，权力只能在个人、社会、国家的相互关系中产生和实现，冲突、合作或交往格局都是权力产生和发展的土壤。权力关系并非只是一种零和现象，权力也并不只是与自由相对的压制力量，权力也可以而且主要是实现共同目标的建设性资源，这就是权力现象根深蒂固的基本原因。例如，福柯在谈到"性"的问题时，也指出权力的功能不是禁止和抑制，而是生产快感，权力的本质是生产性的，生产快感和自由，也生产话语和知识。❶ 虽然权力有时也用来指称人类利用、开发和控制自然的能力，但这一意义主要是自然科学的研究范畴。

界定一个大众所承认的、一般的权力概念是极其困难的，作为一篇对权力进行研究的普通作品，本书亦不奢望自己对权力的定义能让所有人都接受，只是希望能将其作为进一步研究的基础，并尽量符合人们惯常的理解。更何况惯常理解本身也是开放性的，它只是提供了讨论的起点，而不是封闭了讨论的过

---

❶ ［法］米歇尔·福柯：《性史》，黄勇民、俞宝发译，上海文化出版社1988年版，第36页。

程。因此，最好赋予研究者自由，允许其依照实际需要选择适合自身研究工作的权力概念工具，这就要求在权力研究中，经常借助一定的标准，或附加适当的限定语或修饰语，以明确研究的范围，例如，按照主体差异，可以将权力区分为国家权力和社会权力。在法学研究中，将权力等同于国家权力是普遍存在的现象，这实际上是一种严重的概念偷换。[1] 公民个人和各种半自治的社会领域都有各自的权力，而社会权力的复杂存在则构成了法律的外部生存环境。而对社会权力的研究，则可以为我们理解法律提供更加细腻的视角。

---

[1] 孙国华：《权利——被认为是正当的权力》，载《河南政法管理干部学院学报》2002年第2期。

第二章　社会权力的含义分析

马克思与恩格斯早就指出，国家权力只是人类社会发展到一定历史阶段的产物。在前国家时期，原始的人类社会只有分散的氏族和部落，并不存在凌驾于社会之上的国家和国家权力，社会权力才是普遍现象。随着私有制和阶级的出现，国家和国家权力才成为一种普遍的政治现象。历史总是处在不断的循环之中，国家权力的扩张一度将社会权力压缩于有限的空间，而随着自由主义市场经济和近代民主政治的发展，国家权力的中心位置开始受到挑战，国家权力之外的社会权力又重新焕发了生机。虽然社会权力已经获得了广泛的发展，但在社会科学研究中，社会权力并不像国家权力那样受关注，社会权力也不是一个被广泛使用的核心概念，社会权力问题的研究成果主要夹杂于社会学、政治学、哲学的权力及其他相关问题的研究中。因此，对社会权力研究成果的梳理，将涉及多学科的相关文献。

第一节　国外社会权力研究的理论梳理

德国著名的社会学家滕尼斯较早关注社会的结构问题，即社会中的诸多共同体的问题，指出社会是一种有目的的联合体。社会产生于诸多个人的有计划的思想和行为的协调，即基于共同的目的或目标的共同的行动。就人类社会的发展而言，最初的"血缘共同体作为行为的统一体发展为和分离为地缘共同体，地缘共同体直接表现为住在一起，而地缘共同体又发展为精神共同体，作为在相同的方向上和意义上的纯粹的相互作用和支配"❶。而其中，第三种共

---

❶ ［德］斐迪南·滕尼斯：《共同体与社会：纯粹社会学的基本概念》，林荣远译，北京大学出版社2010年版，第53页。

同体也就是精神共同体可被视为真正的人和最高形式的共同体。典型的血缘共同体是亲属，家是他们的场所，共同的祖先和血缘使他们之间具有爱的关系，并获得安宁与平衡。典型的地缘共同体是邻里，村庄是他们的活动场所，在村庄中，土地和房屋彼此临近，这使得人们有充分的机会相互接触，共同生产，彼此帮助，也因此相互熟悉。邻里之间就是一个互助共同体，有借有还，彼此帮扶和依靠。而精神的共同体则主要是以协力工作和一致的思想作为基础，职业和艺术上的相似或相同最容易产生这种共同体，在这其中，成员们受到共同的精神或者价值纽带的约束，为了共同的事业或目标而工作。❶ 这些共同体共同存在于社会，在不同的时期，又具有不同的作用和地位。

作为社会学的奠基人之一，涂尔干（Emile Durkheim）指出，社会学之所以能够存在，是因为有一个属于其自身的研究对象，而社会学研究的对象就是"社会事实"，社会事实就是那些相对于具体的个人而言，具有客观性和独立性的，并对个人具有约束力的行为、思维或感觉方式的社会现象。❷ 也就是说，"各种社会现象应被当作事物，即外在于个人的现实来研究"❸。社会事实的存在或者以整个政治社会为基础（如法律和道德），或者以社会内部的个别组织或团体为基础（如宗教教义、行业规则等），或者尚未以结晶形式存在（并非以确定的组织为基础，如集会时产生的巨大的激情或者特定时期的社会风尚）。也就是说，社会事实不但外在于个人意志，而且还能够从外部决定个人意志，社会事实是铸造个人行为和思想的模型，这是任何人都无法逃避的必然性。因此，社会事实具有三个特征：外在的、有约束力的和普遍的。❹ 涂尔干所谓的"社会事实"类似于霍贝尔的"文化"，即一个社会中社会成员共同表现和分享的行为方式的总和。在霍贝尔看来，"文化行为的存在形式又早于个人进入社会的时间，个人死后，文化形式仍旧在那些活着的和刚出生的人们当中继续着。所以，文化是个连续统一体。社会学家说到它时，视之为社会遗

---

❶ ［德］斐迪南·滕尼斯：《共同体与社会：纯粹社会学的基本概念》，林荣远译，北京大学出版社2010年版，第54—55页。
❷ ［法］E. 迪尔凯姆：《社会学方法的准则》，狄玉明译，商务印书馆1995年版，第25页。
❸ ［法］埃米尔·迪尔凯姆：《自杀论》，冯韵文译，商务印书馆1996年版，第4页。
❹ ［英］帕特里克·贝尔特、［葡］菲利佩·卡雷拉·达·席尔瓦：《二十世纪以来的社会理论》，瞿铁鹏译，商务印书馆2014年版，第21页。

产。因而，尽管文化只存在于个人的行为之中，却又凌驾于个人之上"❶。在这一意义上，文化是超机体的，具有与自然现象一样水平的客观性。

在论及自杀现象时，涂尔干指出，"一些实在的、有生命的和活跃的力量，这些力量以它们支配个人的方式证明它们并不从属于个人；至少是，即使个人作为组成部分进入产生这些力量的结合，这些力量也随着自己的形成而对个人施加影响"❷。对于个人的行为和心理，这些超越个人的集体事实具有无法摆脱的普遍影响。由此可见，涂尔干已经初步触及社会权力的重要表现形式，即行为、思想或感觉方式构成的"规范体系"，而背后支撑这些规范体系的就是各种社会权力。只要人们试图反抗，约束力就会显现，"否定的方式从努努嘴、皱皱眉、嘲笑谩骂、故意刁难、拒绝赴宴到经济上的剥夺、肉体上的折磨、长期被社会排斥、关押或者去永远被社会排斥的地方——死亡"❸。而服从规范，则会带来诸多奖赏——微笑、注目、鼓掌、喝彩、社会地位、个人荣誉、财富以及死后的祭祀。

当然，涂尔干也提到了一些具体的社会权力形式在现代社会的重要价值。他指出，"群体不仅是规定其成员生活的一种道德权威，它更是生活本身的源泉。任何群体都散发着温暖，它催动着每一个人，为每一个人提供了生机勃勃的生活，它使每一个人充满同情，使每个人的私心杂念渐渐化解"❶。涂尔干认为，在现代社会中，法人团体将会逐渐演化为政治组织的本质性基础，并注定会在社会中占据更加中心和重要的位置。如果个人与国家之间不存在一些中介性的社会群体，国家也不可能存在下去，国家始终无法进入个人意识的深处，国家与个人的关系总是时断时续，若即若离，距离遥远，流于表面。而随着社会交通技术的进步和个人活动能力的发展，个人之间的社会纽带（个人与家庭、个人与社区、个人与群体、个人与传统之间的纽带）也将逐渐松弛，这种状况赋予个人以独立与自由的品性与信念，但同时却也使得个人的生活无所依从，这也是导致现代社会各种混乱和弊病（如自杀率的上升）的重要原

---

❶ ［美］霍贝尔：《原始人的法：法律的动态比较研究》，严存生等译，法律出版社2012年版，第7页。
❷ ［法］埃米尔·迪尔凯姆：《自杀论》，冯韵文译，商务印书馆1996年版，第5页。
❸ ［美］霍贝尔：《原始人的法：法律的动态比较研究》，严存生等译，法律出版社2012年版，第12-13页。
❶ ［法］埃米尔·迪尔凯姆：《社会分工论》，渠东译，生活·读书·新知三联书店2000年版，第38页。

因，而不断发展的法人团体则正是治愈这种疾病的良药。

受涂尔干影响，巴尼斯（Barry Barnes）也从社会规范和规则的角度理解社会，"在人们以构建和考虑规范或规则的方式互动的地方，我们就倾向于说社会存在于斯。规范秩序存在则社会存在"[1]。内化的规范就如同客体一般，成为一种客观的、独立存在的社会实体。而作为社会成员的个人，无法汲汲于社会之中却不受其影响。社会行为之所以是可理解与可预测的，就是因为社会成员共享一套系统的规范秩序的知识，只有知晓和掌握这些规范的意义和作用方式，才能借以预判他人的行为及其意义，这种规范性的知识构成了社会成员据以安排自己的行为的基础。在这一意义上，"社会就是一种知识分配"[2]。由此可见，巴尼斯所谓的知识，是一种社会成员共享的关于社会规范的知识。

社会规范秩序的知识是自我指涉的知识。"权力，也就是社会权力，必然是知识分配的一个方面或特征。"[3] 社会权力就是那些建构知识分配（也就是建构社会）的人获得的一种额外的行动能力。在真正的社会中，人们执行和建构一种知识分配，并在其基础上进行互动。共享的知识分配赋予人们一种执行常规和共同执行某些计划的能力，这是一种额外的行动能力，即社会权力。但是社会成员并不能平等地获得这种额外的行动能力。一旦多数社会行为已经常规化和秩序化，社会行动的决定权就趋于集中。尽管从理论上来说，社会权力的增加并非必然伴随着决策权的集中化，但事实却经常如此，因为面对常规化的社会生活，多数人倾向于不再积极地决定（不能或不愿）自己的行为或集体的行为，而少数人则掌握这种决定权，并由此成为掌权者或有权力的人。

因此，"社会权力被那些能够决定社会行动方向的人拥有，也就是被那些能够决定规范之解释和使用的人所拥有。规范可能被认为是存在于控制者的决定权中的一种潜在性或能力，其可能会被运作，也可能不会，可能以不同的方式表达，可能独立使用，也可能与其他规范结合使用"[4]。综上所述，拥有权力，就是拥有规范的解释和使用的决定权，这种权力主要是借助其他人的身体和行动得以现实化。所以在巴尼斯看来，社会权力（实际上是一般意义上的权力），是一种基于共享的规范秩序的知识而存在的潜在的能力，权力存在于

---

[1] Barry Barnes, *The Nature of Power*, Cambridge: Polity Press, 1988. p. 44.
[2] Barry Barnes, *The Nature of Power*, Cambridge: Polity Press, 1988. p. 46.
[3] Barry Barnes, *The Nature of Power*, Cambridge: Polity Press, 1988. p. 57.
[4] Barry Barnes, *The Nature of Power*, Cambridge: Polity Press, 1988. p. 58.

规范之解释和使用的决定权,当然这种规范并非仅仅指法律,而是社会共享的一般规范或秩序的知识。因此,权力并不单单为国家或政府掌握,也可能被其他社会主体掌握,国家权力仅仅是权力的一种特殊形式,与规范的多元化一致,权力的多元存在也是一种基本事实。

在其他社会学的研究成果中,也存在这种基本的认识趋向,即权力的多元存在是一种基本事实,就像社会规范的多元化是一个基本事实一样。如在迈克尔·曼的《社会权力的来源》一书中,社会权力与权力是交替使用的,社会权力这一概念也不是用来描述一种与国家权力对应的权力形式,而是一般意义上的权力,之所以使用社会权力这一概念,主要是为了表明其研究范畴限定于人类社会中的权力关系(而不包含人类对自然界的控制)。迈克尔·曼指出,社会权力有四个主要来源:其一,意识形态权力,即特定集团可以通过对意义阐释、社会规范、审美或仪式惯例的垄断,获得广泛而深入的权力,这一研究与涂尔干、巴尼斯的研究是部分重合的。例如,印度的种姓制度作为一种观念和价值体系,就是一种意识形态的权力形式,它在很大程度上是自主的,并独立于经济、政治和军事权力。其二,经济权力,即围绕着社会生产和消费活动的组织而产生的权力,这种活动产生的集合是阶级(纯粹经济意义上的),经济权力是弥散的,不可能从一个中心进行控制,这决定了阶级结构不可能是单一的,单一的经济权力等级制度并不存在。其三,军事权力,基于防卫和侵略(安全和扩张)的需要,而对暴力进行动员和使用的权力,单纯的军事权力只能进行最低限度的控制。其四,政治权力,迈克尔·曼将政治权力限定于国家领域,即受中央支配的且具有领土界限的管理和强制。❶

追求众多目标的人类建立了诸多社会互动网络,这些网络的界限和作用都不一致,而意识形态、经济、军事和政治权力网络则构成了社会权力的主要来源,借助这些权力网络,人类能够实现不同的集体目标。与帕森斯相似,迈克尔·曼也强调权力的意义在于其有能力"产生集体行为。它们是'一般化的手段',通过这样的手段,人类创造着他们自己的历史"❷。必须注意的是,自古至今,国家都难以完全垄断意识形态权力和经济权力,而且即使可以实现这

---

❶ [英]迈克尔·曼:《社会权力的来源(第一卷)》,刘北成、李少军译,上海人民出版社2007年版,第28—36页。

❷ [英]迈克尔·曼:《社会权力的来源(第一卷)》,刘北成、李少军译,上海人民出版社2007年版,第36页。

种控制，也必然以产生巨大的负面影响为代价，现代社会尤其如此。事实上，即使是军事权力和政治权力，国家也从来不能完全掌控，封建社会如此，在今天亦复如此。权力的多元化与社会化既是一种必然的趋势，也是一种基本事实，四种权力关系在社会与国家之间必然呈多维的立体交叉态势。

事实上，在社会学、政治学和哲学研究中，多数权力研究者的研究范畴都不限于国家权力。权力是福柯毕生关注的核心问题，也是其系谱学的关键。如前文所述，福柯主张抛弃权力理解中的利维坦模式，转而使用一种自下而上的研究模式。福柯认为权力是关系性的，而不是某些个人或集团可以占有的东西，权力只能作为动态或流动的存在才能加以认识和分析，这意味着权力关系始终处于发展和变动之中，是可逆的和不稳定的。权力只能通过运作才能展现自身，在一定程度上，这种观点与自由主义的权力观（如达尔）相吻合。但是不同于达尔，在福柯的术语中，"权力运作"更确切的意义是指任何行动者都只是权力流动的媒介或载体，而不是权力的具体实施者。在福柯看来，阶级对立这种宏观的权力解释模式，无法有效分析微观处的权力策略，唯有挣脱国家模式的权力观（即主张权力由国家掌握，以法律和命令为中心，主要作为一种压制的力量存在）的束缚，转而关注处于社会关系末梢的权力现象，才能揭示真实的权力策略并展现权力的真相。

在微观权力理论的基础上，福柯提出"统治的堡垒、控制国家机器的群体和那些最重要的经济决策人都不可能指挥在一个社会中产生作用（或使之产生作用）的整个权力网络"[1]。也就是说，福柯并不否认整体性的权力结构也会有其自身的运作逻辑或发展方向（处于发展中的），但这种运作逻辑却不是哪个或哪些特定的人或组织的规划、意志或目的所能完全决定的。福柯的权力观深受尼采影响，而后者事实上是以自然界的力的关系来描述社会领域的权力关系。按照这种逻辑，权力关系是处在流动中的，不存在固定的权力标靶，控制与被控制的角色永远在转换中，不存在固定不变的力量对比关系。由此可见，福柯更加侧重分析社会关系末梢的、直接的、微观的权力关系，这些权力关系往往发生于国家之外的社会主体之间，如老师与学生之间、父母与子女之间、医生与病人之间、工厂与工人之间等。

---

[1] ［法］米歇尔·福柯：《性史》，黄勇民、俞宝发译，上海文化出版社1988年版，第76–77页。

无论是马克思主义的权力观还是自由主义的权力观，权力主要被理解为一种来自外部的压制自由和个性的力量。反抗权力的压迫，实现更自由的生活（并充分发展自身的个性）不仅具有事实上的可能性，而且还是一种道德义务，因为抵抗是与社会文明的进步相关联的。恰如卢梭所言："人生而自由，却无往而不在枷锁之中。自以为是其他一切的主人的人，反而比其他一切更是奴隶……当人民被迫服从而服从时，他们做得对；但是，一旦人民可以打破自己身上的桎梏而打破它时，他们就做得更对……人民就有理由重新获得自由。"❶ 但在福柯看来，"洞穴"之外的阳光世界或是真实世界根本就是不存在的，打破旧的权力结构的意义只在于迎来一个新的权力结构。但是福柯却并不因此而认为"抵抗毫无意义，因为它总在重复相似的事情"，❷ 因为无处不在的反抗是一个不能否认的基本事实。被压迫的人民会反抗独裁政权，疯癫者也会反抗监禁、药物与羞辱，但是反抗并不能治愈疯癫，革命也不能带来理想的自由生活。反抗是事实，也是个人或群体的策略性选择，而不是一种道德义务或责任。没有人有权利对其他人这样讲："革命吧，人类的解放在此一举。"❸ 抵抗只是权力关系发展的支点，也就是说，抵抗的意义在于保持社会活力，并推动权力结构的变化发展，而不是提供最终解放的方案和承诺。由此可见，福柯放弃了权力的利维坦模式，把权力研究的视角推向更微观、更直接的领域，也为我们认识广泛存在的多元权力形式提供了有意义的启示。

此外，实际关涉社会权力问题的研究成果还可见诸利益集团、多元主义、精英主义、市民社会、法团主义、法律多元化、非政府组织等领域的研究。麦迪逊是最早强调美国政治与利益集团有联系的著名的美国人，他认为"党争就是一些公民，不论是全体公民中的多数还是少数，团结在一起，被某种共同的情感或利益所驱使，反对其他公民的权利，或者反对社会的永久和集体利益"❹。自由是党争产生的土壤和根本原因，但不能因噎废食，通过废除政治自由（即以消灭根源的方式）消灭党争，唯一的办法是对其影响进行控制，而多

---

❶ [法] 卢梭：《社会契约论》，何兆武译，商务印书馆 2003 年版，第 4 页。
❷ Michel Foucault, "Useless to Revolt?", trans., Robert Hurley and others, in James D. Faubion, ed., *Power. Essential Works of Faucoult 1954—1984*, Vol. 3, London: Penguin Books, 2002, p. 452.
❸ Michel Foucault, "Useless to Revolt?", trans., Robert Hurley and others, in James D. Faubion, ed., *Power. Essential Works of Faucoult 1954—1984*, Vol. 3, London: Penguin Books, 2002, p. 452.
❹ [美] 汉密尔顿、杰伊、麦迪逊：《联邦党人文集》，程逢如、在汉、舒逊译，商务印书馆 1980 年版，第 45 页。

元化的、相互重叠的利益集团的广泛存在与相互制衡则可以有效地维持一种相对均衡的态势。1913年，美国历史学家比尔德在《美国宪法的经济观》一书中语出惊人，他认为尽管从行文来看，美国宪法"冷静、堂皇而严肃"，"对于选举人或官员没有规定财产限制，没有明文承认社会上任何的经济集团，也没有将特权授予任何特定阶级"，但是通过对宪法制定时的各种文献、辩论记录以及《联邦党人文集》的仔细研究，就会发现把美国宪法视为一种抽象的和没有反映派别利害的法律是一种完全的错误，美国宪法实际上"是一群财产利益直接遭受威胁的人们，以十分高明的手段写下的经济文献，而且直接地、正确地诉诸全国的一般利害与共的集团"❶。1951年，美国著名政治学家戴维·杜鲁门在《政府过程——政治利益与公共舆论》一书中，系统论述了利益集团在政府决策中的作用，肯定了利益集团在民主进程中的必要性和重要性。

围绕"利益集团的政治参与是否具有积极价值"这一问题，多元主义、精英主义等理论分别进行了分析和解释。对利益集团政治持批判立场的精英主义认为，利益集团并非是基于成员数量，而是通过竞选捐献和内部联系获得接触国会的途径，因此能够影响政府决策的那些利益集团只是代表着上层阶级的利益和偏见。精英主义的代表米尔斯在《权力精英》一书中指出，美国社会由一小部分权力精英（具有共同的社会和教育背景）掌控（政治、经济、军事）大权，美国政治实际上是一种精英政治，而绝非人们理想中的自由平等的民主政治。而以达尔为代表的多元主义研究则对多元的利益集团政治持赞许态度，认为多元化的利益团体的存在，保证了权力分配和权力结构的多元化和动态化，社会中并没有强大的、恒久稳定的权力中心可以长期左右政府的决策。按照多元主义的方法，"权力在分配和结构上是多元的"，"社会中没有重大的权力中心，没有一个集团和一种利益可以长期左右政府的决策"。❷ 因此，多元化的权力和利益整体上是相互制衡的，美国的民主政治虽非完美，却也堪称典范——一种多元主义的民主政治形态。

在达尔的权力理论中，决策过程就是权力运作的过程，谁能左右决策结果谁就是掌权者。1962年，巴卡拉克与巴拉兹的论文《权力的两种面相》（Two Face of Power）针对多元主义的方法论和权力观念展开批评，提出权力有两种

---

❶ [美]查尔斯·A.比尔德：《美国宪法的经济观》，何希齐译，商务印书馆2010年版，第141页。
❷ 刘军宁：《权力现象》，商务印书馆（香港）1991年版，第13页。

面相，而多元主义者只见其一。他们指出达尔及其追随者将注意力集中在决策参与，却忽略了限制提案范围这样一种虽然重要但却不太明显的权力维度。因此，达尔的研究仅仅展现了权力关系的一个面相，而没有注意到"权力可能而且也经常通过这样一种方式被运作——将决策范围限定在相对安全的议题"❶。换句话说，行动者可以通过"创制和强化各种阻碍因素以阻止政策性冲突的公共表达"，❷ 也就是以制造沉默的方式运作权力。

对于这种观点，迪格瑟精确地总结为"权力并不仅仅是强迫 B 去做她不愿意做的事，权力还可以表现为有效地阻止 B 去做她本来愿意做的事"❸。但是这种阻止主要不再是 A 与 B 之间直接面对面的交锋，相反，它主要是通过间接的方式即 A 运用自己的力量创制和强化价值倾向和制度安排来实现，也就是说，第二种面相的权力观更加关注社会结构。因此，对于权力运作的全面观察，必须考察决策和非决策两种权力现象。权力研究者必须考虑社会通行的政治价值观、政治程序、制度惯例（为权力运作者所调用或强化）在限制决策制定和调动各种偏好以利于特定集团的利益方面的意义。巴卡拉克和巴拉兹揭示了政府与社会的隐秘互动中存在的权力因素，换句话说，"权力不仅仅属于政府体制内部的那些正式的决策者，而且存在于政治体制之外，并表现为某些社会精英（重要利益集团的领导人）具有一定的权势，有能力在政府决策过程中产生影响。这样，该观点就把政治权力从政府内部的正式决策体制中扩大到政府体制之外了"❹。如果将非决策纳入权力研究，那么达尔关于美国民主制度的结论就需要重新反思，而且也过于乐观了。

1974 年，在《权力：一种激进的观点》一书中，针对权力的上述两种面相，卢克斯揭示了权力的第三种面相（激进的权力观）。他指出权力（包括社会权力）的运作完全可以以一种不同于上述两种权力现象的方式实现：通过操纵获得共识而确保自愿服从。按照达尔、巴卡拉克和巴拉兹的权力观，在上述情况下，并不存在权力关系，因为 B 的自愿服从表明此时并不存在实际的冲突或是不满。卢克斯指出，将实际可观察的冲突或不满作为界定权力现象的主

---

❶ Peter Bachrach and Morton S. Baratz, "Two Face of Power", *The American Political Science Review*, 56（1962），p.948.

❷ Peter Bachrach and Morton S. Baratz, *Power and Poverty: Theory and Practice*, New York: Oxford University Press, 1970, p.8.

❸ Peter Digeser, "The Fourth Face of Power", *The Journal of Politics*, 54（1992），p.978.

❹ 刘军宁：《权力现象》，商务印书馆（香港）1991 年版，第 14 页。

要特征并不合适,因为最隐蔽的权力策略一开始就在防止冲突或不满的显现。因此,更深层次的权力分析必须关注潜在冲突,一种存在于人们的主观利益与真实利益之间的矛盾和冲突。❶

尽管研究结论各异,但是上述权力研究的成果至少都已经表明,社会权力的存在以及它们对立法和政府决策的影响都是客观存在的。通过对上述研究成果的粗略梳理,可以发现,在社会学、政治学、哲学的研究中,尽管有少数学者明确提到社会权力这一概念,但也多是指一般意义上的权力,而不是专指与国家权力相对应的其他权力形态。更多的学者虽然没有明确提到社会权力这一概念,但是当他们将一般性的权力作为研究对象时,研究范畴也没有限定于国家或政府权力,权力的社会存在和权力形式的多元化既是一个客观事实,也是一种发展趋势,而且对于这一事实的承认也构成了多数政治学、社会学、哲学中的权力研究的基本理论预设。

事实上,旗帜鲜明地将社会权力作为明确或直接的研究对象,并将其作为国家或政府权力之外的相对独立的权力形态,并深入探讨社会权力与国家权力的互动,以及社会权力与法律之间的关系,中国学者的贡献良多。

第二节 我国社会权力研究的发展与学术关注

20世纪中后期,我国台湾地区政治氛围渐趋自由,民权意识日渐增强,长期被国民党压制的社会力量逐渐跃上历史舞台。这些"社会力"兴起于民间而自主自愿,且影响力日甚,如妇女权利保护运动、消费者权益保护运动、教师人权保护运动、环境保护运动等。因此,有台湾地区学者认为,"社会力"之发展,乃民众民主意识和民权意识觉醒的体现,主要意义在于将集中于政府的权力分散化,而"社会力的出现是国家权力神话解体的部分象征,意味着来自群众的权力将复归于群众……也代表民建社会对过去主导国家发展的政治力和经济力的重新定位估量"❷。

20世纪70年代之后,我国经历了政治和经济层面的双重改革,国家与社

---

❶ Steven Lukes, *Power: A Radical View*, London: Palgrave Macmillan, 2005, pp. 28 – 29.
❷ 徐正光、张晓春、萧新煌编:《自力救济———九九六台湾社会批判》,教理出版社1987年版,第3–5页。

会一体化的格局逐渐被打破,社会权力的发展日益显性化。在这一背景下,90年代初,刘军宁先生开始明确提出,权力现象中三种最基本的类型是社会权力(狭义的)、经济权力与政治权力。权力是社会秩序的基础,各种权力网络将个人、社团、国家相互串联起来,构成了我们生活的秩序。"从广义上讲,一切权力皆是社会权力。……狭义的社会权力……是指除经济权力之外的各种非政府性社会组织的权力,如政党、利益群体、宗教组织、家庭等社会组织中的权力。中国封建社会中的族权、父权、夫权基本上都属于狭义的社会权力的范畴。"[1] 政治权力是"国家政权机关以国家或政府的名义所行使的权力"[2]。经济权力则是指"经济组织行使的权力,如分配利润、决定投资和指导生产的权力、制定价格和决定工资的权力、招募或解聘的权力、处置资产和财产的权力等等"[3]。政治权力与社会权力在一定程度上互为条件,并可能相互转化。当社会权力积累到一定程度,必然会主动谋求影响或作用于政治权力,并谋求向政治权力的渗透甚至是转化或替代。政治权力为了获致合法性,也不能无视那些影响广泛的社会权力,必然会倾向于对其谋求吸收、同化或者削弱。社会权力也可能会抵制、削弱政治权力,如对于某些法律或公共政策阳奉阴违、无视甚至公然抵抗。社会权力、政治权力、经济权力的相互约束和相互制衡,在一定程度上避免了权力的过分集中,保障了公民的自由。

与帕森斯和阿伦特相似,在刘军宁先生的权力概念和权力类型理论中,组织性是一个基本要素。这一限制当然是有重要意义的,也指出了绝大多数权力形态的核心特征。但是,这种界定也存在过分简化的危险,以结构性和稳定性为特征的组织性社会权力只是涵盖了最主要的但却不是全部的社会权力形态。事实上,只要人们"一直重复性的互动,就会形成一个半自治社会领域"[4] 或社会网络,这些半自治的社会领域或社会网络虽然不具备明确和稳定的组织性特征,但也有能力形成自己的规则和制裁体系,以及社会权力系统。有时候特定社会领域的行动者即使不是重复性互动,而只是重视参与共同的行动而倾向于具有某些共同性,也会形成某种社会权力形式,如集会、游行、示威等大规

---

[1] 刘军宁:《权力现象》,商务印书馆(香港)1991年版,第60页。
[2] 刘军宁:《权力现象》,商务印书馆(香港)1991年版,第60页。
[3] 刘军宁:《权力现象》,商务印书馆(香港)1991年版,第64–65页。
[4] Steward Macaulay, "Private Government", in Leon Lipson and Stanton Wheeler, eds., *Law and The Social Science*, New York: Russell Sage Foundation, 1986, p.454.

模的群众性运动。此外，以个人形式存在的社会权力形态也普遍存在。

几乎是在相同的时期，在郭道晖先生的倡导下，中国法学界亦开始关注社会权力问题，并逐渐产生了一些研究成果。当前国内关于社会权力的法学研究主要侧重四个方面。

第一个方面，社会权力对国家权力的制衡作用。

20世纪90年代初期，郭道晖教授在国家权力制衡模式的探索中明确提出了"社会权力制衡国家权力"的命题。并在此之后，围绕社会权力这一问题发表了一系列论文，这些研究成果最终汇集成《社会权力与公民社会》（2009）一书。在郭道晖先生的社会权力分析中，基本理论基础是社会与国家的二元分立，社会权力是外在于国家权力的独立的权力形态。相对于社会权利（社会主体在社会、经济、文化领域的私权利）而言，社会权力是以公权利（政治权利）为基础形成的社会公权力，其核心是对国家权力的参与和制衡。换言之，郭道晖先生所关注的社会权力具有公共指向的特征。

根据郭道晖先生的界定，"社会权力就是社会主体以其所拥有的社会资源对国家和社会的影响力、支配力"[1]。而这里的社会资源既包括物质资源（人、财富、资本、武器等），也包括各种精神资源（人权和法定权利、道德习俗、社会舆论、民意、民心等），此外还包括社会群体（如民族和阶层）、社会组织（如政党或社会团体）、特殊社会势力（如宗族、宗教、帮会等）等社会力量，依靠上述各种社会资源就可以形成影响社会甚至是左右国家权力的巨大影响力和支配力。就主体而言，凡是非国家或者非政府的社会组织或个人都可以成为社会权力的主体。广泛发展的社会权力能够形成国家之外的中心，并拥有制衡和监督国家权力的巨大潜力，社会权力与国家权力的互动和制衡对于当下中国的法治建设具有重要意义。

第二个方面，社会权力本身的系统研究。

除了郭道晖先生以外，王宝治博士的博士论文《当代中国社会权力问题研究——基于国家—社会—个人三元框架分析》[2]，亦几乎"将所有的笔墨倾

---

[1] 郭道晖：《社会权力与公民社会》，译林出版社2009年版，第54页。
[2] 相关论文参见王宝治：《从价值层面论证社会权力存在的必要性》，载《河北学刊》2011年第1期；《论社会权力的运行规则》，载《甘肃社会科学》2011年第2期；《社会权力的概念、属性及其作用的辩证思考——基于国家、社会、个人三元架构》，载《法制与社会发展》2011年第4期；《以个人—社会—国家三元架构界定社会权力的概念》，载《学术界》2011年第3期；《以权利为基点考察社会权力的形成与演变》，载《东北师大学报》（哲学社会科学版）2011年第1期等。

注于社会权力本身，着力研究社会权力运行的一般规律以及中国当下社会权力运行的现状"❶。以国家—社会—个人三元分析框架为基础，王宝治博士将社会权力理解为公民社会权力，即民间组织和个人集合以其所拥有的社会资源对社会所产生的影响力。❷ 而公民社会，则是指市场或企业系统以及国家或政府系统以外的民间组织和个人的集合，但不包括个人。因此，论文的核心关注是对社会权力的本体论诸问题的研究，只有在论及对社会权力的规制问题时，法律与社会权力才被联系在一起。整体而言，社会权力与法律之间的关系并不属于其博士论文的核心研究范畴。

第三个方面，社会权力的法律规制问题。

钟瑞友博士的博士论文《转型时期社会权力的扩展与公法规制》，以政治国家—公民社会的二元框架为理论基础，以国家权力为参照系研究了社会权力的本质和发展现状，并主要探讨了社会权力的公法规制问题。该论文主张，社会权力是相对于国家权力而言的，基于公民社会成员的公共需求和特殊需求而产生的权力，社会权力包括内部自治（内部的利益分配与自我管理）和对抗、参与、合作的权力（对抗、参与、合作的对象既包括国家权力也包括其他社会权力）。❸ 社会权力本质上也是一种公共权力，亦需要监督与制约，尤其是目前中国社会团体仍然在很大程度上依赖行政资源、政治资源的支持，对政府的依赖性程度非常高，具有明显的政府主导和官民双重属性，在很大程度上依然是国家权力的一种延伸。因此，唯有将社会权力纳入法治轨道，才能有效保护公民的权利，并更好地实现社会权力的功能。❹

第四个方面，社会权力与法律关系的抽象分析。

胡水君博士的博士论文《法律与社会权力》一文，主要从社会权力的角度，批判分析'权利—国家权力'的基本范式，洞察"法律所据以生存和运作的外在环境"，揭示"法律在国家或政府权力与社会权力之间的转化方面所

---

❶ 王宝治：《当代中国社会权力问题研究——基于国家—社会—个人三元框架分析》，河北师范大学2010年博士学位论文，第17页。

❷ 王宝治：《当代中国社会权力问题研究——基于国家—社会—个人三元框架分析》，河北师范大学2010年博士学位论文，第42页。

❸ 钟瑞友：《转型时期社会权力的扩展和公法规制》，北京大学2006年博士学位论文，第19页。

❹ 对于社会权力的法律规制问题，相关的研究成果还包括：石新红：《社团治理及其法律规制》，北京大学法学院2003年博士学位论文；徐和平、吕成：《社会权力的培育及司法规制》，载《学术界》2011年第9期等。

扮演的重要角色"。❶ 论文的核心关注点是权利话语背后的国家权力的垄断和社会秩序的一元化，以及由此所造成的社会消极和道德危机。因此，该论文主张法学界的研究视野应当由权利命题转向社会权力，由国家法律转向"法律多元"。论文借助传统"官—民"模式，在相当宽泛的意义上理解社会权力，包括官方意识形态之外，官僚机构及其人员之外的一切权力形式。在具体组织意义上，这些权力则以多种形式存在。❷ 尽管并未直接言及社会权力的存在形式，但是从行文可以看出，胡水君博士理解的社会权力可以是个人的、组织的权力，也可以是群体、整体意义上的甚至是结构性的权力（社会等级秩序的文化基础）。通过区分社会规范背后的权力基础，论文分析了两种相互竞争、相互渗透的权力和秩序形式："国家权力——国家法"与"社会权力——社会法"。

关于法律和社会权力的关系，胡水君博士的分析主要从以下几个方面展开：（1）法律与道德的关系，随着国家权力和法律的大肆扩张，社会权力和社会规范节节败退，人们对法律（国家权力）的过度依赖最终导致和强化了现代社会的人际疏离与道德危机；（2）国家权力与法律的文化权力基础——理性对非理性的统治结构（主要借助福柯的研究思路），法律和国家权力循着理性之名，不断渗透到一切社会生活领域当中（社会规范与社会权力则被视为非理性的、随机的、无计划和杂乱无章的）；（3）现代社会的"权利统治"策略，社会资源的不均衡与（法律）权利形式的平等相结合，构成了一种隐蔽的权力策略，法律或权利只是社会权力争权夺利的工具；（4）法律的不确定性与对人的依赖，为社会权力对国家权力的渗透和卷入提供了突破口，而国家权力对社会权力的独立性与免疫力则关系到国家兴衰与社会治乱。

胡水君博士的论文比较全面地揭示了法律与社会权力之间的复杂关系，但是受方法论的限制——主要借助福柯的权力分析方法，且旨在提供社会权力的结构性和整体性解释，缺乏更为具体和实证的分析。所以，这篇论文更像是一篇宏大论文的精彩导言，一篇极富吸引力的启发性文章，吸引后来者进行更加具体和实证的研究。

通过对国内外社会权力研究的追溯和分析，可以发现：第一，在社会科学

---

❶ 胡水君：《法律与社会权力》，中国政法大学出版社2011年版，第121页。
❷ 胡水君：《法律与社会权力》，中国政法大学出版社2011年版，第117页。

研究中，社会权力并不是一个广泛使用的概念，即使有部分学者使用这一术语，也多指一般意义上的权力。在实然意义上，权力绝非仅仅存在于国家或政府，因此权力的多元化是绝大多数学者普遍承认（或默认）的客观事实或是发展趋势。而真正将社会权力作为明确的概念范畴进行研究，并将其作为与国家权力相对应的独立权力形态，中国学者的学术贡献是必须重视的。

第二，中国学界的社会权力研究，最初主要是源自约束、规范和制衡国家权力的努力和思考。因此，研究者都承认社会权力是外在于国家或政府权力的权力形态，但是对于社会权力的具体范围却界定不一。部分学者倾向于认为，社会权力不包含政府之外的经济组织的经济权力和以个人形式存在的权力形态，这种理解显然是受到市民社会理论发展的影响。

第三，如同所有权力现象一样，社会权力可以发挥积极的社会作用，也可以是一种破坏性因素。具体而言，社会权力的积极价值主要体现在以下两个方面：首先，社会权力的发展有利于社会整合和道德维护。现代社会的原子化和陌生化状态趋于强化，而具有一般性特征的法律往往更加重视公民权利围墙的垒筑而忽视亲密关系的联结，重视公正而忽视博爱和利他。面对这种"纵向纽带发育而横向纽带萎缩"的状态，[1] 主要以社会组织形式存在的社会权力，以其自治、互动、亲民、参与等优势，在一定程度上能够激发公民的公共责任感，恢复协力互助的美德。持这一观点的最著名代表当属涂尔干，他认为国家之外的集体力量（主要是职业团体或行会）能够将人们联系起来，刺激合作，建立新的道德纪律。[2] 其次，社会权力对国家权力的制衡和监督，能够促进民主法治的建设。在政治思想史上，托克维尔被公认为是最早对多元社会团体对于民主建设之意义进行系统论述的学者（其思想的渊源则可再追溯至孟德斯鸠和伯克）。他认为，独立、自主的社会团体组成的多元的公民社会，可以对国家权力形成"社会的制衡"，是现代社会的"民主之眼"，而结社自由和结社的积极性正是美国民主之所以如此独特的根本原因。[3] 我国学者郭道晖教授更是直接提出了以"社会权力制衡国家权力"的命题。

---

[1] 赵荣、卢玮静、陶传进、赵小平：《从政府公益到社会化公益——巨灾后看到的公民社会发育逻辑》，社会科学文献出版社2011年版，第18页。
[2] ［法］埃尔米·迪尔凯姆：《自杀论》，冯韵文译，商务印书馆1996年版，第415－420页。
[3] 顾昕：《译者后记：以社会制约权力——大而多元主义民主理论与公民社会理念》，载［美］罗伯特·达尔：《民主理论的前言》（扩充版），顾昕译，东方出版社2009年版，第168－169页。

也有学者注意到了社会权力的另一侧面，其中布尔丁（Kenneth E. Boulding）的分析具有代表性，他认为社会权力主要是一种爱的权力，一种整合性的权力，即一种建立组织（如教会、宗教组织、国际非政府组织、激进组织等）、家庭、团体，激发忠诚、团结人民、促进合法性的能力。但是，社会权力的爱是局部和狭隘的，主要是一种激发人们对其所忠于的团体的认同感的能力。❶ 因此，从更大范围来看，整合权力（社会权力）也会"制造敌人、离间人群"，这一消极意义正是源自社会组织对内的公共性与对外的私人性之间的矛盾。❷ 存在于小的、联系密切的群体中的利他主义的情感，如何能够超越团体或组织的界限，对自身行为的外部影响保持敏感，以维持和促进大型人类集合体当中的公民美德，是需要进一步考察的难题。与布尔丁相似，哈耶克（Friedrich August von Hayek）也指出，因为强调狭隘目标和权宜性要求，那些一时的社会意志（表现为各种社会运动）反倒阻碍了真正的政治道德原则的出现。❸ 布尔丁和哈耶克的研究提醒我们，实现社会权力的内部理性与外部公共责任的平衡将是社会权力研究的核心课题。

此外也有学者注意到，社会权力对国家权力的卷入、渗透甚至是对抗，会破坏国家权力的合法性，最终造成国家权力的流失，成为各种社会乱象的原初动因。❹ 还有一些社会权力形式本身就主要是一种不具有合法性或正当性的存在（如黑社会组织、国家分裂组织、邪教组织等），也会对社会造成破坏作用。由此可见，社会权力的目标并不总是高尚的，其影响也是良莠不齐的，如果片面强调其积极意义，那么社会权力就会沦为一种技术性概念，而不是具有实际分析价值的理论概念。

第四，在中国学者关于社会权力的诸多研究中，社会权力这一概念的理论前提主要是国家与社会的二元划分（也有学者主张在国家—社会—个人三元框架基础上分析社会权力），而社会权力也主要是相对于国家权力而言的。事实上，社会和国家之间的界限已经没有那么泾渭分明，"政治不过是社会的一种功能，所谓行动、言说和思想首先是社会利益的上层建筑并非是马克思的发

---

❶ Kenneth E. Boulding, *Three Face of Power*, London: Sage Publications, 1989, pp. 25–31.
❷ Kenneth E. Boulding, *Three Face of Power*, London: Sage Publications, 1989, p. 25.
❸ [英] 弗里德里希·冯·哈耶克：《经济、科学与政治——哈耶克论文演讲集》，冯克利译，江苏人民出版社2003年版，第296页。
❹ 胡水君：《法律与社会权力》，中国政法大学出版社2011年版，第213页。

现；相反，它是马克思从近代政治经济学家那里……接受下来的基本假设之一"❶。政治的功能化使得严肃的设想两个领域之间的分歧变得不可能，这不仅仅是一个理论和观念的问题，随着社会的发展，两个领域一直相互交流。故而，虽然二者各自都在某种程度上追求自治，但社会权力与国家权力并不是截然分离的，而是通过各种方式相互影响、相互渗透、相互控制的。

简而言之，两者在一定程度上互为条件，并可能相互转化。社会权力积累到一定程度，必然谋求向国家权力的影响、渗透甚至是转化。国家权力为维持自身的稳定性和优势地位，也必然选择对各种社会权力采取吸收、联合、控制或者削弱的策略。社会权力也可能会抵制、削弱国家权力，甚至致力于摧毁既存的政治权力结构。同时，必须指明的是，社会权力的作用方式是辐射性的，其作用对象绝非仅仅是国家，社会权力也可能是针对其他社会权力形式或者是指向自身内部成员的。因此，社会权力未必总是公共指向的，公共参与当然是其主要目的之一，但自治、自利、互惠以及相互竞争也是其存在的基本动因。总之，国家权力、社会权力之间的复杂互动，在本质上影响着法律的运作和发展，社会权力的丛生构成了法律运作的外部环境。

第三节 社会权力的理论界定

一、界定社会权力的其他关键词

任何研究都需要概念工具，作为本书的核心概念，社会权力可以分解为两个部分——社会与权力。前文已对权力做了一般性分析，社会权力的界定，还需要以另外几个关键词的分析作为基础。

（一）社会的内涵与范围

首先，对于社会的理解，涉及社会与个人的关系。人类面临的一个永恒的难题，正是如何将个人自由（创造性）与社会团结有效结合。对此问题的认

---

❶ [美]汉娜·阿伦特：《人的境况》，王寅丽译，上海人民出版社2009年版，第20-21页。

识，存在两种基本的方法论：个人主义的方法论和社会整体论或有机体论。前者认为，对于社会现象的理解，必须还原为个人的事实，即社会现象只有通过个人才能得到合理解释。这种方法论最先由霍布斯进行了明确的阐述，他认为"在我们能够认识整个复合物之前，我们必须认识那些被复合的事物"，"只有通过它的组成要素，才能更好地了解每一事物"。❶ 这种理解模式影响深远，形成了从霍布斯、洛克、康德到韦伯、哈耶克、罗尔斯以及当代大多数哲学家、经济学家、政治学家所使用的方法家族。❷ 韦伯声称："驱除仍然游荡在我们中间的这种集体概念的幽灵，乃是我的主要使命。换句话说，社会学本身只能产生于一个或更多的独立个人的行动，因此，必须严格采用个人主义的方法。"❸ 19 世纪以来，个人主义的方法论已经遭到各个领域思想家的反对，社会优于个人是新的理解视角。社会的组成要素（个人）与社会本身是截然不同的事物，社会中的大规模行为有其自身的规律，且自成一类，不能简单地通过个人的行为予以解释。相反，个人置身于社会之中，倒是社会全方位地塑造了个人，某些外在于个人的社会力量、社会事实在理解社会、理解个人方面具有重要的意义，而且这些社会事实是客观存在的。

按照哈耶克的理解，真正的个人主义"首先是一种社会理论，亦即一种旨在理解各种决定着人类社会生活的力量的努力"，而绝非是一种"以孤立的或自足的个人的存在为预设的（或以这样一项假设为基础的）观点"，亦即绝非一种否认"人的整个性质和特征都取决于他们存在于社会之中这样一个事实作为出发点的观点"。真正个人主义的主张是"唯有通过理解那些指向他人并受其预期行为所指导的个人行动，方能达致对社会现象的理解"。❹ 按照这种理解，个人主义主要是一种解释方法，一种理解社会现象的视角或方法论，而并非完全否认社会的实在性，它真正想要表达的是，自由人的自生自发的合作所创造的成就往往更加伟大。尤其是在社会科学发展到今天，否认社会的客

---

❶ 转引自 [英] 史蒂文·卢克斯：《个人主义》，阎克文译，江苏人民出版社 2001 年版，第 103 页。

❷ 赵汀阳：《深化启蒙：从方法论的个人主义到方法论的关系主义》，载《哲学研究》2011 年第 1 期。

❸ 转引自 [英] 史蒂文·卢克斯：《个人主义》，阎克文译，江苏人民出版社 2001 年版，第 104 页。

❹ [英] 弗里德里希·冯·哈耶克：《个人主义与经济秩序》，邓正来编译，复旦大学出版社 2013 年版，第 6 页。

观性和实在性已经是一种不可想象的事情。恰如涂尔干所言,"社会并非真的只由个人构成,它还包含一些物质的东西,这些东西在共同生活中起着重要的作用"❶。换言之,社会是一种客观实存的现象,具有不同于其基本要素(个人)的独特属性和基本发展规律,社会中存在的社会权力现象与大规模群体或集体行为具有独立的研究价值。

其次,既然社会是一个"实"的存在,那么对于社会的理解还涉及社会的范围。在对社会权力的界定中存在一种倾向,即将社会权力限定于国家或政府系统以及市场或企业系统之外的社会组织或人之集合具有的权力(不包括原子化的个人具有的权力)。这种观点与对市民社会的理解密切相关。市民社会的古典用法,与文明社会、政治社会具有相同含义,往往指政治共同体或城邦国家,但现在则主要是用来表示与国家或政府相对应的独立范畴。从18世纪晚期欧洲大陆的思想启蒙开始,现代市民社会概念逐渐用来指涉与国家并存而又相对独立的领域——一个市民依照自己的意志和利益形成的领域。❷ 市民社会的这种理解模式既反映了资本主义经济发展的事实,也反映了现代社会对于民主、法治、权利、自治的普遍要求。

现在普遍使用的市民社会概念是由黑格尔首先进行系统分析,并由马克思完善和发展的,其理论基础是国家与社会的二元分离。黑格尔将市民社会理解为私人生活领域及其外部保障构成的整体,其基本构成要素是作为权力主体和道德意识主体的个人、自治性团体,市民社会的主要内容是需要的生产和满足的体系(主要是市场和经济体系),而作为伦理精神的独立发展阶段,家庭外在于市民社会。在黑格尔的基础上,马克思认为市民社会是与"政治社会"相对应的私人活动领域,其中主要是私人的物质交往,"市民社会包括各个个人在生产力发展的一定阶段上的一切物质交往",并且"市民社会这一名称始终标志着直接从生产和交往中发展起来的社会组织"。❸ 因此,市民社会实际上囊括了政治国家之外的一切社会领域,包括经济关系领域、社会关系领域(其中最重要的是阶级关系和阶级结构)以及文化和意识形态领域。❹ 简而言

---

❶ [法]埃米尔·迪尔凯姆:《自杀论》,冯韵文译,商务印书馆1996年版,第293页。
❷ [美]托马斯·卡罗瑟斯:《市民社会》,薄燕译,载《国外社会科学文摘》2000年第7期。
❸ [德]马克思、恩格斯:《德意志意识形态》,载中共中央马克思恩格斯列宁斯大林著作编译局编译:《马克思恩格斯选集》(第一卷),人民出版社2012年版,第211页。
❹ 何增科:《市民社会概念的历史演变》,载《中国社会科学》1994年第5期。

之，经济体系或经济结构是市民社会的主要组成部分。

自20世纪以来，对市民社会的理解出现了新的发展，新的观点主张把经济领域从市民社会中分离出去，市民社会主要被理解为一种介于政府权力与经济领域之间的公共领域（即以国家、市民社会、经济领域的区分取代传统的国家、市民社会的二元划分）。这种意义上的市民社会的主要构成要素，是一些非政府的、或多或少具有自发性的各种自愿联合，他们对社会中被广泛关注的那些公共性的问题加以提炼，并引入各种公共议程。❶ 美国政治学家柯亨和阿拉托，将市民社会理解为"介于经济和国家之间的社会相互作用的一个领域，由私人的领域（特别是家庭）、团体的领域（特别是自愿性的社团）、社会运动及大众沟通形式组成"❷。而在卡罗瑟斯看来，"确切地说，市民社会是一个宽泛的概念，涵盖了所有国家（包括政党）和市场之外的组织和协会"❸。对市民社会的这些界定正好反映了市民社会的内涵的上述发展。

正是受到市民社会概念这种发展趋势的影响，有些学者倾向于将经济权力排除出社会权力的范畴（如前文所述，刘军宁先生认为，狭义的社会权力是指除经济权力之外的各种非政府性社会组织的权力，如政党、利益群体、宗教组织、家庭等社会组织中的权力。王宝治博士认为，社会权力是国家或政府系统以及市场或企业系统之外的民间组织和个人集合以其所拥有的社会资源对社会所产生的影响力）。也就是说，这种理解模式主张将社会理解为公民社会，系指国家或政府系统以及市场或企业系统之外的社会领域，这些社会领域主要由公益性的非政府组织组成。

本书认为，对于社会或市民社会的惯常理解，主要是对应于国家或政府来理解的。如哈耶克所言，社会这一概念，"主要用来描述一种自发产生的人类关系的秩序，以区别于特意设立的国家组织"。人们使用社会这一概念，主要是为了把它"同国家这种特意建立并受人领导的组织区别开来"❶。所以社会的最一般意义的理解，与马克思对于市民社会的理解是一致的，它包括国家之外社会生活所有领域的秩序、结构和过程，经济领域（满足人们物质需要）、

---

❶ ［德］哈贝马斯：《在事实与规范之间——关于法律和民主法治国的商谈理论》，童世骏译，生活·读书·新知三联书店2003年版，第453页。
❷ 转引自何增科：《市民社会概念的历史演变》，载《中国社会科学》1994年第5期。
❸ ［美］托马斯·卡罗瑟斯：《市民社会》，薄燕译，载《国外社会科学文摘》2000年第7期。
❹ ［英］弗里德里希·冯·哈耶克：《经济、科学与政治——哈耶克论文演讲集》，冯克利译，江苏人民出版社2003年版，第291页。

社会领域（满足人们公共交往需要）和文化生活领域（满足人们精神需要）构成了社会的大致范围。按照对于社会的这种理解，社会权力应当包含除国家或政府权力之外的一切权力形态，或者是在"官府"权力之外的一切权力形式。[1]既包括社会组织和其他半自治社会领域的权力，也包括个人的权力，既包括非政府组织的权力，也包括经济权力和文化权力。

此外，必须说明的是，将社会权力作为与国家权力对应的概念，并不意味着社会权力总是作为一个整体与国家权力对应（只有在极端情况下，社会权力才会联合起来作为整体与国家权力进行对抗）。事实上，社会权力更为普遍的存在形式是微观、局部和具体的，并主要来源于和存在于各种半自治的社会领域。

（二）社会权力资源的分析

对于权力资源这一问题，众多学者已经分析过，有一点是毫无疑问的，那就是权力资源是多元化的。如前文所述，拉斯韦尔和卡普兰认为权力是一种特殊的影响力形式（与巴卡拉克和巴拉兹一样，他们也认为权力区别于一般影响力之处在于制裁的威胁），而影响力则取决于价值地位和价值潜力，他们列举了八种基本价值（即决定权力或影响力的基本资源），包括权力、尊重、公正、友情、健康、财富、技能、启蒙。[2]其他学者则选择采用人们更习惯的方式列举权力资源，如财富、武力、知识、相貌、名望、口才、年龄等。[3]阿尔温·托夫勒则指出，尽管"权力的'工具'或'杠杆'品种繁多，然而最基本的几种仍然是暴力、财富和知识。其他权力资源悉数由它们派生"。暴力是功能最窄的权力手段，与之相比，财富更为灵活，更能变通。然而，只有"知识才能产生最高质量的权力"，因为知识可用于说服或操纵别人，"使他们感到似乎于己有利而去做实际上对你有利的事"。[4]

还有学者更深入和辩证地分析权力资源，认为权力资源的研究就如同权力研究本身一样，是复杂和间接的。为了界定权力资源，还需了解权力对象的动

---

[1] 胡水君：《法律与社会权力》，中国政法大学出版社2011年版，第117页。
[2] ［美］哈罗德·D. 拉斯韦尔、亚伯拉罕·卡普兰：《权力与社会：一项政治学研究的框架》，王菲易译，上海人民出版社2012年版，第92页。
[3] 刘军宁：《权力现象》，商务印书馆（香港）1991年版，第31-35页。
[4] ［美］阿尔温·托夫勒：《权力的转移》，刘江、陈方明、张毅军、赵子健等译，中共中央党校出版社1991年版，第489页。

机。权力资源之所以能够构成权力资源,只是因为权力对象承认它们是权力资源,即掌权者能够提供或剥夺的东西是潜在的权力对象所重视的东西。[1]"权力的最终基础是心灵,权力是建立在希望和恐惧之上的,掌权者能够提供的利益,从食物到心灵的平静,掌权者能够强加的不幸,从饥饿到心灵的痛苦,都会建立服从者的希望或恐惧……破坏权力,无需更多,只要漠视其威胁,更加珍视权力所能提供的利益之外的东西就足以。"[2] 这种理解充分说明了权力资源的多元性和复杂性,凡是潜在的权力对象希望得到或惧怕失去的东西都可以用作实现权力的资源。此外,此处可用作权力资源的东西,在彼处则可能失去意义,因为人们对同一事物珍视的程度并不一致。对于大多数人而言,可能"好死也不如赖活着",但是对某些人而言,则是"生命诚可贵,爱情价更高,若为自由故,两者皆可抛","不自由毋宁死"也并非只是现代人才有的一种精神。

如前文所述,部分学者认为,社会权力是社会主体依靠社会资源而对国家与社会产生的影响力,[3] 而对"社会资源"这样一个需要认真分析的概念,则直接被省略了。本书第一章已经分析过,行为主义政治学研究(如达尔)正确地认识到,权力不能简单地等同于权力资源(或权力媒介),由于技能或策略的差异,权力资源可能得不到充分的或恰当的使用。换言之,在权力资源向实际权力的转化中存在诸多不确定性因素。如果我们将这一理解进一步拓展,就会发现权力资源的拥有与权力资源的使用(或动员)是两个迥然不同的问题。将"社会资源"与国家拥有的统治资源相对应,在静态意义上,这种区分当然是有价值的,国家的统治资源(政府体系、国有财产、军队等)和社会资源(社会组织的财富、组织体系等)之区分也比较明显。但是,权力资源之动员或使用,情况就会复杂得多。能够调动自身占有的资源之外的权力资源(调用或借用他人的资源),本身就是一种重要的权力策略或技能。国家可以调动社会资源,例如,20世纪在欧洲曾盛行一时的合作主义模式,就是将劳资双方整合进国家决策的正式程序,政府借助合作主义机制,可以获得社会

---

[1] Peter Morriss, *Power: A Philosophical Analysis*, Manchester: Manchester University Press, 1987, p. 139.

[2] R. H. Tawney, *Equality*, London: George Allen & Unwin, 1931, p. 176.

[3] 郭道晖:《社会权力与公民社会》,译林出版社2009年版,第54页;王宝治:《当代中国社会权力问题研究——基于国家—社会—个人三元框架分析》,河北师范大学2010年博士学位论文,第42页。

组织的支持，以保证政策的有效实施，这实际上就是借力于社会资源。同样，社会主体也可以调动国家掌控的资源（通过公开的或隐蔽的、合法的或非法的方式）。例如，法律权利就可以被理解为公民通过调动国家权力资源影响半自治社会领域内部权力秩序或者影响其他公民，以实现自身目标的一种权力资源。

因此，按照资源所有者的差异，将权力资源分为国家资源和社会资源虽然具有重要的分析意义，而且占有和控制往往是有效调动权力资源的基础。但在某些情况下，资源被谁所有或占有可能不具有我们通常赋予的那种重要性，问题的关键在于谁能够真正调动这些资源。警察可能拒绝服从上级政府下达的向民众开枪的命令，军队可能临阵倒戈，腐败的官员（及其掌握的政府资源）可能被"俘获"而充当黑社会势力的保护伞，议员可能被游说来支持特定社会组织偏好的政策。因此，通过调动国家资源以达到特定目标，也是社会权力得以发展的一种重要策略。恰如有学者所质疑的那样，"真正的市民社会并不从政府那里获取金钱，真的吗？"实际情况是，即使是在民主国家里，很多社会团体都接受过政府提供的资助，即使是那些时常会挑战政府的人权保护组织或环保组织亦是如此。相关的调查表明，尽管存在着数目巨大的基金和团体捐赠项目，但是美国非营利性社会组织的主要收入来源依旧是政府。❶

二、社会权力的内涵界定

在对社会、权力、权力资源等一些关键词进行分析之后，本书认为，社会权力是社会主体依凭一定的资源或策略，通过影响他者的社会环境或内在心理，以追逐和实现目标的能力。

首先，社会权力具有多元化的存在形式。社会权力的运作往往是在不同的权力维度上，依凭多种权力资源和权力策略，国家资源（政府体系、法律体系、国有财产、军队等）、社会资源（社会组织的财富、组织体系，个人的体力、智慧、道德、声望等），包括涂尔干所谓的各种"社会事实"都可以成为社会权力运作的资源或媒介，而支配、影响、说服、操纵、暴力都可以成为社会权力运作的具体手段。从存在位置或来源的角度看，社会权力的存在基础既

---

❶ ［美］托马斯·卡罗瑟斯：《市民社会》，薄燕译，载《国外社会科学文摘》2000 年第 7 期。

可以是各种社会组织，也可以是其他不具有稳定性和组织性特征的半自治社会领域或社会网络。当然也存在一些不具有重复性互动，只是重视参与共同的行动而倾向于具有某些共同性而形成的社会权力形式，如临时性的集会、游行等群体性活动。此外，个人形式的社会权力也广泛存在。因此，不同于"国家权力的主体是宪法和法律授权和规限的各类国家机关及其负责官员"，[1] 社会权力的主体更具有多样性。当然，由于国家与社会之间的界限并非是泾渭分明的，有些权力主体可能同时拥有社会权力与国家权力两种权力形式。

其次，社会权力主要有三个作用方向。社会权力的作用方向可能导向国家权力系统，这主要体现为社会权力与国家权力在规范、制度、决策、人员等方面的交流和互动。社会权力的作用方向也可能是导向其他社会权力的，这主要表现为不同社会权力之间的合作与竞争关系。社会权力的方向还有可能是导向自身内部的，社会组织或其他半自治的社会领域，都要处理自身与内部成员，以及内部成员之间的各种互动关系。此外，社会权力的内部导向也包括对自身内部程序、结构、功能、责任的系统性反思，并力图实现自身的结构功能与其他社会权力系统以及国家权力系统的和谐共存，也就是系统必须重视自身与其外部环境关系的处理。

最后，社会权力的影响也是多方面的。一方面，社会权力结构内部的公共性（对于其内部成员而言，社会权力具有公共性）与面对更普遍的社会结构时的偏私性（相对范围更大的社会集合体而言，具体的社会权力的利益或者目标追求又具有偏私性）之间的矛盾，这决定了社会权力结构的内部理性与外部公共责任之间存在潜在的冲突。另一方面，社会权力的发展虽然能够制衡国家权力，并为社会发展提供积极能量，但同时，在社会功能分化高度发展的今天，诸多社会权力结构的自治也会为法律运行设置重重壁垒。因此，法律系统面临以下任务：法律系统自身必须发展出某些机制或特征，以适应极度复杂的社会权力环境；法律系统必须能够提供有效的策略促进社会权力保持可持续的公共反思能力，以避免社会权力追求内部理性最大化时带来的负面影响。此外，法律系统还必须处理好社会权力的影响和自身独立性的关系。面对上述要求，法律的发展可能会导向一个新的发展阶段。

综上所述，虽然目前国内法学界日益关注社会权力与国家权力的关系问

---

[1] 郭道晖：《社会权力与公民社会》，译林出版社2009年版，第64页。

题，但只有少数研究者注意到法律作为社会权力与国家权力相互转化、渗透、影响的枢纽所具有的方法论意义。"社会权力对国家权力的制衡机制"与"社会权力对法律的影响机制"实则是一个问题的两种表述。这种思考为我们提供了一种具有重要价值的研究方向，即系统分析社会权力对法律的影响。传统法律理论仅仅关注法律与国家权力的密切关系：一方面，国家权力生成法律，法律是实现国家权力的工具；另一方面，法律也为国家权力的运作设定规范。这一传统理解的确抓住了法律最为明显的外在特征，但就法律运作的实际社会处境而言，这一理论显然忽视了法律的产生和运作背后的社会权力背景。因此，欲将社会权力问题的研究真正推向深层次，就必须将国家权力与法律的关系深入到社会权力与法律的关系之中，全面而系统地研究法律生存的社会权力背景，并探索社会权力对于法律的产生、运作和演化的重要影响。

第三章 社会权力的基本结构

作为一种重要的法律文化遗产,国家"法律中心主义理念"长久以来都是人们理解法律本质和法律位置的理论基础。按照这种观念,"法律是而且应当是国家法,适用于所有人……由一系列国家制度保证实施"❶。如前文所述,与国家法中心主义理念相适应的是,人们往往将权力和国家权力等同,并忽视社会中广泛存在的社会权力事实。自韦伯和埃利希(Eugen Ehrlich)以来,法律社会学研究开始从法律多元化的视角理解社会秩序,并逐渐重视在国家与个人之间存在的诸多相互环接的半自治的社会领域,这些半自治的社会领域构成了社会权力的主要存在形式,而以社会权力为基础的各种"规范系统"则在诸多方面影响着国家法的运行和发展,并承担着本来被认为属于国家法律系统的诸多职能。因此,这种研究最重要的启示在于,在诸多领域,"国家(或公共的、官方的)法律系统,在社会管理中的作用通常是次要的而不是主要的"❷。

在一些学者看来,"法律多元主义理论的中心任务是具有破坏性的:破除那种将法律视为最终依靠国家权力的单一、统一、排他性的等级规范体系的理念的束缚"❸。"法律多元主义是一种实然的本质性的存在条件。这是一个条件,人们在日常生活中,不论是自愿的还是非自愿的,都会属于某些不同的社会网络,于是人们的行为就会面临不同的、可能相互矛盾的管理规范,这些规范可能是法律的或非法律的规范。"❹ 也就是说,人们的行为过程就是各种社

---

❶ John Griffiths, "What Is Legal Pluralism?", *Journal of Legal Pluralism*, 18 (1986), p. 3.

❷ Marc Galanter, "Justice in Many Rooms: Courts, Private Orderings and Indigenous Law", *Journal of Legal Pluralism*, 13 (1981), p. 20.

❸ John Griffiths, "What Is Legal Pluralism?", *Journal of Legal Pluralism*, 18 (1986), p. 4.

❹ Jacques Vanderlinden, "Return to Legal Pluralism: Twenty Years Latter", *Journal of Legal Pluralism*, 21 (1989), pp. 153 – 154.

会规范竞力的战场，而这种力求控制人们行为选择的规范竞争则展现了不同规范秩序的影响力，并最终展现了不同规范秩序之间的力量对比关系（即国家权力与社会权力之间以及社会权力彼此之间的力量对比关系）。

在法律系统内部，法律规范效力的中间程度是不被允许的，法律要么有效要么无效。但是当法律规范走出法律系统进入外部社会领域时，面对着基于社会权力和社会规范而形成的各种社会预期，法律规范的效力（称之为实效可能更符合一般理解）和被遵守的程度就会面临挑战。也就是说，面对有可能存在矛盾的诸多社会规范，很难保证法律规范会成为人们行为选择的唯一规范标准，于是法律的效力就从"一个'非此即彼'的问题转变为'或多或少'的问题"❶。也就是说，在法律与其他社会规则的对抗和竞争中，即国家权力与其他社会权力的对抗和竞争中，法律和国家权力未必总是占有优势的一方。

如果对法律多元主义采取一种分析性立场，承认权力的多元化和社会秩序的多元化是一个基本事实，承认社会权力对国家权力及其法律系统的重要影响，则"法律多元主义有利于理解和把握正在发生的一切，以及为何在如此之多的情景下，（国家）法律难以达到预期效果……（国家）法律的变化要更有效率，需要的绝不仅仅是良法……必须处理好法律创制和实施机制的问题，而这与国家立法者所习惯的远非一回事"❷。简而言之，对法律运作和法律发展的分析，离不开对社会权力的分析，而法律多元主义的研究则较早地从社会规范的层次为这种分析提供了基本思路。

第一节　法律多元主义研究的启示

一、早期法律多元主义研究的理论关注

20世纪早期，法律人类学研究开始关注亚非殖民地原始部落或村落中的土生土长的社会秩序。通过对当地小范围社会领域内的社会控制、社会压力、

---

❶ ［德］贡塔·托依布纳：《法律：一个自创生系统》，张骐译，北京大学出版社2004年版，第99页。

❷ ［荷］K.冯·本达-贝克曼：《法律多元》，朱晓飞译，载《清华法学》2006年第3期。

社会惯例、纠纷解决程序的长期和细致的实地考察和分析，法律人类学研究者初步意识到原住民中根深蒂固、土生土长的社会规范与殖民权力自上而下强加的法律秩序之间存在着某种持续性的紧张关系。

虽然早期法律人类学对于多元法律秩序的研究，主要目的在于"研究有助于形成原始部落中的秩序、一致性和凝聚力的各种力量，形成这些力量的知识应当成为原始组织的人类学理论的基础，并成为殖民立法和殖民管理的指导原则"❶。也就是说，法律人类学研究的最初的目的是服务于殖民政府的统治。但是法律人类学的研究也使我们认识到，原始人或原住民的生活并非只是受本能、激情和放纵所左右，基于人性和社会的需要，"法律和秩序已经贯穿于原始种族的部落习惯中，无论它们是多么的离奇和耸人听闻……它们控制着人们所有的日常生活以及公共生活的主要活动"❷。而且，接受过系统的现代社会科学的理论训练的人类学研究者不可能长期将自己的思考范围局限于原始的、偏远的部落社会，法律人类学的研究趋势必然是从原始社会的某些关键问题中得到启示，去解决现代社会面临的一些基本难题。所以，在经过一定时间的学术积淀之后，"法律多元主义，从最初关注边远的非洲村落和新几内亚的土著居民的土生土长的法律形式，发展到现在开始关注发达资本主义社会的多元法律形态……法律多元主义的概念被用来研究城市工业社会的社会和法律秩序"❸。

在法社会学的研究文献中，法律多元主义是最富有争议的概念之一。一种观点认为，法律多元主义是"在国家的界限内……存在多元的法律义务体系"❹。法律多元主义就是国家法对习惯法的承认，按照这种理解，国家法在政治上是优先的，国家法优于其他法律系统，必要时国家法甚至能够废除那些土生土长的法律系统。❺ 格里菲斯（John Griffiths）认为，这种意义上的法律

---

❶ ［英］马林诺夫斯基：《原始社会的犯罪与习俗》，原江译，法律出版社2007年版，导论，第2页。

❷ ［英］马林诺夫斯基：《原始社会的犯罪与习俗》，原江译，法律出版社2007年版，导论，第2页。

❸ Sally Engle Merry, "Legal Pluralism", *Law & Society Review*, 22 (1988), p. 869.

❹ M. B. Hooker, *Legal Pluralism: An Introduction to Colonial and Neo-Colonial Laws*, Oxford: Oxford University Press, 1975, p. 2.

❺ M. B. Hooker, *Legal Pluralism: An Introduction to Colonial and Neo-Colonial Laws*, Oxford: Oxford University Press, 1975, p. 4.

多元主义不足以实现法律多元主义理论的核心目标——打破国家法中心主义理念的束缚，故应当采取一种描述性的法律多元主义理论，即"法律多元主义是社会领域的一个特征，而不是法律或法律系统的特征。法律多元化的描述性理论解决的是以下事实，即在一些特定的社会领域，在其中有来源不同的法律在运作"[1]。即法律多元主义是指在社会中，各自拥有合法性、正当性和权威性来源的多元规范秩序与国家法律秩序共存的状态。也就是在国家法律秩序之外，还存在诸多其他的"法律秩序"。

法律多元主义最初关注的是法律之外一切有约束力的社会规则，接下来的研究必然是去发现这些规则背后的约束性力量的本质和来源。因此，法律多元主义研究必然会发展到以下阶段：说明多元社会规范所处的具体位置或者它们的来源，即它们产生和运作的社会权力基础。例如，面对普遍的国家法中心主义意识形态，埃利希主张必须区分"决策规则"和"行为规则"。[2] 埃利希指出，法律实证主义之所以不科学，是因为他们所谓的法"不是那些在人类社会中实际运作的和活的法，却排他性地强调在司法过程中作为裁判依据的法的重要性"[3]。因此，埃利希认为，科学的法律理论应当关注实际控制人们行为选择的那些活的法。"法的本质因素不在于其由国家创制，也不在于其为法院的决策提供了依据……法律是一种秩序。"[4] 社会由一系列联合体组成，个人并非是孤立独存的原子，而是生活在无数的组织性的或者非组织性的社会结构中，人们的命运将主要取决于他们在其所属的社会结构中所能达到的位置。这些联合体可能是"国家，家庭，社区，宗教组织，家族，朋友圈子，社会生活，政党，工业组织等"，而"社会联合体也是强制性权力、制裁、社会规范的来源"。[5] 也就是说，国家并非是强制性权力和规范的唯一来源，社会中的权力形式是多元化的，每个社会系统都有存在于其中的权力和规范。多元化的

---

[1] John Griffiths, "What Is Legal Pluralism?", *Journal of Legal Pluralism*, 18 (1986), p. 38.
[2] Eugen Ehrlich, *Fundamental Principles of the Sociology of Law*, Cambridge: Harvard University Press, 1936, p. 10.
[3] Eugen Ehrlich, *Fundamental Principles of the Sociology of Law*, Cambridge: Harvard University Press, 1936, pp. 9-10.
[4] Eugen Ehrlich, *Fundamental Principles of the Sociology of Law*, Cambridge: Harvard University Press, 1936, pp. 24.
[5] Eugen Ehrlich, *Fundamental Principles of the Sociology of Law*, Cambridge: Harvard University Press, 1936, pp. 63-64.

社会权力有效地确保了社会联合体内部秩序的维系和内部规范的实现。

二、法律多元主义研究的理论转向

进入 20 世纪中后期，法律多元主义研究的重心开始转向对社会结构的分析。波斯皮西（Leopold Pospisil）、莫尔和麦考利都提出了社会权力和社会结构的分析模型。波斯皮西提出了"法律层次"理论，他指出："无论是部落社会还是现代社会，都不是铁板一块的人类综合体。毋宁说，社会是由一系列具有不同成员、组成部分和不同包容性的界限清楚的或是能够界定的次级团体组成的马赛克式拼图。这些团体的存在很大程度上是因为其有规制自身成员行为的法律系统……多元的法律系统之间，并不必然相互一致，有时甚至相互矛盾。"❶ 因为社会中存在多元的功能性次级团体，相应的规范系统也应当是多元化的。基于各自所属的"社会团体的包容性的差异，不同法律系统构成了一种层级体系，属于同一类型和具有相同包容性的社会团体（例如，家庭、亲属、社区、政治联盟）的法律系统作为一个整体，我称之为法律层次"❷。社会中，属于不同层次的各种法律系统叠加在一起，而更具包容性的组织的法律系统适用于所有其所包含的那些构成其组织的成员。

埃利希和波斯皮西的分析模式存在一个共同缺陷，即缺乏对社会规范系统与国家法系统之间相互关系的充分的动态比较分析。波斯皮西的法律层次理论还是偏向一种整体性的分析思路，从而不够具体和细致。但是，他们同其他法律多元主义理论的重要价值在于描述了法律运作的实际社会环境——规范多元化与权力多元化的事实。这说明，立法者与个人之间并非是规范性的真空。对法律的实际运作过程，以及个人的行为选择（各种规范的影响力最终是通过对个人行为的影响和控制完成的，因此个人行为选择的过程就成为各种规范竞力的主要战场之一）的分析，必须通过社会结构的描述才能理解。但是，仅仅止步于静态的描述是不够的，还必须引入更加动态的分析模式，并更加细致和具体地展示法律与其他社会规范之间的互动关系。

---

❶ Leopold Pospisil, *Anthropology of Law: A Comparative Theory*, New York: Harper & Row, 1971, p. 125.

❷ Leopold Pospisil, *Anthropology of Law: A Comparative Theory*, New York: Harper & Row, 1971, p. 107.

此外，需要强调的是，虽然法律多元主义理论的核心任务是打破国家法中心主义意识形态对法学研究的桎梏，但法律多元主义并非必然暗示一种对抗国家的意识形态，"毋宁说，它提出了一个经验主义的命题，即是否、在何种条件下以及为什么其他规范性秩序而非国家法在发挥作用，甚而至于，在特定背景和特定的地区，它们比国家法作用更为重要"❶。法律多元主义这一术语之所以被广泛使用，是因为其恰当地强调了其他社会规范与国家法律之间的相似性（而传统法学理论则强调两者之间存在的本质性差异），但是这一术语也确实偏离了法律一词的日常用法。豪格曾经指出，"能指和所指之间的关系，会随着语言游戏的变化而变化……但是由于作者的理论并非是完全的私人语言，语言游戏的转化应当能够保持概念指涉的某种一贯性"❷。也就是说，那些我们惯常的或日常的用法应当对于研究者构成一种真正的语言限制，否则，过分偏离日常用法的学术语言有可能因为完全变成一种私人语言而失去意义。因此，为了在国家法与其他社会规范之间做出区分，也为了分析的便利，在本书的剩余部分，拟采用规范多元化代替法律多元化（除非涉及特定学者的专门用语），法律则专指国家法律规范。

第二节 社会权力的存在结构

一、社会权力的两种解释模型

（一）半自治的社会领域理论

如前所述，波斯皮西正确地认识到社会中存在多元化的规范层次和规范系统，与社会组织相关联的规则制定和实施机制也必定是多元化和普遍性的，但是他的分析依然走得不够远。事实上，不仅仅是组织性团体，其他的一些比较松散的互动结构也有自身的规则形成和规则实施的能力，莫尔的半自治社会领

---

❶ ［荷］K. 冯·本达-贝克曼：《法律多元》，朱晓飞译，载《清华法学》2006年第3期。
❷ Mark Haugaard, "Power: A Family Resemblance Concept", *European Journal of Cultural Studies*, 13 (2010), p. 431.

域理论为我们正确认识社会权力和社会规范的来源提供了更全面的分析工具。

半自治社会领域理论的提出，始于对传统法学研究"工具主义"倾向的反思。在高度集中化的政治体系中，借助发达的现代技术，人们倾向于认为法律能够直接影响社会变化。例如，庞德主张将法律视为实现社会工程的工具，作为一种高度专门化的法律秩序，是建立在政治组织社会的权力或强力基础之上的一种社会控制手段，它将权力的行使加以组织和系统化，并使权力有效地维护和促进文明。因此，无论是立法者还是法院，其主要任务就是"通过经验来发现并通过理性来发展调整关系和安排行为的各种方式，使其在最少的阻碍和浪费的情况下给予整个利益方案以最大的效果"❶。而整个利益方案则包含了个人利益、公共利益以及各种社会利益。

庞德的理论前提是社会安排易受有意识的人类控制的影响，法律就是国家控制和调整社会秩序的工具，而法律则能够按照立法者的设想控制社会变化，这实际上还是一种理性主义思路的延续。但事实上，法律或是其他政府指导变革的政策性尝试常常达不到预期效果，甚至泥牛入海或是事与愿违。其中一个重要的原因就是在法律介入之前，相关社会领域就已经存在正在运行的社会权力和社会秩序，而且较之于外来的法律规划，它们往往更加根深蒂固，更具有适应性，也更有力量。尽管国家与法律几乎已经垄断了暴力的合法使用，但却没有垄断其他的强制性手段，在个人与法律规范之间，在个人与国家之间，镶嵌着具有不同包容性的社会领域，个人则分属于这些社会领域。这些社会领域能够制定或产生自身的规则和惯例，并具有保证这些规则和义务得到服从的社会权力和强制形式。例如，将不服从内部规则或管理的成员排除出特定社会领域以及与之相关的可见或不可见的利益分享体系，是一种常用的比国家强制力更有效和更直接的制裁措施。所以，要认识法律运作的实际社会环境，并揭示法律为何常常达不到预期的效果，或是要知晓人们遵守法律的实际动机，就必须以这些半自治的社会领域作为研究起点。

半自治的社会领域能够内在地产生规则、惯例、符号，但是它又容易受到来自更大范围的社会领域（包围在半自治领域周围的控制范围更大的其他半自治社会领域）的规则、决策和力量的影响。半自治的社会领域有产生规则的能力，并具有通过引导或强制获得服从的手段。在复杂社会中，这种具有自

---

❶ ［美］罗斯科·庞德：《通过法律的社会控制》，沈宗灵译，商务印书馆 2010 年版，第 80 页。

治性的社会领域广泛存在。"半自治社会领域的界定及其边界的确认不是依靠其组织（它可能是组织性的，也可能不是），而是依靠程序性特征，即其产生规则，以及通过强制或诱导保证这些规则获得服从的能力。因此，在特定的社会领域，众多组织性团体的持续互动可能形成一个具有更大包容性的半自治社会领域，而作为其成员的组织性团体自身也构成若干个半自治的社会领域。"[1] 众多组织性或非组织性的、相互交叉和重叠的、相互竞争的、自治程度各异的半自治社会领域的相互环接，构成了现代社会的主要特征。

半自治社会领域的内部规范，有些产生于组织性机构（如工会、社团、公司等）的类似于国家立法的自觉的创造过程（并依循既定的程序和权限），也有些是自发的产生于内在交往过程。这些社会领域之所以是半自治性的，不仅仅是因为它们易受外来力量的影响，还因为社会领域内的成员能够动员外部的力量（例如，法律权利就可以解释为半自治社会领域内的人为自己的利益动员国家力量，并影响半自治社会领域内部权力关系的能力）影响半自治社会领域的内部关系（按照这种理解，在某种程度上，国家也是半自治的，假借外国力量助力内部反抗的策略也一直被不同时期的人不同程度地运用）。法律仅仅是决定人们行为选择的规则因素之一，人们还必须遵守各种半自治社会领域的内部规则。否则，直接的制裁就是被排除出这些领域以及与此相关的利益分享体系，想要留在这一领域并继续分享好处的动机构成了承认和遵守这些内部规则的重要原因，"服从'法律'的动力主要来源于人们参与其中的社会环境。国家强制的潜在威胁远不及其他社会权力和动机来得直接"[2]。也就是说，法律的潜在威胁经常挫败于半自治社会领域的利益诱惑，毕竟对于大多数社会成员而言，国家权力扮演的只是剥夺而非给予的角色，大多数人的生活资源直接来自于社会领域，而其社会地位也直接取决于其在社会领域内成功与否。

虽然从理论上讲，社会领域的完全自治、半自治或自治的完全缺席都是可能的，但是完全的自治（只会导致无政府主义）和自治的完全缺席都是少见的极端情况，而不同程度的半自治现象则更为常见。"绝对的统治也是很难想

---

[1] Sally Falk Moore, "Law and Society Change: The Semi-Autonomous Social Field as an Appropriate Subject of Study", *Law & Society Review*, 7 (1972), p. 722.

[2] Sally Falk Moore, "Law and Society Change: The Semi-Autonomous Social Field as an Appropriate Subject of Study", *Law & Society Review*, 7 (1972), p. 729.

象的，即使是在监狱和军队这样控制严密的情境中，也有自治和私生活存在。……社会领域的自治和自我管理的模式，不仅对于组织内部运作而言具有重要意义，对于展示这些社会领域与更大的社会结构的关系也具有重要意义。"❶ 有一些半自治社会领域结构非常稳定，也有一些则只是短暂、松散和临时的存在。有一些半自治的社会领域是有意识建构的产物，另有一些则是在市场、邻里或是其他领域经由规律性的互动和相互之间的稳定预期而自发形成的，不同的半自治社会领域对于成员的约束力也各有不同。

莫尔通过两个例子——美国纽约女性成衣行业的内部互动（基于规律性互动而形成）❷ 和非洲坦桑尼亚乞力马扎罗山查加人的邻里血缘结构（类似于费孝通所描述的中国乡土社会或熟人社会）——分析了半自治社会领域的概念，说明了半自治社会领域的活动机理，以及法律规范、非法律规范是如何相互结合并影响人们的行为选择的。通过对上述两个案例的分析，莫尔的核心观点是：外部立法（国家法律）之所以难以取得预期的效果，或者经常出现意料之外的效果，正是因为半自治社会领域的存在，而半自治社会领域内部的义务和规则经常比外部立法更加有力量。❸

莫尔的分析模式具有以下意义：（1）莫尔用半自治社会领域代替法律层次或社会组织作为法社会学研究的考察领域，从而放弃了将社会整体作为研究对象的分析模式，并且没有将研究视野局限于组织性的社会团体。像埃利希一样，莫尔认为规则经常存在于那些非固定结构的、经常是相互重叠、具有不同

---

❶ Sally Falk Moore, "Law and Society Change: The Semi-Autonomous Social Field as an Appropriate Subject of Study", *Law & Society Review*, 7 (1972), p. 742.

❷ 在纽约，高级女性成衣服装的生产包括几个部分，即批发商、服装设计者、承包衣服生产的厂商，当然也有商家具有上述多重身份。批发商在服装展示、设计、纺织品购买方面投资巨大，而且往往到下一季才会收回成本，而承包商则在生产机器、雇佣工人方面投入巨大，当然这里还有一些其他重要人物，如工会代表，因为负责监督和确保工会规则被承包商和工人遵守而具有最重要影响，自然就会从两者那里获得一些好处，馈赠这些礼物、好处并非是法律义务，当没有履行时也不会受到法律制裁，但是法律之外的制裁却会随之而来，承包商、生产商都必须维持与工会代表的关系，否则就有可能失去生意。事实上，在这一行当中，承包商可以成为批发商的借款人，工人也可以成为承包商的借款人，所有相关人员都保持着规律性的互动，如果想要留在这一行业中，就有一种巨大的压力迫使人们遵守这一行当中逐渐形成的利益交换规则。而这种压力对于这一行业内的自治是具有核心意义的，相关的国家立法往往反对这种社会领域内部产生的有约束力的规则或惯例，但是收效甚微。See Sally Falk Moore, "Law and Society Change: The Semi-Autonomous Social Field as an Appropriate Subject of Study", *Law & Society Review*, 7 (1972), pp. 724–728.

❸ John Griffiths, "What Is Legal Pluralism?", *Journal of Legal Pluralism*, 18 (1986), p. 30.

自治程度的社会领域。(2) 莫尔的半自治社会领域分析模式揭示了在立法者与个人之间并非是规范性的真空，而是一种多元规范与多元秩序并存的复杂结构。法律规则在到达个人之前必须经过一系列社会中介，法律的缺乏实效和预期之外的效果，必须通过社会权力结构才能理解。个人行为以及其他社会主体的行为选择过程就是多重社会规范的竞技场。在多数情况下，对国家强制力的惧怕并不构成人们行为选择的首要动机。(3) 半自治社会领域的广泛存在也表明，"社会变化的动力可能主要不是来源于立法或是其他法律创新"[1]。或如有些学者所指出的，"法治的唯一源泉和真正基础只能是社会生活本身，而不是国家"[2]。恰如历史法学所倡导的那样，社会生活自身才是规则（习惯法）的创造者，这些习惯法经由法学家的发现和加工之后，才有了国家的立法。

与波斯皮西的法律层次理论相比较，莫尔的半自治社会领域理论更具有包容性，也具有更加微观和具体的分析能力。而与埃利希的活法理论相比，莫尔半自治社会领域分析模式的优势在于更加明确地揭示了社会领域内部的自治和规则的形成也是斗争、妥协以及其他互动形式的产物。但是，关于半自治社会领域与法律系统的关系，莫尔的分析过分强调半自治社会领域对法律的阻碍和防御能力，即其通过分析展示半自治社会领域与国家法律系统的关系，而得到有利于缓和夸大立法作为一种社会工程手段的有效性的观点。"在以往的研究中，法律对于这些其他规则领域的影响总是被夸大，而后者对于法律的影响却总是被低估"[3]。但是，莫尔的分析却忽视了社会中的各种半自治社会领域与国家法律系统之间更为复杂的双向互动过程，也没有为我们展示国家权力系统和其他社会权力形式相互适应和相互协调的过程，事实上，国家与社会的互动也是一种稳定的和规律性的常态现象。

（二）私政府理论

恰如埃文所言，"制度间的分析要比制度内的分析更加复杂。按照制度间

---

[1] Sally Falk Moore, "Law and Society Change: The Semi-Autonomous Social Field as an Appropriate Subject of Study", *Law & Society Review*, 7 (1972), p. 730.

[2] 苏力:《道路通向城市：转型中的中国法治》，法律出版社2004年版，第31页。

[3] Sally Falk Moore, "Law and Society Change: The Semi-Autonomous Social Field as an Appropriate Subject of Study", *Law & Society Review*, 7 (1972), pp. 742-743.

的分析模式，任何时间，法律系统与非法律制度都是相互作用的"❶。莫尔虽然已经认识到这一点，但是她的分析还是侧重强调半自治社会领域内部规则的强有力，及其对法律运行的阻滞和歪曲，却没有看到半自治社会领域的内部秩序同时也是推动法律规范和法律制度发展的一个重要的因素。事实上，莫尔和她批判的法律工具主义共享一个基本的理论前提——公私领域之间的明确界分。正如麦考利所批评的，"为了认识法律，需要在私政府与公政府之间划定明确的分界线"，"但是这种明确的区分并不存在。相反，我们在公私政府之间会发现相互渗透、管辖权的重叠、矛盾与一致共存"，"如果假设公政府与私政府、正式和非正式程序之间界限分明，我们就会误读诸多现象。这些概念和分类只是在粗略的一般意义上有价值，并不能准确地描述实际情况"。基于这种考虑，麦考利的"私政府观点要求我们既看到私政府统治的广泛存在和本质，也要求我们承认公政府与私政府是相互渗透的，而非泾渭分明"❷。很多我们本来期望政府控制的领域实际上是私政府在统治，很多社会组织为了规避公共管理而实行自我治理。

  麦考利的私政府理论，旨在提供一种与公政府的类比，并侧重分析私政府与公政府（国家权力系统）之间的共性。"如果统治指的是制定和解释规则，将规则适用于特殊案例，制裁违反规则之行为，那么许多人类集合体，如黑手党、美国大学生运动协会……甚至是小酒馆都在进行统治。"❸ 当形式明确的组织自觉地制定规则，并在特殊案例中解释规则，制裁违反规则之行为，尤其是当这种组织尝试模仿公共法律系统的正式程序和标志时，最易被贴上私政府的标签。但是，任何进行规律性互动的人类领域都倾向于形成规则，按照特定情形解释规则、制裁违反规则的行为，这些领域构成了莫尔的半自治社会领域。有时，人们甚至可以将那些非正式的或临时的关系称之为私政府。如在公共汽车或电梯这一特定空间中临时偶遇的人们，也必须遵守一系列关于交谈、对视、接触等方面的规则，否则就会招致制裁（无视、嘲弄甚至暴力）。此外，私政府这一概念也被用于并不是十分接近于公政府程序与结构的地方，并

---

❶ William M. Evan, *Social Structure and Law: Theoretical and Empirical Perspectives*, London: Sage Publications, 1990, p. 123.

❷ Steward Macaulay, "Private Government", in Leon Lipson and Stanton Wheeler eds., *Law and the Social Science*, New York: Russell Sage Foundation, 1986, pp. 445 - 449.

❸ Steward Macaulay, "Private Government", in Leon Lipson and Stanton Wheeler eds., *Law and the Social Science*, New York: Russell Sage Foundation, 1986, p. 445.

旨在体现一种修辞策略,即要求大型公司对自己的行为有公共责任感,就像国家和政府那样必须对自己的行为负责。[1]

一方面,麦考利认为,"对于法律系统和那些形式上外在于政府的组织和社会领域的关系的分析,说明我们不仅应该关注那些模仿公政府结构和标志的私人组织,还应关注那些与法律系统密切相关并影响法律运作的社会领域。最终,到底何为私政府,就取决于这一类比的有用性"。另一方面,他却又指出,"当我们把注意力从非正式网络和社会领域,转移到私政府——更具有形式结构性的复杂的组织,如公司、大学、慈善基金组织——我们会发现还存在其他的限制法律有效性的障碍"。[2] 因此,麦考利所谓的私政府主要是指与公政府结构和程序类似的社会组织,但他又一般性地将私政府、半自治社会领域和社会网络进行并列分析。由此可见,麦考利认为,对私政府的分析结论一般性地适用于其他半自治的社会领域。也就是说,莫尔的半自治社会领域是一种更具包容性的社会权力分析模式,在形式上它包含了私政府,私政府只是一种更具组织性和稳定性的半自治社会领域,其在内部程序、组织结构、管理功能以及某些外部特征上更接近于真正的政府。

二、社会权力的主要存在结构——半自治的社会领域

如上文所述,莫尔界定半自治社会领域的标准不是依靠组织性特征,而是依靠程序性特征,即其产生规则以及通过强制或诱导保证这些规则获得服从的能力。也就是说,半自治社会领域的内部规则的产生、维持和强制,都不必然是依靠组织和专门人员来实现的。以莫尔的分析对象为例,无论是纽约的成衣制作行业还是乞力马扎罗山的查加人的邻里血缘结构,虽然地域和成员相对稳定,并且相互之间都存在稳定的和规律性的互动,并形成了自身内部的规则结构,但是它们都不存在正式和固定的组织结构。参与互动的成员主要依靠自己掌握的某些有价值的稀缺资源(如资本、财富、劳动力、监督权、赚钱的机会、土地的分配权、受教育程度或亲属的势力等)获得在社会领域中的地位

---

[1] Steward Macaulay, "Private Government", in Leon Lipson and Stanton Wheeler eds., *Law and the Social Science*, New York: Russell Sage Foundation, 1986, pp. 447 - 448.

[2] Steward Macaulay, "Private Government", in Leon Lipson and Stanton Wheeler eds., *Law and the Social Science*, New York: Russell Sage Foundation, 1986, pp. 454 - 458.

以及施加制裁的能力，并获得这些领域内成员的支持。

阿伦特曾经指出权力需要人数，但事实上，权力更加需要组织。半自治社会领域的组织性程度，主要取决于领域内部交往的频率、规律性以及交往形式，不同的半自治社会领域的组织性各有差异，这直接决定了它们施加外部影响力的能力。当半自治社会领域形成稳定的、严密的、成熟的组织结构，就构成了麦考利所谓的"私政府"，这时的社会权力与国家权力极度相似，主要依赖组织良好的层级制官僚体系实现内部管理，差别只在于规模和强制手段。当半自治的社会领域缺乏稳定的组织结构时，内部秩序和规则的维持则主要依赖内部成员（个人或组织）自身掌握的资源和内部成员共同维持的正常预期，也就是说，其内部成员（个人或组织）成为社会强制的载体（依靠报复性行为）。不具有良好组织性的半自治社会领域，虽然对于外部的干预能够保持一定的防御能力，但却缺乏充分动员内部资源并积极寻求外部影响的能力。也就是说，缺乏组织性的半自治社会领域的作用主要是防御性的，即保护内部的利益产生和分配结构免受外部的干涉（维持自治）。

综上所述，莫尔的分析更加侧重于半自治社会领域内部规则的产生和维持，及其内部自治的维护，但是对于规范系统之间的相互关系则缺乏充分关注。而麦考利关于私政府与法律系统之间关系的分析，较之莫尔的分析更加动态、细致和深入。故本书认为，相比较于其他的分析模式，更具包容性的半自治社会领域更适于作为分析社会权力的基本工具，也更加具体和全面地说明了社会权力的主要存在位置和来源，但是私政府理论关于社会规范系统与国家法律系统之间的关系的分析，也能够对半自治社会领域理论形成有益的补充，并加强其解释性功能。因此，在下一节的分析过程中，拟部分地结合私政府理论的一些观点，用以分析半自治社会领域对法律的运行和发展过程的影响。

第三节　半自治社会领域的自规范能力

在分析法律的运行环境时，麦考利恰当地指出，"仅仅从个人的角度描绘法律并不能够抓住全部事实。……私政府、半自治社会领域和社会网络掌管着自己的规则，实施着自己的制裁。有些时候，社会领域将个人与公政府隔离开来"[1]。庞德（Roscoe Pound）的论文《法律行为的有限性》（"The Limits of Effective Legal Action"，1917）使人们重新关注法律的有限性这一经典问题，半自治的社会领域理论对此问题的回答是，法律控制之所以经常效果有限，除了法律系统自身的能力局限性因素之外，还有一个重要的原因是国家法律往往谋求介入和改变已在运行的社会秩序。但事实证明，既有的社会安排往往很有力量。总之，面对半自治社会领域结构的各种竞争和阻碍，法律的控制程度和控制范围都不可避免地受到限制。

一、半自治社会领域的内部规则生成能力

"权力的主宰地位使得权力成为标准和法度的发源地，权力设定标准、改变标准、实施标准。"[2] 因此，为社会提供一般性行为规范（法律），曾一度被认为是国家权力的主要特征。但事实上，在不同的半自治社会领域内部，都存在自身既有的规则体系。这些规则体系的有效运行，都在一定程度上和一定范围内排斥着法律的介入与调整。

如前文所述，半自治的社会领域能内在地产生规则、惯例、符号，也有保证服从的强制措施。这些内部规范有些产生于组织性机构（如麦考利所谓的私政府）的类似于国家立法的自觉性地创造（这些组织内部具有类似国家立法机关的专门性组织，如股东大会、成员代表会议等，而且规则制定过程也必须依循既定的程序和权限），也有些是自发的产生于内部成员之间的稳定的规律性的内在交往和相互预期。例如，坦桑尼亚乞力马扎罗山的查加人，"尽管今天不再具有正式的血缘共同体组织，但是亲属之间偶然的财产利益，以及传统、邻里甚至关爱还是把个人联系成为一个较为固定的单位"[3]。人们必须依赖亲属和邻居保证自己的人身、财产、妻子、孩子的安全，并在涉及自身的纠纷解决过程中寻求帮助，例如，在法院诉讼中获得证人的证词。因此，在查加

---

[1] Steward Macaulay, "Private Government", in Leon Lipson and Stanton Wheeler eds., *Law and the Social Science*, New York: Russell Sage Foundation, 1986, p. 502.
[2] 胡水君：《法律与社会权力》，中国政法大学出版社2011年版，第164页。
[3] Sally Falk Moore, "Law and Society Change: The Semi-Autonomous Social Field as an Appropriate Subject of Study", *Law & Society Review*, 7 (1972), p. 736.

人那里，血缘—邻里的复杂关系是一种有影响的规则产生和制裁实施的社会关系网络。在其中存在着自身的权力结构，辈分、教育背景往往成为决定权力位置的重要因素。这种社会关系网络虽然不是官方立法和行政系统的组成部分，但却经常被后者承认具有重要性，而且短时间内也难以通过立法措施废除。所以，"渗透性的而非必须是统治性的，查加人的血缘—邻里结构从未真正向任何政府——殖民当局或是独立后的政府投降"❶。

半自治的社会领域不但能够产生规则，而且有能力提供强制手段保证这些规则的实施。成熟的社会组织（私政府）内部专门设有类似于行政机关的、常设的官僚体系以贯彻执行自己的规则，有些社会组织还设有专门的武装力量，例如，大型公司一般建立有自己的"私人警察力量"（部分人员可能本身就是前国家武装力量的成员），提供安保、制裁、防范商业间谍等服务，甚至主动进行针对其他公司的商业间谍活动（类似于国家情报部门）。这些"内部警察力量"可能模仿公政府的某些程序或标志（例如，穿戴制服、配备徽章和武器），而且他们能够使用更加先进、高端的通信和监听设备，其中有些设备是政府无力承担的，有些则是法律不允许政府使用的。这些武装力量的主要任务就是确保私政府内部规则得到贯彻实施，必要时实施内部制裁。在商业世界中，很多企业基于多种原因并不愿意将内部事务交由警察处理，因为一旦交由公共机构处理，事情的发展往往就难以控制。而在缺乏明确组织的社会领域，社会权力和社会规则的实现，则更依赖于内部成员自身掌握的稀缺性资源和实施制裁的能力，以及这些半自治社会领域内部的价值或利益认同。

二、半自治社会领域的内部纠纷解决能力

一般而言，在半自治的社会领域内部，都会存在纠纷解决机制。尤其在一些具有高度组织性的现代社会组织内部，其纠纷解决程序经常会借鉴国家司法机关的正式程序，有时还会聘用退休的司法官员主持内部的纠纷解决程序。一些大型公司在处理有关商业秘密的事件时，往往使用一种内部的"刑法系统"。只要雇员被怀疑有盗窃、出卖商业秘密的行为，即被降职、开除，有时

---

❶ Sally Falk Moore, "Law and Society Change: The Semi-Autonomous Social Field as an Appropriate Subject of Study", *Law & Society Review*, 7 (1972), p.739.

还会被迫做出赔偿。其证据标准迥然不同于国家的正式刑事诉讼系统,仅仅是犯罪行为的初露端倪(有时还只是怀疑),就足以让员工失去工作或被调离原有岗位。公司内部并不关心排除合理怀疑的正当程序要求,证据链条可能永远不会被建立,而且也不需要被建立,公司关注的是怀疑。但是,这种处理方式对于两者而言可能都是有利的:对于真正有罪的雇员而言,接受这种处理方式可以避免进入刑事诉讼过程,从而维护自己的职业声誉和体面;而公司则可以避免使自身陷入更大丑闻(被指控的员工可能反诉自己的犯罪行为实际上是受公司高层的指使,或者被指控的员工会出于立功的考虑将更多公司内部的违法操作公之于司法机关,或者员工的证言可能会暴露过多的公司内部信息,当然进入司法程序也可能暴露公司内部管理的缺陷,并有可能影响公司在业界的声誉)。

一般意义上,半自治社会领域内化纠纷的能力和范围建立在四个规范性因素的基础上,即"卡脖子政策、迪斯摩尔沼泽政策、烫手山芋政策、活树政策"。所谓卡脖子,是指"有的组织凭借他们对于特定行业的控制可以对其成员具有卡脖子的能力",也就是使其成员在这一行业领域彻底失去就业或获利的机会。现代社会的复杂性使得法律系统在处理特定案件时会面临相关专业知识匮乏的困境,这就如同陷入沼泽而进退两难。如果国家机关尝试对那些强有力的组织的内部事务进行外部控制,不但可能会激发强烈不满,而且成功的机会渺茫,此类案件对于法律系统而言无异于烫手山芋。最终,法律系统会自愿让出这些领地,自治的理念将会被引入,并授权半自治的社会领域自行处理内部事务。[1] 自治是保持社会活力的本源,"法律监督必须克制,它们可能弊大于利……例如,自由对于学校和大学都是必须的……法院,就像立法者一样,并不能足够职业性地决定如何教育才是更好的"[2]。上述四个方面的因素,共同决定了半自治社会领域内在的解决纠纷的能力和范围。半自治社会领域的自治程度越高,围绕自身事务所形成的知识和信息就越专门化和复杂化,就越有能力和资本与法律系统抗衡,并有能力使自身内部事务成为法律系统眼中的"烫手山芋"或是"雷区",于是自治的理念将会保护该领域的内部利益结构

---

[1] Zechariah Chafee, "The Internal Affairs of Associations not for Profit", *Harvard Law Review*, 43 (1930), pp. 1027-1029.

[2] Steward Macaulay, "Private Government", in Leon Lipson and Stanton Wheeler eds., *Law and the Social Science*, New York: Russell Sage Foundation, 1986, p. 488.

和规范秩序，并在一定程度上使其免受法律系统的干涉。

三、半自治社会领域影响成员行为选择的能力

认同作为一个哲学概念，主要是用来回答"我是谁"和"我该如何做出行为选择"的问题。塔吉费尔认为，社会认同是"个人自我界定的一部分，源于个人对他在某一社会群体（或一些社会群体）中成员地位的认识以及赋予这种成员地位的价值观与感情上的重要意义"❶。面对身份多元化的现实，认同的主要价值体现在身份和义务的冲突情境下的身份归属和行为导向的序列安排。特定的社会成员，往往既是国家公民（意味着必须接受国家法律的约束），又是某些半自治社会领域的成员（意味着必须接受该领域内部规范的约束），当两种身份和义务出现冲突时，就会涉及身份认同和行为选择的优先性问题，也就是序列安排的问题。

麦考利曾指出，某些半自治社会领域能够充当非法商品或服务的"看门人"，并有效地屏蔽法律的介入。❷ 提供非法商品或服务（如毒品、其他违禁物品或性服务）的人往往不具备公开、固定的经营场所，也不能堂而皇之地通过各种媒体广告进行宣传，但是一些松散的社会网络（通常由出租车司机、导游、酒吧招待、非法商品或服务的提供者、黑社会组织成员等人组成）能够告知潜在的顾客哪里在提供他们所需的物品或服务，并且能够过滤掉那些不受欢迎的人（如"卧底"的记者或警察），从而保护犯罪行为免受侦查或惩罚。在整个过程中，每个人仅仅知道自己所需要的东西，以降低对犯罪网络中的其他人的危险。为了保持这种网络的稳定性，这些网络具有内部的不成文规则，以及保证这些规则实施的惩罚和奖励。能够拓展客源的人获得金钱或其他性质的奖励，而那些泄密的或是不够谨慎的人将会被排斥、伤害甚至杀死。与法律系统的奖励和惩罚相比，来自这些领域内部的奖惩措施往往更加直接，而且也更加迅速，甚至更加严厉和残忍，因此更加令人畏惧。

如前文所述，半自治的社会领域都是某种利益共享和利益分配结构，留在

---

❶ 转引自吕磊：《社会认同、政治制度和民族认同的建立——以西欧的历史经验为基础的一般性讨论》，载《世界经济与政治论坛》2003年第1期。

❷ Steward Macaulay, "Private Government", in Leon Lipson and Stanton Wheeler eds., *Law and the Social Science*, New York: Russell Sage Foundation, 1986, p.455.

这一领域并继续分享利益的动机（经常胜过对国家法律的忠诚），将会左右其内部成员的认同结构和行为选择。同时，由于半自治社会领域内部的利益供给经常构成其主要收入来源，也直接决定了其社会地位，所以，他们更害怕来自内部的制裁和惩罚。因此，当与法律发生冲突时，几乎所有的半自治社会领域都有能力在一定程度上有效排斥法律的干预。这种自我保护可能表现为半自治社会领域及其内部成员对于该领域自身或该领域内部成员的违法行为提供支持或保护：拒绝提供任何相关犯罪行为的证据或信息；帮助犯罪者转移或销毁证据；做虚假证明或者系统地伪造各种数据资料，以帮助犯罪者躲避国家司法系统的惩罚；为犯罪者提供隐藏处所或资助其逃匿等。

除了制裁和利益因素以外，半自治社会领域维系自治和建立成员的忠诚，通常还依靠内部的价值体系，价值因素能够更加深层次地左右内部成员的认同结构与行为选择，也能够为成员偏离法律的行为提供内部的价值支持。例如，在以盈利为目的的公司内部，经济成功至关重要，成功的结果远重要于成功的手段。于是，通过合法手段获得经济成功的规范支持减少了。而且，起诉公司（尤其是大型公司）极其困难，政府更愿意采取协商或是非正式程序处理与这些公司有关的事务。也就是说，那些违反法律的公司及其管理人员较少会真正受到严厉惩罚。因为政府难以或不愿真正严厉地执行法律，公司的管理者则可以通过规避法律获得成功和荣耀。于是，在这些公司内部，手段高明的又能带来经济成功的违法行为（也就是既能带来成功，又能规避惩罚的违法行为），或者是行走在法律边缘的（法律性质成疑的）行为，就成为可接受的，甚至变成能力的体现而被效仿，反倒是那些严格服从法律的管理者将面临更多的内部障碍。有些公司甚至会专门聘请律师帮助其进行此类违法行为。

当然，无论是提供非法商品或服务的网络，还是营利性质的公司，其内部的利益分配和价值导向并未从整体上直接否定国家法律的合法性，而只是在关涉自身利益的行为选择方面，功利性地改变了成员的认同序列（利用其他社会成员守法制造的经济机会，通过自己的违法行为获利）。但是在一些更极端的情况下，违反或规避法律可能通过某些方式被彻底合理化（当然主要是在组织内部），也就是既存法律系统的合法性被直接和整体性地否定。例如，在一些反政府或分裂组织中，通过社会理想、宗教信仰或其他意识形态方式的灌输，往往能够彻底改变其组织内部成员的价值排序，使得其成员不再认为违反国家权力体系的法律规则是犯罪行为。恰恰相反，他们会发自内心地认为这是在完成神圣的宗教使命或是正义的任务。

最后需要说明的是，半自治社会领域的组织程度在很大程度上决定了其对内部成员的忠诚度培养的自觉性和实际控制能力。当社会权力发展到一定的阶段，也就是当半自治社会领域对内部成员的控制、动员和组织能力达到一定程度，对于来自政府的法律管制，社会权力往往会采取更积极的应对措施，甚至是公然对抗。它们可能会想办法影响选举，期望新的立法者和新的政府能够改变法律规则，或者至少能改变法律执行的强度或范围。它们也有可能通过组织某些暴力或非暴力的不合作运动，向政府或立法者施加压力，谋求立法或政策的改变。甚至当其具有足够强大的权力，而政府又相对弱势时，社会权力可能会直接谋求暴力推翻现有的政府，并建立代表自己利益的政府，甚至有些时候，外国的势力也会被其引入。

上述分析表明，在国家（及其法律体系）与个人之间，存在着极度复杂的社会权力结构。这些半自治的社会领域有能力形成和运作自身的规则系统，处理和内化各种纠纷。此外，半自治的社会领域也有能力在一定程度上控制内部成员的认同结构和行为选择。这些半自治社会领域的内部规范秩序、行为逻辑和价值体系构成了其独特的内部理性和动力结构。相互环接的半自治社会领域，就像是无数的"黑箱子"，其独特的内部因果和逻辑无法为外部系统完全洞悉。[1] 包括法律系统在内的外部干涉机制，都必须在一定程度上接受这些社会领域的过滤和选择，才能对其内部环境和成员发挥作用。而对于法律系统传递的信息，各种半自治的社会领域也并非总是无条件接受的，很多社会组织都会拒绝接受冒犯他们利益的法律，并在法律与个人之间设置屏障（在信息传递手段相对匮乏和内部成员法律知识缺乏的情况下，这些屏障的作用更加明显）。而且随着处理法律问题能力的提高，借助内部和外部法律专家的帮助，很多社会组织（尤其是经济性组织）已经具有能力和技术重新解读甚至是歪曲法律，并将这种歪曲之后的法律重新反馈给整个社会甚至是国家司法系统，以适应自己的价值观和利益需求。

此外，我们必须承认，只有少数人曾经完整阅读过法律、法规、司法解释、指导性案例或者法学论文及相关著作。大多数人的法律知识只是零零散散

---

[1] Gunther Teubner, "Autopoiesis in Law and Society: A Rejoinder to Blankenburg", *Law & Society Review*, 18 (1984), p. 300.

地来自于大众媒体，如报纸、网络、小说、影视剧、法律类电视节目等。但是媒体的主要目的是吸引眼球，也就是说，新闻的目的主要是揭发丑闻，而非促进法律的普及和发展。媒体更倾向于谴责坏人，而不是像真正的法学家那样发现法律结构本身的问题。这意味着，在媒体有意或无意的作用下，人们理解法律的角度、方法和理性程度都有可能发生偏离。总之，法律信息的传递过程通常都是非常复杂和曲折的，从法律系统到个人之间的传递过程充满了解释和再解释的过程。再加之不同人群获得法律信息的途径和理解能力的差异，以至于很难确定人们究竟最后获得了什么样的法律信息，以及这些信息究竟是如何形成的。也就是说，信息传递过程中存在的诸多不确定性（很大程度上归因于社会权力结构），也对法律的有效运行构成了现实的障碍。

到目前为止，本节的分析可能会使人产生一些疑惑，并与人们的某些直观判断有所出入。当下，人们似乎更容易理解和观察到的是国家权力的全面扩张，而不是社会权力为法律设置的重重壁垒。事实上，任何系统都面临开放性和闭合性的冲突，半自治的社会领域之所以是"半自治"的，正是因为，一方面，这些社会领域具备一定程度的能力和资源维持自治并排斥外部干涉。而另一方面，他们也无法完全避免更具包容性和控制范围更大的其他系统的干涉。而且，由于成员的复数性（以及身份的多样性和重叠性）、心理状态和认知能力的差异，半自治社会领域对于内部成员的控制始终存在变数。社会领域内部的矛盾和权力斗争也能够为国家权力和法律系统的介入提供机会。此外，如果物有所值，在大多数情况下，国家权力体系确有能力击败即使不是所有也是绝大部分的社会权力形式，但这往往需要以牺牲自由、隐私、生命以及有价值的传统生活模式作为代价，因此，并不是所有政府都愿意通过铁血手段不计代价地追求这种表面的成功。多数情况下，国家权力系统更愿意通过一定程度的妥协与合作实现社会控制，这一点在现代社会中尤为明显。

总而言之，各种半自治社会领域对于法律的过滤、选择、歪曲或是阻碍，并不是一个有或无的问题，而只是程度上的差异。也就是说，社会权力结构形成了法律生存的实际外部社会环境，这是一个基本事实。只是随着现代社会功能分化的程度越来越高（这将导致知识与符号的高度分化），各种半自治社会领域的内部自治能力发展得越来越成熟，它们为法律设置的阻碍会逐渐趋于强化，而法律运作的实际环境也会日趋复杂化。在这种情况下，法律系统的最佳选择不是通过追加资源以追求更直接的控制，而是在承认和反思自身有限性的同时，寻求更加间接的和更容易被各种半自治社会领域接受的控制策略。在这种新型的社会治理模式之下，一方面，社会权力将更多地参与公共管理任务的完成，另一方面，这意味着一种新的法律发展方向的可能性。

本节的分析侧重强调社会权力系统对法律运行的阻滞、过滤和歪曲，但事实上，社会权力也可以为法律系统的发展提供动力和资源。不同社会权力结构内部的权力资源、利益结构、价值倾向和人员构成各有差异，因此，它们对于法律的态度往往也是极度复杂的，敬畏、利用、合作、推动、过滤、歪曲、反抗、无视等各种态度形式往往同时存在，并处于动态发展之中。"法律是社会中的法律"，❶ 复杂的社会权力结构形成了法律生存的实际环境，一方面，社会权力的"荆棘丛生"使得法律的前行步履维艰，另一方面，社会权力又不断为法律系统的发展注入动力，并为其提供着各种生存和发展的资源。

仅就规范的层次而言，社会权力支持的社会规范系统就构成了法律规范和法律制度发展的重要的规范渊源。埃文承袭法律多元主义的研究路径，主张按照管辖范围的差异，从两个层次将法律系统进行分类，即公的和私的法律系统。❷ 公法律系统存在于国家的正式制度中，如司法、立法、行政机构，其管辖范围一般包含一个国家领土范围内的一切人员。而其他私法律系统（社会规范系统）则主要存在于相对独立于国家的各种社会权力系统（半自治社会领域）。公法律系统和私法律系统之间在以下几个方面实现着规则的互动和渗透。

第一个方面，现代法治社会有一种不断增长的趋势，即社会规范系统的规范内容越来越多的得到国家司法权力和行政权力的承认，甚至被国家立法系统主动吸收进法律体系。例如，行业或职业性自治组织、公司和学校等社会组织内部的规章制度，特定行业或存在长期合作关系的各方之间的一些交易习惯或惯例，都会在一定程度上得到法院的承认。而且从长远来看，这些规范形式都可能成为法律发展的潜在规范资源。

第二个方面，社会规范体系的规范在文字和精神层面，逐渐向法律规范进行渗透和扩散。尽管这种渗透和扩散不像上一种互动关系那么普遍，但也是法

---

❶ 贾焕银：《民间规范的司法运用——基于漏洞补充与民间规范关联性的分析》，中国政法大学出版社2010年版，第100页。

❷ William M. Evan, *Social Structure and Law: Theoretical and Empirical Perspectives*, London: Sage Publications, 1990, p. 124.

律体系发展的重要方式。不同于压力集团有目的地、有计划地和积极地影响法律系统的法律决策过程（其影响效果有时迅速和显著，有时则缓慢和不明显），这种规范的扩散和渗透主要是一种自生自发的现象，弥散地存在于公私法律系统的各个组成部分，而且其效果的显现是长期渐进的。

第三个方面，公法律系统和私法律系统之间可能存在经常性的人员交流。法律系统出于对特定领域专业知识的需要，会聘用或临时借调社会系统的人员，或者组织来自这些领域的专家进行相关问题的咨询或是调研。除此之外，社会规范系统也需要聘用具有法律系统工作经验的专业人士，这可能是因为他们掌握的官方信息或是人际资源，或是因为他们能够提供更加专业的法律服务。例如，一些公司和社会组织会聘用退休的行政官员担任管理者，或是聘用一些退休的检察官和法官担任法律顾问，以更好地处理自身与国家行政部门和司法部门的关系。这种人员的交流可能会导致社会规范系统与法律系统之间的规范交流。换句话说，两种系统的人员的身份序列的变化可能会构成规范交流的一种机制。[1]

整体而言，私法律系统对公法律系统在上述三个方面的影响主要是弥散的、非系统的和无意识的。而事实上，在诸多领域，社会权力也在有意识地采用各种策略积极主动地对法律系统施加影响，并力求将自身的决策偏好反映到法律发展的过程中去。因此，必须说明的是，复杂的社会权力结构构成了法律运作与发展的社会环境，也为法律的运作设置了诸多障碍，这确实是一个基本事实。与此同时，国家权力也为社会权力的生存和发展提供了法律框架和制度背景，这也是一个基本事实。无论是对于个人还是社会组织，抑或是各种其他的半自治社会领域，国家权力体系都已经成为日常生活中不可或缺的制度背景。也就是说，社会权力的生存与发展在很大程度上取决于国家权力系统的决策和态度。所以，社会权力必须通过各种策略将自身的政策偏好反映到法律系统的发展之中，并为自身的生存和发展争取制度空间。在这一过程中，一方面，社会权力为法律的发展注入动力，另一方面，这种参与也为法律系统的各种决策的合法性提供了论证基础。

---

[1] William M. Evan, *Social Structure and Law: Theoretical and Empirical Perspectives*, London: Sage Publications, 1990, pp. 129–130.

第四章　社会权力对法律运行过程的参与

复杂的社会权力结构形成了法律运作的外部环境，或者说构成了其生存的生态环境，但社会权力并非只是消极地等待法律规范的输入和干预，然后才按照自身利益与公共责任的某种平衡机制决定对待法律的态度。相反，社会权力一直都在通过各种策略积极主动地影响法律系统，并力求将自己的政策偏好输入法律发展的过程。

如前文所述，社会权力的形式是多元化的，以个人形式存在的社会权力也能改变法律的进程。例如，2003年"孙志刚案件"发生之后，三位法学博士以公民身份建议全国人大常委会对《城市流浪乞讨人员收容遣送办法》进行违宪审查，之后又有五位法学学者以公民身份提请全国人大常委会启动特别调查程序。虽然全国人大常委会最终并未启动特别调查程序，但是《城市流浪乞讨人员收容遣送办法》还是被国务院废止并代之以《城市生活无着的流浪乞讨人员救助管理办法》。因此，起码在法律制度层面，问题得到了彻底圆满的解决。但是，上述申请之所以能够引发媒体和官方关注并迅速得到处理，最重要的原因可能是上书之人名牌大学法学博士和法学教授的身份。换言之，他们不是普通的公民，而是"超级公民"，普通人并不具有这样的影响力。[1]

以个人形式发挥影响力的社会权力形式，通常极度依赖个人的社会地位、身份和声望。当然，随着网络信息时代的到来，改变世界已经不再是政府、大型组织或者"超级公民"的专利，少数或个别普通人也可以策划、发动具有重大影响的社会行动，或者将特定事件的影响范围迅速扩大。但就对法律系统的影响而言，无论是超级公民还是普通人，个人形式的社会权力终究只是个别和偶然现象（而且通过网络聚集关注和扩大影响的方式，具有与传统媒体一

---

[1] 凌斌：《赛先生、德先生与蜜思劳：解读贺卫方的"上书"》，载《法律书评》2004年第2期。

样的缺点,即其能否成功取决于议题是否具有足够的吸引力,而普通人往往更加关注谴责和惩罚"坏人",而不是真正深入地探索法律结构本身的问题)。要想系统有效地影响法律发展,还是需要依靠人数或组织。

某些突发性的,行动者之间基于共同行动而形成的社会权力形式,如一些突发性的群体性事件,当然也能影响法律的发展。但是社会权力主要还是存在于各种半自治的社会领域,而半自治的社会领域(不论是相对稳定的组织,还是一些临时、松散的但却存在有规则的互动的结构)的自治结构和内部规范都是为了保护内部的利益分配结构。但是,要想有效地维护自身的利益结构,并在更广泛的社会领域内争取生存空间,仅靠消极防御是不够的,还需要积极寻求施加对外影响。如杜鲁门所言,"集团或利益的存在均不是依赖于正式组织的存在",❶ 但不可否认的是,在政治生活中,组织极为重要,高度的组织化表明其内部交往达到了一种更高的阶段。形成正式组织的半自治社会领域,往往能够更加有效地组织内部资源以施加外部影响。正是在这个意义上,郭道晖先生才指出,"社会权力的主体主要是社会组织"。毕竟个人的资源和能力有限,而组织性较差的半自治社会领域动员内部资源的能力同样有限,这就决定了组织性较差的半自治社会领域的功能主要是防御性的。

布劳(Peter M. Blau)指出,"缺乏社会联系的孤立的受害者,即使人数众多,也只能在愤怒中孤立无援,然而在其成员之间有着亲密社会沟通的受压迫的集体则往往有能力动员某种反抗"❷。组织的作用就在于通过强化内部的价值观,加强内部成员之间的沟通与认同,达到动员力量和协调集体行动的目的。简而言之,组织化程度决定了行动能力。如果半自治社会领域积极地提出自身的要求,向外部发出自己的声音,就构成了杜鲁门所谓的利益集团,即"在社会中提出特定要求,具有共同态度的集团"❸。共同态度导向的目标构成了共同的利益要求,当这些要求是向国家权力系统提出时,就构成了政治利益集团(事实上就是一系列半自治的社会领域)。当然,当各种利益集团在数量和影响方面得到空前发展时,普通公民的权力也可能会受到影响。

---

❶ [美]戴维·杜鲁门:《政府过程——政治利益与公共舆论》,陈尧译,天津人民出版社2005年版,第40页。

❷ [美]彼得·M.布劳:《社会生活中的交换与权力》,李国武译,商务印书馆2008年版,第342页。

❸ [美]戴维·杜鲁门:《政府过程——政治利益与公共舆论》,陈尧译,天津人民出版社2005年版,第41页。

第四章　社会权力对法律运行过程的参与

按照法学研究的传统模式，本章将依次聚焦于立法、执法、司法过程，全面分析主要以政治利益集团形式存在的社会权力接近法律系统，并影响法律的各种具体策略。

第一节　社会权力对立法过程的参与

现代民主法治国家中，与行政机关和司法机关相比，立法机关因其更加直接和明确的"选举"和"民主"特征，而掌握着法律产出的主要权力，并对法律变迁具有更加重要的影响。因此，接近立法过程对于各种政治利益集团具有重要意义，但是不同的政治利益集团接近立法过程的机会并不相同，影响立法过程的方式也各有差异。但就整体而言，社会权力影响立法过程的方式主要有以下几种。

一、借助立法程序的参与

恰如杜鲁门所言，"正式结构很少是中立的。它们有利于某些活动，而阻碍另一些活动"❶。立法机关的结构安排、选举程序和立法程序的设置都会导致立法参与机会的不均匀（有时可能不是有意的安排，但更多时候是有意而为之）。也就是说，不同的立法程序安排可能会给特定的政治利益集团提供更便利的接近和参与立法过程的机会。例如，2009年全国人民代表大会法律委员会召开会议，对邮政法修订草案进行审议，财政经济委员会和国务院法制办、国家邮政局、中国邮政集团公司以及交通运输部有关负责同志列席会议。❷ 从此次会议的列席人员可以看出，国有邮政企业相较于其他邮政法修订的直接利益相关者（与邮政法修改相关的主要利益集团，一方是国有邮政企业，另一方是中国国际快递工作委员会和民营快递企业，前者希望巩固邮政专

---

❶ ［美］戴维·杜鲁门：《政府过程——政治利益与公共舆论》，陈尧译，天津人民出版社2005年版，第350页。
❷ 《全国人民代表大会法律委员会关于〈中华人民共和国邮政法（修订草案）〉修改情况的汇报》，载《全国人民代表大会常务委员会公报》2009年第4期。

营业务范围，而后者则希望缩小邮政专营业务范围），❶ 获得了更加直接的接近立法过程的机会，其声音和利益诉求也更容易被立法机关获知。

随着立法民主化的发展，立法过程越来越公开。一方面，更多的立法准备工作向社会公布，并征询意见，这就为政治利益集团发出自己的声音，提出自己的要求提供了机会。例如，2012年上半年，全国人大常委会法制工作委员会就曾先后组织了五个调研组，分赴北京、辽宁、山东、浙江、广东等10省（市），组织了30多场专题座谈会（由地方政府及有关部门、中小企业、金融机构、服务机构等单位参加），并走访部分中小企业，广泛征询对于《中小企业促进法》的修改意见。❷

另一方面，对于列入立法议程的法律案，立法程序中也为各种政治利益集团提供了一些表达意见和影响立法的正式渠道。例如，《立法法》第36条规定："列入常务委员会会议议程的法律案，法律委员会、有关的专门委员会和常务委员会工作机构应当听取各方面的意见。听取意见可以采取座谈会、论证会、听证会等多种形式。法律案有关问题专业性较强，需要进行可行性评价的，应当召开论证会，听取有关专家、部门和全国人民代表大会代表等方面的意见。论证情况应当向常务委员会报告。法律案有关问题存在重大意见分歧或者涉及利益关系重大调整，需要进行听证的，应当召开听证会，听取有关基层和群体代表、部门、人民团体、专家、全国人民代表大会代表和社会有关方面的意见。听证情况应当向常务委员会报告。"座谈会、论证会、听证会在技术上和政治上，都为不同的利益集团向立法机关传递信息提供了机会，当然也为协调不同利益集团之间的冲突提供了平台。社会心理学的研究证明，人们对于那些自己能够充分参与的法律或决策，更加容易产生认同感和责任感，即使最终的立法或决策结果不符合自己的利益要求时也是如此。在此意义上，座谈会、论证会，尤其是正式的听证会，都会有效地推动立法活动，并有利于这些法律的实施。据统计，在立法听证制度更为完善的美国，有99%的利益集团把出席听证会作为影响立法决策的主要方式。❸

---

❶ 侯健：《利益集团参与立法》，载《法学家》2009年第4期。
❷ 《全国人民代表大会常务委员会法制工作委员会关于〈中华人民共和国中小企业促进法〉有关制度立法后评估工作情况的报告》，载《全国人民代表大会常务委员会公报》2013年第1期。
❸ 这里是指广义上的政府，既包括行政机关，也包括立法机关。参见蒋劲松：《美国国会史》，海南出版社1992年版，第417页。

二、借助信息供给的参与

立法需要信息,而政治利益集团提供信息的能力为其影响立法决策提供了机会。社会分工对于现代社会的影响广泛而深刻,其中之一就是知识和信息的高度专门化和职业化。现代社会的立法者始终面临以下困境:从基层到中央,从国内到国际,从衣食住行到医疗教育,从货币金融到战争,几乎所有的问题都需要他们做出判断,但是立法者掌握的知识和信息却相当有限,现代社会的发展变化又极其迅速,这又极大地加剧了上述矛盾。因此,必须有外在的信息源为立法者提供立法活动需要的准确信息。

当然,现代政治体系的重要工作之一就是信息搜集和文献保存。例如,在中国地方志指导小组的指导下,地方各级政府史志办公室负责编纂的地方志就是信息积累和保存的一种重要方式,地方志一般分三级(省级、市级、县级政府编纂的地方志),每 20 年左右续修一次,其基本作用就是搜集和保存地方文献,全面反映各地政治状况、地理环境、人口变化、经济发展、基础设施等各方面的基本信息。此外,历年的各级人民政府工作报告、各级人民法院和人民检察院工作报告、立法机关组织的调研活动以及政府组织的人口和其他问题的普查或者调查,也都为立法者提供了一些最基本的信息概况。但是,上述官方信息显然无法完全满足立法者的信息需求,原因主要在于两方面:一方面,基于成本等方面的影响,官方收集的信息往往是极度概括的,不够详尽和细致,而且信息的范围也有限制。另一方面,立法工作往往需要最新的信息,而官方收集的信息则往往是陈旧或滞后的。

当官方信息无法满足立法需求时,掌握专门知识和更多最新信息的利益集团就获得了接近立法过程的机会。据统计,在美国有 92% 的利益集团主要通过向立法机关、政府机关提供研究结果和技术资料的方式影响法律决策。[1] 因此,政治利益集团提供信息的能力,在一定程度上决定了其影响立法的能力。由于技术性信息被认为是无关乎政治道德的,而且有助于提高立法的科学性,因此,以这种方式影响立法往往能够避免指责,而被普遍认为是可接受的(这实际上是一种说服的权力策略)。为了提高信息供给的能力和水

---

[1] 蒋劲松:《美国国会史》,海南出版社1992年版,第417页。

平，政治利益集团也会选择向学术界借力（方式可能是提供学术会议、研究经费或者教育设施等方面的资助），充分利用学术机构在搜集、分析、整理信息方面的能力及其社会影响力，对立法机关施加影响。学术机构本身也是一种重要的社会权力形式，基于其自身的学术倾向和制度关怀，也可以通过自身政府智囊的身份（或学术影响力）潜移默化地逐渐影响政治、经济和法律制度的走向。

当然，如果缺乏资源或机会接近和参与立法过程，从外部施加压力也是政治利益集团的重要策略。例如，通过组织游行示威、请愿、抗议，或者通过各种媒体影响舆论，都是社会权力对立法过程施加外部压力的重要方式。如前文所述，阿伦特正确地揭示了权力的合法性最终是建立在信念和舆论的基础上，这决定了合法性是一个需要掌权者持续关注的问题。而作为民意代表的立法机关则更加重视社会舆论和大众观念的趋向，这决定了外部施压是一种影响立法过程的有效手段。

第二节 社会权力对执法过程的参与

影响立法过程只是社会权力表达和追求利益的一种方式，立法过程也仅仅是政治过程的一个环节，如果影响立法过程变得困难，对行政过程施加影响，也具有重要意义。毕竟，缺乏机会或资源影响立法，并不必然意味着缺乏机会或资源影响执法过程。

一、参与执法过程对于社会权力的意义

在传统的法学研究中，行政过程主要被理解为执行法律的过程。对于行政机关和行政官员的角色，存在一些正式的或非正式的、显性的或隐含的普遍预期，不同于立法机关（立法机关本身就是各种利益表达和博弈的机构，立法者也应当是各种社会利益的代表者），行政机关被期望作为法律的执行者，只能在法律授权的范围内，并按照法定的程序行使行政权力。但是，将行政官员视为中立的公务人员并机械地执行法律，仅仅是一种不切实际的幻想。"这种

情况只有当行政活动几乎是完全常规化的，不需要进行利益协调时才存在。"❶ 但事实上，行政机关面临的复杂现实，使其不可能完全按照法律的授权或是上级行政机关的行政命令来执行职务。立法过程未解决的或刻意回避的利益矛盾大部分会转移到行政机关，利益平衡和自由裁量无可避免。此外，现代社会中，大量的立法建议（包括立法草案）均出自行政机关，立法机关也极少在未与行政机关协商或咨询的情况下单独立法。

立法机关享有立法权，但是这并不代表立法机关制定一切法律规则。事实上，立法机关已经无法满足日益专业化的立法需求，立法职能日益向行政机关转移早就不是什么秘密。甚至有学者指出，法治与其说是"法律的统治"，还不如说是"规章的统治"。❷王名扬先生认为，行政立法的迅速发展，主要是基于下述原因：（1）议会立法时间不充足；（2）议会通常没有能力对一些高度技术性的立法做出详细规定，只能授权行政机关制定实施细则；（3）出于立法技术的考虑，法律只能做出原则或目的性的限定，并授权行政机关灵活应对；（4）在紧急情况下，立法机关不得不授权行政机关广泛的行政立法权；（5）基于立法试验的目的，立法机关会授权行政机关行政立法权，以积累经验。❸

在我国，行政立法一般是指行政主体按照法定权限和法定程序制定行政法规和行政规章的活动。❹ 到2010年底，我国现行有效的法律为236件，地方性法规860多件，行政法规690多件。❺ 而早在2000年10月底，国务院各部门

---

❶ ［美］戴维·杜鲁门：《政府过程——政治利益与公共舆论》，陈尧译，天津人民出版社2005年版，第487－488页。
❷ 转引自王锡锌、章永乐：《专家、大众与知识的运用——行政规则制定过程的一个分析框架》，载《中国社会科学》2003年第3期。
❸ 王名扬：《英国行政法》，北京大学出版社2007年版，第85－86页。
❹ 按照《立法法》第65条、第80条和第82条的规定，具体而言，行政立法的范围包括国务院制定行政法规，国务院各部各委员会、中国人民银行、审计署和具有行政管理职能的直属机构根据法律和行政法规在自己职权范围内制定规章，以及省、自治区、直辖市、设区市和自治州的人民政府制定规章的立法活动。当然立法法对于行政法规、部门规章和地方政府规章的立法范围作出了一定的限制，例如，在没有法律和国务院行政法规、决定、命令的依据的情况下，部门规章不得设定减损公民、法人、其他组织的权利或增加其义务的规范，不得增加本部门的权力或减少本部门的法定职责。而设区市、自治州的人民政府在制定地方政府规章时，仅限于城乡建设与管理、环境保护、历史文化保护等方面的事项。但事实上，行政立法的范围还是比较广泛的，而且相较于法律而言，往往更具有可操作性，也更能够直接影响公民各方面的实际生活。
❺ 《2011年全国人大常委会工作报告》，载中国人大网，http：//www.npc.gov.cn/npc/xinwen/2011-03/19/content_1648049.htm，最后访问日期：2014年5月21日。

和地方政府制定的规章就已经达到3万多件。❶ 在我国，行政机关的行政立法权主要源自《宪法》和《立法法》的授权，例如，《宪法》规定，国务院有权"根据宪法和法律，规定行政措施，制定行政法规，发布决定和命令。"而按照《立法法》的规定，国务院根据宪法和法律制定行政法规的事项主要包括两个方面：基于执行法律的目的，而需要制定更加细化的行政法规的事项；属于国务院行政管理职权的事项。而本应由全国人民代表大会及其常务委员会制定法律的事项，根据全国人大及其常委会的授权，国务院也可以先制定行政法规，并为全国人大及其常委会的立法工作积累经验。

由此可见，国务院制定行政法规的权力主要源自于宪法和立法法，而不是源自立法机关的授权。与立法机关的立法一样，"行政规则制定是一个运用多重事实与价值知识而进行交涉与选择的过程"。❷ 行政立法的价值目标主要是来自宪法与法律的规定，或是立法机关的授权，但是宪法与法律本身的模糊性和立法机关授权的原则性，都不足以为行政立法提供充分有效的价值知识和立法限制，尤其是面对一些新情况时，宪法、法律根本来不及提供任何标准。而行政机关在事实知识方面又有立法机关所不具备的经验优势，这使得行政机关实际上拥有很大的自由裁量的空间。

除行政立法之外，各级行政机关的其他抽象行政行为也在大量制定行政规则，并为人们的日常生活提供规范资源。❸ 相较于法律而言，行政机关制定的行政规则更加接"地气"，与人们的现实生活联系更加紧密，对公民日常生活、社会利益和权力结构的影响更加直接。因此，接近行政机关对于各种社会权力而言，具有极其重要的意义。

宪法、法律、行政规则（包括行政立法和其他抽象行政行为产生的规则）提供的价值导向和发展目标，在本质上影响着社会利益和社会权力的结构安排，而具体行政行为则是在量的层面影响着社会权力的利益结构。因此，通过

---

❶ 侯淑雯：《论我国行政立法的体制改革和制度完善》，载《东方法学》2012年第4期。

❷ 王锡锌、章永乐：《专家、大众与知识的运用——行政规则制定过程的一个分析框架》，载《中国社会科学》2003年第3期。

❸ 抽象行政行为包含行政立法，但是外延上要大于行政立法，主要是指行政机关针对非特定主体制定的，对后发生法律效力并具有反复适用力的规范性文件的行为。从特征上说，非特定人是相对特定人而言的；对后发生法律效力是指其效力及于未来；可以反复适用是指可以不止一次地适用该规范性文件，符合上述三个条件才能称为抽象行政行为。参见马怀德：《将抽象行政行为纳入行政复议的范围——规范和监督政府行为的重要途径》，载《中国法学》1998年第2期。

对具体行政行为施加影响，可能为社会权力在立法和行政立法过程中的失败赢得一定程度上的转圜余地。更何况，行政规则的产生与具体行政行为之间并不存在绝对的障碍。具体行政行为过程中形成的行政惯例，可能在一定范围和时间内对此后的行政行为产生重要的影响。遵循先例并非是司法过程独有的特点，法国社会心理学家塔德曾经指出，人类是一种模仿动物，当他们模仿的是他们的祖先时，就产生了习俗或惯例；当他们模仿邻人时，就形成了时尚和潮流；当他们模仿自己过往的经验时，就形成了惯习。作为一种心理上的力量和规律性行为模式，模仿是法律发展中的一个恒常因素，一如它是所有人类制度发展进程中的一个恒常因素。❶ 在行政过程中，对于特定问题（尤其是一些影响广泛的或者具有典型性的问题）的行政处理措施，如果被普遍认为是成功的，就有可能被提炼为经典案例并推而广之，从而具有了事实上的规范性，甚至最终可能被固化为正式规则。因此，对行政过程施加影响（无论是抽象行政行为还是具体行政行为），对于社会权力而言具有重要的意义。

二、社会权力参与执法过程的具体形式

（一）借助行政立法的民主程序施加影响

如前文所述，无论是宪法、法律，还是立法机关的授权，都不足以为行政机关提供充分的价值知识，因为授权多数时候都是原则性的和不明确的，不能构成清楚有效的指导和约束。而面对一些新的社会问题，立法机关甚至根本就没有能力（因为信息和经验的缺乏）或来不及为行政机关提供明确指导。这种现状导致行政机关不得不在诸多情况下运用自身的价值判断为社会提供规范资源。为了避免行政机关因自身利益与偏好的局限而偏离公益和正义，并满足公众对行政行为正当性的心理期待，行政机关的必然选择是模仿立法机关的立法程序，通过民主参与来提升行政立法的合法性。

例如，2001年国务院制定的《行政法规制定程序条例》（2002年1月1日实施，2017年12月22日修订）规定（第12、19、20、21、22条），在行政

---

❶ 转引自［美］罗斯科·庞德：《法理学》（第一卷），邓正来译，中国政法大学出版社2004年版，第327页。

法规起草的过程中，相关负责的国务院部门或者法制机构"广泛听取有关机关、组织和公民的意见。听取意见可以采取召开座谈会、论证会、听证会等多种形式"。在行政法规送审稿的审查阶段，对于某些重要的送审稿，报国务院同意之后，可以向社会公开发布，并征求意见。如果"行政法规送审稿涉及重大、疑难问题的，国务院法制机构应当召开由有关单位、专家参加的座谈会、论证会，听取意见，研究论证"，"行政法规送审稿直接涉及公民、法人或者其他组织的切身利益的，国务院法制机构可以举行听证会，听取有关机关、组织和公民的意见"。2001年国务院制定的《规章制定程序条例》（2002年1月1日实施，2017年12月22日修订）也有与上述规定相似的程序要求。

尽管上述两个条例包含了"可以""重要""重大"等有弹性的立法语言，但至少也是将民主的游戏规则引入了行政立法过程，并为各种社会权力施加影响和表达利益提供了机会，也为行政立法提供了合法性论证。1990年，美国国会通过了《协商规章制定法》（Negotiated Rulemaking Act of 1990），建立了一种协商制定规章的程序框架，目的是为那些受到政府规章显著影响的各方提供面对面协商和合作的机会，实现各方在信息、知识、专业技术方面的交流和共享，从而提高政府规章的可接受性和实质合理性。根据该法案的规定，政府机构有权建立协商规章制定委员会，并为其提供行政支持。在规章制定委员会中，政府的代表与其他委员会成员具有相同的权利与责任，各方协商的目的是在不同利益之间达成一致同意。当然，规章的协商制定程序并非一个独立的行政立法程序，而是美国行政程序法规定的"通告—评论"程序的补充，如果协商委员会能够形成一致同意，行政机关一般应采纳合意的规章作为拟议规章，然后进入通告—评论程序。❶ 尽管不是完整和独立的行政立法程序，但是规章协商制定程序还是为社会权力影响行政立法提供了重要的机会，也为其他国家行政规则的制定提供了可供借鉴的程序范例。

（二）借助政党施加影响

一般的利益集团无法直接决定法律和政策，而政党则需要利益集团提供政治和资金支持，两者具有天然的合作倾向。政党和其他利益集团通过选举制度而相互关联，通过支持政党或者特定候选人胜选，"利益集团能够建立一个更

---

❶ 沈岿：《关于美国协商制定规章程序的分析》，载《法商研究》1999年第2期。

加有利于它们所关心的议题的政府;通过支持候选人,利益集团能够建立一种有利于游说的融洽关系"❶。例如,在美国的总统选举中,向总统候选人捐款一直是利益集团影响总统选举的重要方式。1907年以来,历次的选举法案改革都力图对于选举捐赠进行法律规制,但是这些法律漏洞太多,执行的也并不严格。1974年《联邦选举法案》的修正案,要求公开超过200美元的所有捐赠。但是该法案允许利益集团组织政治行动委员会,并允许其向集团成员募捐。如果是工会或公司,则可以向雇员或股东募捐,积少成多,政治行动委员会通常可以聚集大量支票(募捐的支票是捐款人直接开给候选人的),从而为利益集团支持的候选人提供重要的资金支持。❷ 此外,《联邦选举法案》修正案还允许政党代表大会举办城市的企业向大会提供折扣商品,于是,赞助政党会议也成为影响总统选举的重要方式。除了上述两种形式外,近年来,美国利益集团还通过提供民意调查服务的方式提供变相的捐款。民调是总统选举的指示系统,能够为候选人提供重要的竞选信息。通过为候选人提供这种花费不菲的信息服务,利益集团也会赢得候选人的尊重和感谢。❸

利益集团的成员数量也是它的重要资本,因为这意味着大量的选票。当然除了金钱和大量成员以外,利益集团动员其内部力量(成员)的能力也是重要的资本,通过良好地组织,通过写信、发电报、打电话和组织政治活动也能够为候选人带来大量的选票。❹ 1996年,美国联邦最高法院在司法解释中指出,任何团体和个人可以通过各种广告就竞选中的议题发表主张,但是不能直接鼓动选民支持或反对特定候选人,不能使用特定的词语,如支持某某、击败某某等,这种广告开支不属于选举开支,不受《联邦选举法案》的限制。进

---

❶ [美] 杰弗里·M. 贝瑞、克莱德·威尔科克斯:《利益集团社会》,王明进译,中国人民大学出版社2012年版,第115页。

❷ [美] 杰弗里·M. 贝瑞、克莱德·威尔科克斯:《利益集团社会》,王明进译,中国人民大学出版社2012年版,第118-119页。

❸ 林宏宇:《白宫的诱惑——美国总统选举政治研究(1952—2004)》,天津人民出版社2006年版,第77-78页。

❹ [美] 诺曼·杰·奥恩斯坦、雪莉·埃尔德:《利益集团、院外活动和政策制订》,潘同文、陈永易、吴艾美译,世界知识出版社1981年版,第83-85页。

入21世纪以来,议题宣传已经成为利益集团影响总统选举的重要战略。❶

(三) 借助人员交流施加影响

如前文所述,法律系统(包括立法机关、行政机关、司法机关、法律监督机关)和其他社会系统之间可能存在经常性的、双向的人员交流。例如,2013年,教育部就会同司法部等部门联合下发了一个通知,通知中做出了一个重要决定,即从2013年开始实施法科高校与法律实务部门人员互聘的"双千计划"。出于对特定社会领域专业知识的需要,行政机关会聘用或临时借调社会系统的工作人员。而社会系统也经常聘用具有政府工作经验的人员,两种系统之间人员的身份序列的变化和交流为社会权力接近行政过程提供了机会。社会系统与政府系统之间的人员交流已经成为重要的常规性的政治现象,几乎存在于行政系统的所有层次。而"行政官员的录用来源,特别是那些具有自主处置权的官员的录用来源,对不同利益集团接近行政机关产生了一定的影响"❷。

例如,美国小布什政府中,布什本人曾经涉足石油业,副总统切尼曾经经营哈利伯顿能源公司,财政部长曾经任职兰德公司(美国最重要的军事、政治战略思想库之一)董事长,海军部长曾是通用公司的前副总裁,空军部长曾是格鲁曼公司(美国著名军火公司)的前执行官。❸ 这些官员都是带着自身的利益偏好进入公共职位的,尽管已经放弃了之前的利益集团身份,但却依旧是同路人。即使是那些之前不具有利益集团身份的行政官员,有限的任期使得他们不能确定是否能够在政府中长期维持自己的职位,为未来考虑,他们也有必要与特定利益集团保持良好关系。

在我国,在中国共产党的统一领导下,行政机关与人民政治协商会议、国有企业、人民团体、民主党派、教育机构等社会系统之间也存在常规化的人员交流(双向的)。一方面,这种人员交流有利于政府联系各种社会权力,团结

---

❶ [美] 杰弗里·M. 贝瑞、克莱德·威尔科克斯:《利益集团社会》,王明进译,中国人民大学出版社2012年版,第121-122页;林宏宇:《白宫的诱惑——美国总统选举政治研究(1952—2004)》,天津人民出版社2006年版,第80页。

❷ [美] 戴维·杜鲁门:《政府过程——政治利益与公共舆论》,陈尧译,天津人民出版社2005年版,第488页。

❸ 黄璐:《马克思主义视阈内美国利益集团与政府互动研究》,河北师范大学2013年博士学位论文,第93页。

一切可以团结的力量,从而更加充分地代表广大人民群众的利益需求;另一方面,这种现象也为社会权力接近行政机关提供了重要的机会,这一影响过程的实现主要是借助知识完成的。

(四) 借助政府与社会的合作机制施加影响

自 2004 年党的十六届四中全会提出"社会管理创新"以来,关于社会治理创新的发展方向已经越来越清晰,那就是政府在社会治理中虽然依旧发挥着主导性作用,但却不再是社会治理的唯一权力中心。事实上,这也是顺应了世界范围内政府"治道变革"的整体趋势,即政府与社会力量合作治理的日益常规化与制度化。

20 世纪 70 年代以来,合作主义以新的形式重新获得政治机会,一度成为欧洲政治领域的一个重要制度。作为一个政治性的术语,合作主义主要是指一种特殊的决策过程,主要涉及公共决策及其执行,在其最初的也是最重要的政治实践中,主要是工会组织(代表工人或其他雇员或劳动者阶层)与雇主(资本拥有者)协会,在涉及各方重要利益的公共政策的制定和执行过程中,在政府设定的程序框架之下进行三方协商,完成利益的整合与协调,以寻求各方都可以接受的公共政策的一种制度框架。因此,本质上,合作主义是一种政府与社会合作的制度化模式,内含以下理念:政府与利益集团之间、利益集团相互之间的信守契约与诚实合作理念;公共政策的(利益)广泛代表性的理念;利益集团内部成员遵守纪律和服从管理的理念;公共决策过程的广泛参与的理念。在合作主义的体系下,各种主要的社会集团或利益组织——劳工、商业、农民、军队、种族、宗教性的组织或团体被整合进政府的决策协商体系。作为回报,这些利益集团通常在领袖选择和内部决策方面接受政府一定程度的控制,并且许诺自己的成员将配合自己参与制定的政策的实施。随着社会的发展,现代合作主义的一个重要发展趋势,是行业逐渐代替阶级或阶层的组织作用,行业性的利益团体成为合作决策越来越重要的力量,此外,代表各种特殊群体利益的团体也逐渐发展起来,多元化的利益团体在参与社会合作、向国家层面传输社会利益方面发挥着越来越重要的作用。

合作主义只是一种最为系统化和常规化的政府与社会合作的宏观制度框架,除此之外,政府与社会合作的其他形式还存在于诸多层面。这一方面反映了法律系统对自身认知能力的有限性的系统反思,另一方面也反映了法律系统在征募社会力量实现社会管理方面的不断努力。这种公私合作的发展趋势,也为社会权力影响行政决策提供了机会。

除了上述途径之外,政治协商制度、个人之间的联系、利益集团本身掌握的专业知识也在一定程度上为社会权力接近行政过程提供了机会。当然,由于社会权力的存在形式、组织性的差异、掌握资源的不同,有些情况下,社会权力可能缺乏直接接近行政过程的机会。这时,从外部施加压力则成为一种重要的策略,例如,组织游行示威、请愿、抗议,同时结合各种媒体影响舆论,往往也能对行政过程产生重要的影响。

社会权力施压性的集体行动形式多样,以厦门PX(2007年)和大连PX(2011年)事件为例,市民为了保护大家共同的利益(生存环境的安全),自发采用短信、互联网平台相互团结(甚至都没有明确的组织者和领导者),并通过"集体散步"等方式对政府施压,并最终成功地影响政府决策。[1]集体散步尚属于温和与克制的施压形式,近年来其他一些更为激烈的集体施压行为,如集体上访、游行示威,甚至冲击围堵政府机关,强度和数量都有不断增加的趋势,这已经成为危害社会稳定的主要因素。传统理解模式——"不明真相的群众、少数坏人进行煽动的不法行为"已经不足以有效说明日益增多的群体性事件。更多情况下,群体事件的主要原因可能是政府的封闭和单方决策导致的信息和权力不对称,堵不如疏,提高政府决策的参与程度和信息透明度,为社会权力提供更多制度化的行政参与途径,才能实现政府与社会权力的良性合作。当然,在一些更加极端的情况下,社会权力也可能会谋求相互联合,以求推翻现有的政府,并建立代表自身利益的政府。

第三节 社会权力对司法过程的参与

与立法和行政过程一样,司法机关的决策也能够左右社会利益结构的重要变迁。因此,"从一开始,司法机关就是政策斗争和权力斗争的组成部分,司

---

[1] 宋迎法、王玉:《非制度化政治参与原因探究——以厦门PX事件为例》,载《北京工业大学学报(社会科学版)》2012年第1期;晏庆盛:《谁为大连PX项目决策失误负责》,载《检察日报》2011年8月17日,第5版。

法机关也必然成为利益集团接近的对象，就像其他政府机关一样"❶。如果在立法或行政权力体系中影响力减弱，那么通过司法过程巩固自身的权力，也是社会权力的一种重要策略。与其他国家机关相比，在放弃既定规则或者既定的影响模式时，法院表现得往往更保守，行动更迟缓，这往往被视为一种美德，而这也为在立法或行政机关中失败的政治利益集团提供了机会。

一、参与司法过程对于社会权力的意义

现代法治社会中，存在一种根深蒂固的期望，或者是一种法治的神话，即司法应当与政治撇清关系。与政治过程讲究权力斗争不同，司法工作主要是一项科学，非政治性和超然中立是司法的基本品性，而以政治为取向则意味着司法正当性的终结。"去政治化似乎成了……学界讨论司法问题时唯一'政治正确'的选择。"❷ 但实际上，司法永远无法摆脱自身的政治面相，❸ 即使是在三权分立体系最为完善的美国，"联邦最高法院既是一个政治机构又是一个司法机构"也不是什么耸人听闻的丑闻。❹

托克维尔早就告诉世人，在美国，"简直是没有一个政治事件不是求助于法官的权威的……法官在美国是很强大的政治势力之一……法官好像只是偶然干预公共事务，但是这种偶然性却是天天出现"❺。事实上，这已经是现代民主法治国家的一个共同特征，差别只在于干涉程度不同（由于不同政治结构中司法机关的权力安排的差异所致）。反之亦然，任何一个司法问题，也都有可能演变为政治问题，法院的司法解释或是判决很有可能会对未来多年的政

---

❶ [美] 戴维·杜鲁门：《政府过程——政治利益与公共舆论》，陈尧译，天津人民出版社2005年版，第522页。

❷ 周赟：《政治化：司法的一个面向——从2012年"涉日抗议示威"的相关案件说起》，载《法学》2013年第3期。

❸ 有学者指出，基于以下原因，司法与政治之间的密切联系是不以人的意志为转移的客观事实：司法权是政治权力的组成部分；司法本身就是政治的创造物，司法部门归根结底是国家政权机关的一个部门；司法的结构和布局是政治需要的对应物；司法是政治过程的一个环节；政治力量决定着司法机构的人员组成；司法承载着重要的政治功能；主流政治意识形态实际影响着司法的运作过程；司法权离不开政治力量的支撑和保障。参见江必新：《正确认识司法与政治的关系》，载《求是》2009年第24期。

❹ [美] H. W. 佩里：《择案而审——美国最高法院案件受理议程表的形成》，傅郁林、韩玉婷、高娜译，中国政法大学出版社2010年版，引言，第3页。

❺ [法] 托克维尔：《论美国的民主》（上卷），董果良译，商务印书馆2010年版，第109页。

治、经济发展产生至关重要的影响。

司法过程是政治过程的一个环节，而权力互动恰恰是政治现象的核心特征。许多学者强调正是权力将政治与其他人类行为区分开来，政治研究实际上等同于权力分析，正是在这个意义上，拉斯韦尔和卡普兰主张"作为一种经验学科，政治科学研究权力的形成与分享"。❶ 因此，理解司法过程，也绕不开对社会权力的分析，利益集团无法忽视或远离司法过程，而司法过程也必然处在政治利益集团的议程表中。尽管"利益集团与法官之间的关系不同于利益集团与议院或行政官员的关系，但这种差异只是程度上的差异，而不是类别上的差异"❷。社会权力关注司法活动的原因不难理解，法院拥有很大的自主权力（例如，案件解决时的自由裁量权、司法解释权和违宪审查权等），司法权力的运作也能够对社会利益的结构安排产生重要影响。

与行政机关一样，司法机关的自主权主要源自法律本身的模糊性，很少有法律仅有一种解释。之所以出现这种现象，部分情况是因为立法者的粗心或者无能为力造成的，而更多情况是出于有意识的技术性考虑：（1）如前文所述，立法者的认知能力以及掌握的信息，经常与立法任务的需求不对称，立法者无法知悉或预测法律运作的具体环境和细节，而只能通过模糊性的立法语言加强法律的适应能力；（2）立法过程背后总是充满相互矛盾的利益需要，立法者为了协调冲突，避免各种社会压力，有时必须采用相对模糊的法律语言，以获得广泛的认可。因此，就像行政机关对法律的灵活运用，司法机关在解释和适用法律时也具有很大的自主性。

二、社会权力参与司法过程的具体形式

（一）借助司法解释的制定程序施加影响

在我国，最高人民法院拥有制定司法解释的权力，不同于案件审判过程中的具体的法律解释，最高人民法院的司法解释是有法律效力的抽象规范，

---

❶ [美]哈罗德.D.拉斯韦尔、亚伯拉罕.卡普兰：《权力与社会：一项政治学研究的框架》，王菲易译，上海人民出版社2012年版，第5页。

❷ [美]戴维·杜鲁门：《政府过程——政治利益与公共舆论》，陈尧译，天津人民出版社2005年版，第519页。

具有立法特征，司法解释已经成为司法自主权的最重要的来源。根据最高人民法院2007年实施的《最高人民法院关于司法解释工作的规定》（2021年6月8日修正），对于人民法院在审判工作中具体应用法律的问题，最高人民法院有权做出司法解释，最高人民法院的司法解释具有法律效力，可以作为各级人民法院审理案件的依据。

最高人民法院的司法解释当然受立法精神的制约，但是这种制约非常抽象，最高人民法院事实上拥有极大的自主权力，而且最高人民法院的司法解释可以作为法院审理案件的直接依据，因此，司法解释具有立法特征。为了满足公众对司法解释的正当性的心理期待，在一定程度上提高司法解释制定过程的民主参与也是一种必然的要求。《最高人民法院关于司法解释工作的规定》第10条规定了最高人民法院司法解释的立项来源，其中包括"全国人大代表、全国政协委员提出制定司法解释的议案、提案；有关国家机关、社会团体或者其他组织以及公民提出制定司法解释的建议"。该规定历史性地明文确立了社会团体或者其他组织以及公民都可以推动制定司法解释的立项的权利。而上述规定第17条则规定："起草司法解释，应当深入调查研究，认真总结审判实践经验，广泛征求意见。涉及人民群众切身利益或者重大疑难问题的司法解释，经分管院领导审批后报常务副院长或者院长决定，可以向社会公开征求意见。"这些程序设计都为社会权力接近司法过程提供了机会。

（二）借助诉讼参与施加影响

即使不能影响司法解释的制定这一准立法性质的程序，通过具体案件和具体的诉讼，利益集团也能达到表达利益和影响法律决策的目的。在我国，利益集团可以通过支持诉讼的方式，或是自己提起诉讼的方式，或者通过陪审员制度达到影响司法过程的目的。❶ 即使法院的判决并不构成正式的法律渊源，不能作为以后法院判决的直接依据，但却依然会对以后法院的判决产生重要的示范性作用，所以个案的审理一样能够影响社会利益结构的变迁。如果特定的案例成为最高人民法院发布的指导性案例，则能够产生更为广泛的影

---

❶ 例如，《中华人民共和国民事诉讼法》第15条规定："机关、社会团体、企业事业单位对损害国家、集体或者个人民事权益的行为，可以支持受损害的单位或者个人向人民法院起诉。"《中华人民共和国行政诉讼法》第2条规定："公民、法人或者其他组织认为行政机关和行政机关工作人员的具体行政行为侵犯其合法权益，有权依照本法向人民法院提起诉讼。"

响。换言之，今天的司法过程已经逐渐成为一种特殊的政治论坛，就像20世纪后期的美国那样，"诉讼逐渐成为团体组织可能借以参与决定公共政策的一种工具。它不再那么专门地被看作是基于公认的规则维护个体权利要求的一种方法"❶。

在判例法国家，或者在那些司法机关享有违宪审查权力的国家，司法机关在影响社会利益结构变迁方面具有更大的影响力。例如，"美国的法院是司法机关，但它也已经不仅仅在司'法'，同时也在司'政'，它把一些政治问题转化为法律问题后再用法律的手段加以解决"❷。法院不仅仅是"定分止争"的仲裁者，也是社会变革的重要推动者，特别是美国联邦最高法院掌握着宪法解释的权威话语权，这些特征使得政治利益集团极度关注司法活动，也更愿意通过影响司法活动达到巩固自身权力的目的。

（三）借助政党施加影响

如前文所述，司法也是政治过程的一个环节，不可避免地具有政治面相。尽管在司法独立制度较为完善的国家，与政党对立法和行政的全面控制不同，司法权力的运作具有独立于政党的较大的自主空间。例如，在美国，"法官在任职之后不得兼职行政或任议员，不得以政党党员的身份参与司法过程或从事公开的政党活动，形式上在各种党派之间恪守'中立'"❸。但实际上，"政党政治因素对司法审判的影响依然是广泛存在的。只要国家利益、政治利益需要，每个国家都有一套各具特色的影响方式，都可以通过一定的运作达到政党政治因素影响司法审判的目的"❹。

例如，根据美国宪法的规定，联邦法官需要总统任命，并由参议院批准。而总统选择未来联邦法官时，一般都会考虑以下五个因素：客观的职业上的表现（包括司法经验）；政治上的可接受性；意识形态的"合适性"；其个人对

---

❶ [美] 诺内特、塞尔兹尼克：《转变中的法律与社会：迈向回应型法》，张志铭译，中国政法大学出版社1994年版，第107页。

❷ 马岭：《德国和美国违宪审查制度之比较》，载《环球法律评论》2005年第2期。

❸ 封丽霞：《政党与司法：管联与距离——对美国司法独立的另一种解读》，载《中外法学》2005年第4期。

❹ 卓英子：《中国与法国司法审判中的政党政治因素比较研究》，载《政法论丛》2007年第5期。

于总统的"魅力";地理的、宗教的、种族的、性别的和其他社会政治背景。❶因此,联邦法官的任命必然反映执政党的意向,而联邦最高法院的大法官通常能够把持职位十数年,即使在此后的总统选举中失败,联邦法院也可以在较长一段时期内保持该党派的政治影响力。因此,"在总统的各项任命中,没有任何其他任命对政府的长期影响能与法官、尤其是联邦法院大法官的任命相比拟。总统把本党的代言人送进法院,就等于获得了向全社会行之有效地灌输本党政策和主张的机会"❷。当然,通过这种方式影响司法过程存在诸多变数,因为法官任命并不一定能够保证政党或利益集团对司法过程的控制。历史证明,即使曾同属一个政党,依然有相当一部分法官与总统背道而驰。

例如,杜鲁门总统曾经抱怨,"无论什么时候,只要你把一个人送到最高法院,他就不再是你的朋友了"。而著名大法官霍姆斯面对自己的任命者罗斯福总统的批评,也毫不留情地回击:"你需要的是偏袒,而不是正义。但是在我的职责中,我才不管你或罗斯福先生想要什么。"❸ 之所以出现这种情况,主要是基于以下原因:对法官角色的普遍期望会影响法官自身的角色定位,这将迫使法官改变自己,并保持恪守中立的正义形象;在美国,政党与党员之间联系松散,政党对党员缺乏充分的控制能力;一系列保障司法独立的制度,也确保了法官的独立性,例如,美国宪法第 3 条规定的联邦法官的终身制,任职期间不得被减薪的规定;在美国,民众对司法的支持使得法官尤其是最高法院的法官深具贵族气质,对抗政府或立法机关甚至会有助于其历史地位的提升。❹ 因此,尽管在 20 世纪八九十年代,"国会中的共和党与民主党越来越迎合他们各自的选举基础:包括保守和开明的利益团体,这些团体非常关心大法官的提名,因为最高法院在堕胎和宗教等诸多问题上否决了他们的极端主张,他们为此对最高法院的发展方向深感不安",但是整体而言,"大法官的提名

---

❶ 宋冰编:《读本:美国与德国的司法制度及司法程序》,中国政法大学出版社 1998 年版,第 147 页。

❷ 封丽霞:《政党与司法:管联与距离——对美国司法独立的另一种解读》,载《中外法学》2005 年第 4 期。

❸ [美] 亨利·J. 亚伯拉罕:《法官与总统》,刘泰星译,商务印书馆 1990 年版,第 60－61 页。

❹ 封丽霞:《政党与司法:管联与距离——对美国司法独立的另一种解读》,载《中外法学》2005 年第 4 期;[美] 葛维宝:《法院的独立与责任》,葛明珍译,载《环球法律评论》2002 年春季号。

之争对最高法院的整体平衡影响甚微"。❶

相较之下，中国共产党作为执政党对司法机关的影响要更加深入和广泛，司法机关内部存在与司法体系直接融为一体的党组织体系，这种体制安排保证了中国共产党对司法工作的全面领导。1957年中共中央在批转最高人民法院和司法部党组《关于司法工作座谈会和最高人民法院的反右斗争情况的报告》中规定，"全部审判活动都必须坚决服从党委的领导和监督；党委有权过问一切案件"。直到1979年《中共中央委员会关于坚决保证实施刑法、刑事诉讼法切实实施的指示》，才取消了各级党委审查批准案件的做法，并明确指出："今后，加强党对司法工作的领导，最重要的一条，就是切实保证法律的实施，充分发挥司法机关的作用，切实保证人民检察院独立行使检察权，人民法院独立行使审判权，使之不受其他行政机关、团体和个人的干涉。……党委和司法机关各有专责，不能相互代替，不应相互混淆。"

而根据2005年《中共中央关于加强和改进党对政法工作领导的意见》的规定，各级党委政法委是党领导和管理政法工作的职能部门，负责领导、监督、协调、管理、指导、服务政法工作的职能。具体而言，各级党委政法委负责政法干部队伍的管理，负责协助党委和组织部门管理政法部门的领导班子和干部的任免，以及候选人的遴选。此外，政法委还负责加强和改进政法工作的调研，以及完善司法监督（预防和遏制司法腐败）。最后，政法委还负责政法部门领导干部和工作人员的思想建设，"坚定的理想信念是政法队伍的政治灵魂。必须把理想信念教育摆在政法队伍建设第一位，不断打牢高举旗帜、听党指挥、忠诚使命的思想基础，坚持党的事业至上、人民利益至上、宪法法律至上，永葆忠于党、忠于国家、忠于人民、忠于法律的政治本色"❷。由此可见，中国共产党是推动新中国司法建设和司法发展的主要力量，党对司法工作的领导全面而深刻，领导范围从行为到思想，从人事到监督，全方位的领导能够保证司法机关的工作与党的方针政策保持一致。

现代民主政治中，政党的权力往往兼具社会权力和国家权力的双重属性

---

❶ [美]杰弗里·罗森：《最民主的部门：美国最高法院的贡献》，胡晓进译，中国政法大学出版社2013年版，第3页。

❷ 参见2014年中央政法工作会议上习近平主席《坚持严格执法公正司法深化改革 促进社会公平正义 保障人民安居乐业》的重要讲话，载中国长安网，http://www.chinapeace.org.cn/2014-01/08/content_10073085.htm。最后访问日期：2014年6月4日。

（尤其是有能力成为执政党的政党），其本身构成了连接国家与社会的重要中介和渠道。因此，通过影响政党（加入政党、与政党结盟或者为政党提供各种支持等方式）影响国家政治，社会权力就获得了影响法律系统（包括司法过程）的重要方式和渠道。

除却上述三种途径，通过个人关系影响司法，当然也是政治利益集团接近司法过程的重要方式。但是与立法过程相比，司法过程中的这种个人联系，往往被认为更加不可接受，并有碍公正、廉洁、为民的法官职业道德。况且，回避制度的存在，也有助于降低这种影响方式的效果。正如我国《法官职业道德基本准则》第8条规定的那样，法官应当"坚持和维护人民法院依法独立行使审判权的原则，客观公正审理案件，在审判活动中独立思考、自主判断，敢于坚持原则，不受任何行政机关、社会团体和个人的干涉，不受权势、人情等因素的影响"。所以，通过个人联系影响司法虽然重要（甚至经常会决定性地影响司法结果），但主要还是一种见不得光的途径。

（四）借助外部压力施加影响

司法过程对于社会权力的影响设置了诸多程序限制，因此，对于司法过程而言，通过舆论施加外部影响，可能具有更好的效果。通过媒体（无论是传统媒体还是网络）左右舆论，可以达到对司法机关施压的目的。尽管司法机关可能有一些措施抵制舆论压力，例如，《法官职业道德基本准则》第12条规定："认真贯彻司法公开原则，尊重人民群众的知情权，自觉接受法律监督和社会监督，同时避免司法审判受到外界的不当影响。"但是这种抽象规定并无多少实际效果，也并不能使法官抵制社会舆论的强大压力，法官个人并不因为穿上法袍就能超然世外，他们依旧是生活在社会中的普通人，也有自己的家庭和朋友，他们同样不能冒天下之大不韪，司法判决被舆论左右的情况并不少见，即使是最高人民法院也不例外。

2001年12月20日，国务院公布《计算机软件保护条例》，与此同时，国务院1991年发布的《计算机软件保护条例》同时废止。根据1991年条例的规定（第22条），"因课堂教学、科学研究、国家机关执行公务等非商业性目的的需要对软件进行少量的复制，可以不经软件著作权人或者其合法受让者的同意，不向其支付报酬。"而新条例则对此做出修正（第17条），"为了学习和研究软件内含的设计思想和原理，通过安装、显示、传输或者存储软件等方式使用软件的，可以不经软件著作权人许可，不向其支付报酬。"也就是说，按照新的规定，除非是针对软件本身的研究，否则即使是因科学研究、课堂教学或国家机关执行公务等公益性的非商业目的的需要，未经著作权人授权而对计算机软件进行少量复制，也属违法行为。新条例颁布之后，尽管人们普遍赞成保护计算机软件著作权，但是同时社会各界也普遍认为新条例超越了国情，超越了 WTO 的保护标准，因为即使是在一些发达国家，也主要是以盈利或商业目的作为界定侵权的标准。[1]

事实上，新条例出台前夕，多位中青年学者就曾联合发表《合理保护软件知识产权呼吁书》，提出新条例超越我国的发展中国家的事实和我国的科技发展水平，呼吁摒弃对计算机软件著作权的超 WTO 保护，该文引起普遍的关注。2002 年 1 月，寿步、王俊秀、方兴东等主编的《我呼吁——入世后中国首次立法论战》一书，对上述呼吁书以及网上的系列文章进行汇总。在 2002 年北京的软件保护条例讨论会上，该书的观点获得了与会法律工作者的赞同。2002 年 3 月，第九届全国人大第五次会议和第九届全国政协第五次会议期间，部分人大代表和政协委员开始建议由最高人民法院发布司法解释，以搁置国务院新条例对计算机软件的过度保护。

在广泛的社会压力下，2002 年 10 月，最高人民法院制定了《最高人民法院关于审理著作权民事纠纷案件适用法律若干问题的解释》，根据该司法解释第 21 条的规定，"计算机软件用户未经许可或者超过许可范围商业使用计算机软件的，依据著作权法第 47 条第（一）项、《计算机软件保护条例》第 24 条第（一）项的规定承担民事责任"。从而重新将计算机软件侵权责任限定在商业使用的范围，大大缩小了打击范围。

综上所述，司法作为国家权力的重要组成部分，不可避免地会被卷入政治过程，法院在解释和适用法律时的自由裁量权，能够在一定程度上对立法机关的立法或者行政立法进行事实上的矫正。因此，司法机关也必然被各种社会权力列入自己的议事日程。但是，与立法过程和行政过程相比，司法过程对于利益集团的影响控制得更加严格，社会权力影响司法的努力往往具有更大的不确定性和不可预测性，这种不确定性往往取决于司法独立的制度保障和民众对法

---

[1] 俞梅荪、王俊秀、方兴东、赵岩：《立法的社会论争和民间游说与司法互动——我国宪政民主制度的新尝试》，载《法律文献信息与研究》2004 年第 1 期。

院权威的认可和支持。❶

事实上，随着人民法院改革的不断深化，为了使每一位公民能够从每一个司法案件中感受到公平正义，并逐步实现司法为民、公正司法、提高司法公信力的目标，建立开放透明的阳光司法体制已经成为中国特色社会主义审判权力运行体系的重要组成部分，这也意味着普通的公民和社会主体将有机会获得更多的司法信息，也能更加有的放矢地对司法过程进行监督与批评。2015年2月26日，最高人民法院通报发布《关于全面深化改革的意见》，该意见明确提出，"建立中国特色社会主义审判权力运行体系，必须依靠现代信息技术，构建开放、动态、透明、便民的阳光司法机制，增进公众对司法的了解、信赖和监督"。随着司法信息的全面公开，社会权力对司法过程的影响途径也将更加多元化，当然，社会舆论与司法公正的关系也将继续成为讨论的热点。

到目前为止，本书所论述的司法机关，主要是指法院。对于国内法学界而言，"警察权是行政权，审判权是司法权，两点均成定说"❷。也就是说，人民法院属于司法机关，并无争议，至于人民检察院是否属于司法机关，则存在不同的声音。目前的主流观点是"'中国式'司法应为国家的诉讼职能活动，司法机关应为法院、检察院"❸。甚至有学者认为，检察机关不仅事实上拥有司法权力，而且"中国宪法和检察院组织法所确立的检察机关的法律监督地位，则决定了检察机关有权对法院的审判活动实施法律监督，它所行使的司法权不

---

❶ 2005年，在一起著名的死亡权案件中（特里·夏沃当时处于植物人状态，能独立呼吸，但需靠进食管维持生命，其丈夫迈克尔向法院提出申请，主张特里希望终止治疗）。美国参议院专门通过了一项针对个人的救济立法，使其父母有权利到联邦法院为她主张宪法权利。众议院也于次日通过该法案，而时任美国总统布什也提前终止休假，赶回白宫签署了该法案。尽管国会和总统积极干预，负责重审该案的联邦法院依然维持了佛罗里达州法院的原初判决，即同意特里丈夫迈克尔的请求，拔除特里的进食管。随后几天，联邦上诉法院与最高法院也拒绝重审此案。在拔除进食管后，2005年3月，特里离世。面对国会和总统的强大压力，美国联邦法院并未屈服，而事后哥伦比亚广播公司的民意调查显示，82%的美国人不赞成国会的行动，并反对总统介入该案。这说明，司法独立的传统和民众对于司法权威的认同，在很大程度上决定了司法机关的抗压能力。但是，不是任何国家和地区都具备这些条件，因此不同国家的法院在面对社会压力或政治压力时，可能会做出完全不同的反应。当然，这些不同的反应在很大程度上也取决于人们对于法院角色的不同预期，一部分人认为法院应当充当现状的保守的维护者，另一部分人认为法院应当充当社会变革的积极能动的参与者。参见[美]杰弗里·罗森：《最民主的部门：美国最高法院的贡献》，胡晓进译，中国政法大学出版社2013年版，第1-2页。

❷ 龙宗智：《论检察权的性质与检察机关的改革》，载《法学》1999年第10期。
❸ 陈光中、崔洁：《司法、司法机关的中国式解读》，载《中国法学》2008年第2期。

仅十分重要，甚至还略微高于法院所行使的审判权"[1]。因此，需要说明本书从法院的角度分析社会权力对司法过程的影响，并不是否定检察机关的司法性质，也不是认为检察机关的重要性低于法院。本书的这种安排主要是基于分析的便利性：一方面，法院的审判权作为一种司法权力，不存在任何争议，也就是说法院是最为典型的司法机关；另一方面，这种结构安排也更符合人们对于国家权力分类的传统理解（即立法、司法和行政权力）。

事实上，社会权力影响法院的方式与策略也基本上适用于检察机关，例如，按照1981年《全国人大常委会关于加强法律解释工作的决议》的规定，我国最高人民检察院也有制定司法解释的权力，而2006年《最高人民检察院司法解释工作规定》第6条规定："全国人大代表、全国政协委员提出制定司法解释的议案、提案。"第13条规定："司法解释意见稿……必要时可以征求其他有关部门及专家意见，征求意见应当附函说明情况和要求，并注明答复期限。对于重大、疑难、复杂的问题，应当召开由有关部门和专家参加的论证会进行论证，必要时可以向社会公开征求意见。"这些规定都为社会权力影响最高人民检察院司法解释的制定提供了机会。此外，在我国，检察机关作为重要的政法部门也必须接受各级党委和政法委的领导和人民政协的监督。当然，外部施压也是影响检察机关的重要策略。

事实上，任何国家都不存在纯粹的权力分立体系，行政机关与司法机关都拥有一定的准立法权，行政机关也有各种纠纷的裁判权，而立法机关也在一定程度上享有司法权。例如，英国上议院既是国会的组成部分，又是事实上的最高法院。因此，从立法机关、行政机关、司法机关三个方面分析社会权力对于法律系统的影响，主要是出于分析的便利，也是为了更加符合人们对于国家权力类型的惯常理解，而绝非意味着不同国家机关的权力分配是泾渭分明的。因此，社会权力接近和影响国家机关的方式和策略往往具有一定的相似性，但是不同国家机关毕竟又有自己的一些不同的制度安排和程序设计，所以这些策略和方法在具体运用上就不可避免地存在效果方面的差异。

这一章对于社会权力对法律系统的影响方式的分析，更侧重于那些合法的形式，或者至少是具有一定程度可接受性的影响形式。这可能造成一种错觉，即社会权力对于法律的影响总是有益的和可接受的，总是有利于社会公共利益

---

[1] 陈瑞华：《司法权的性质——以刑事司法为范例的分析》，载《法学研究》2000年第5期。

的整合，并有助于法律的产生和实现过程更加全面地反映社会各方的利益需求。但事实上，社会权力对法律系统施加影响，也经常采用一些非法的手段，如贿赂、威胁、恐吓、贿选等。无论是社会权力还是国家权力，最终都要依赖人（而且是相当多的、具有不同分工且需要相互配合的人）来实现，任何权力本质上都可归于人与人之间的关系。因此，无论社会权力接近和影响国家权力（法律系统）的策略有多复杂，最终也是归结于人与人之间的关联和影响。而对人的因素的依赖也使得法律系统存在诸多不确定性，并为社会权力对国家权力的渗透提供了机会，有可能造成国家权力的流失。

权力的关系总是此消彼长，恰如福柯所言，"权力以网络的形式运作，在这个网上，个人不仅在流动，而且他们总是既处于服从的地位又同时运用权力。他们从来不是权力的惰性和持续的靶子，而是永远在轮班"[1]。换句话说，权力关系变动不居，没有永远的强者，也没有永远的弱者，国家权力未必总是强势的，社会权力也未必总是低眉顺眼和逆来顺受。就像自然界的力的关系一样，权力关系是双向的，再强势的力量也难以在不付出任何代价的情况下实现完全的控制。因此，对于权力关系的各方而言，一定程度和范围的合作都是必需的，这也是各方互动的基本动因。

---

[1] ［法］米歇尔·福柯：《必须保卫社会》，钱翰译，上海人民出版社2010年版，第21-22页。

第五章　社会权力影响法律的不同维度

第四章侧重阐释社会权力影响立法、执法、司法的具体方式和策略，这种——列举式的分析当然具有重要的解释意义，最直观也最符合人们理解社会权力的一般模式。也就是说，这种分析模式之所以具有解释的力量，并不是因为其理论分析的深刻性和准确性，而是因为直观和简单。简单意味着可被一般人理解，但也意味着粗放，如果止步于此的话，显然不能满足更加深刻的社会权力研究的要求。

事实上，上述具体策略或手段的组合与运用还存在着不同的维度（就如同点、线与面的关系），在最粗略的意义上，其中至少包括了显性的和隐性的两种权力维度。在第四章分析的基础上，研究者可能还是比较容易将社会权力对各种具体策略的运用仅仅理解为参与决策过程和影响决策结果。虽然决策参与和决策胜利是社会权力的一种重要的显性维度，但却并不能概括权力现象的全貌。研究者唯有对不同的权力维度（包括那些隐性的权力维度）进行更加多维和立体的分析，才能更加合理地解释和理解特定社会的权力结构，并进一步判断其合理性或正义性程度。

第一节　社会权力的法律决策维度

决策的实质就是"在多种方案之间进行选择或与之相关的一系列行为"，或者更简单地说，决策就是"不同行为模式之间的选择"。[1] 在这个意义上，

---

[1] 上述关于决策的界定分别是达尔和罗西（Peter Rossi）的观点，转引自 Peter Bachrach and Morton S. Baratz, *Power and Poverty: Theory and Practice*, New York: Oxford University Press, 1970, p. 39。

法律的制定、解释、执行和适用都是由一系列的决策过程组成。而从决策参与和决策胜利的角度观察和理解社会权力现象，正是一种最基本的权力研究方法。正如有学者所言，"就像地心引力和电流一样，权力也只能通过它的效果和影响向我们展示其存在，因此，相比较于界定权力的本质或基础，描述权力的结果往往更加容易"[1]。而要想观察社会权力的影响或结果，政治和法律决策过程提供了最佳的情境。在人们的直观理解中，无论是通过诸多具体策略或手段的单独运用或是组合运用接近法律系统，还是通过外部施压作用于法律系统，社会权力的基本目的都是表达自己的利益需求，并影响法律决策的结果。这种理解和研究模式的优势显而易见，能够使自己的决策偏好（也就是利益诉求）得到表达并（部分或全部地）转化为法律决策的结果，确实是权力运作的重要成功。此外，决策参与、决策过程以及决策结果都具有一定的公开性，能够为权力的实证研究提供更充分的数据，而建立在实证考察和数据分析基础之上的权力研究显然要比依靠推测或直观感受而得到的结论更加科学。

一、社会权力第一种面相：决策参与

20世纪中期的两本著作，亨特（Floyd hunter）的《社区权力结构：一项关于决策者的研究》（*Community Power Structure: A Study of Decision Makers*, 1953），以及米尔斯的《权力精英》（*The Power Elite*, 1956），引发了一场政治学与社会学之间的争论——现代美国政治的特征究竟是精英统治还是多元主义民主政治。在这一背景下，一场关于权力的争论迅速展开。精英主义者坚持认为美国社会的重要权力集中于少数社会精英，而多元主义的研究者则宣称权力是多元分散和相互制衡的。

米尔斯是艾森豪威尔时代最早撰文批评美国政治制度的美国学者之一，在他看来，"权力的高度集中已经在美国固定下来"，美国与那些"已经被打败或者正在被反对的极权主义统治之间"具有令人震惊的相似性。[2] 美国的权力已经集中在了少数军界、企业和政治精英手中，而且三者已经逐渐联系起来，人员不停地在彼此之间来往变换。权力精英的出现已经打破了美国传统的权力

---

[1] Barry Barnes, *The Nature of Power*, Cambridge: Polity Press, 1988, Introduction, p. X.
[2] [美]查尔斯·赖特·米尔斯：《权力精英》，王崑、许荣译，南京大学出版社2004年版，第451页。

制衡理论的神话,大多数重要决定都是幕后做出的。政治如此昂贵,对竞选资金的极度依赖已经表明,在总统或是国会议员背后存在着真正的权力中心。有时候决策失败比做出决策本身更具有影响力。

在美国社会中,"主要的国家权力已集中在经济、政治、军事领域内。其他机构建制似乎滑向了现代历史的边缘"。[1] 宗教、家庭、教育等制度不再是权力的中心,相反,它们必须不断适应由政府、军队、公司塑造的现代生活模式和价值追求才能获得生存和发展的机会,这种趋势的发展是迅速和具有决定意义的,三巨头(政府、公司、军队)已经逐渐把那些边缘化的制度转化为实现自身目标的工具,边缘社会制度的符号系统都被征用并被用以强化三个巨头的权力合法化基础。总之,"由经济、政治、军事精英组成的上述圈子正在冉冉升起。在经济的最上层,在公司富豪中,是行政长官;在政治秩序的顶层,是政治领袖;在军事机构的顶端,是围绕在参谋长联席会议和军方高层周围的身兼军职的政治精英。鉴于这三大领域的彼此渗透,鉴于决策在结果上趋于追求整体,三种权力的掌门人,军界领袖、企业行政长官、政治董事,倾向于齐心合力,共同组成美国的权力精英"[2]。

精英主义的权力解释模式具有多方面的吸引力,这种观点简单而且符合人们的直观感觉(最可见的事实是,政府总是由少数人进行实际管理的,即使他们是以大多数人的名义进行管理),更加重要的是,精英主义的研究已经触及权力现象的隐蔽维度,并提醒人们关注一些幕后的事情。在方法论上,精英主义理论还具有一种其他权力解释方案所不具备的优势:能够以一种令反对者无法有效反驳的形式展现自身——如果精英主义的反对者已经证明一个幕后的领导者不能构成统治精英,那么精英主义还可以通过声称背后必然还有隐藏的真正精英,这种理论就会得到解救,如果随后的证据显示这一"真正"精英依然不是"真正"的统治精英,则可以继续推说其背后一定还有其他隐藏的"真正"精英,这一逻辑是可以无限继续下去的。[3]

为了克服精英主义者向上述解释路径上的无限回退的逃逸,达尔提出了一

---

[1] [美]查尔斯·赖特·米尔斯:《权力精英》,王崑、许荣译,南京大学出版社2004年版,第4页。

[2] [美]查尔斯·赖特·米尔斯:《权力精英》,王崑、许荣译,南京大学出版社2004年版,第7页。

[3] Robert A. Dahl, "A Critique of the Ruling Elite Model", *American Political Science Review*, 52 (1958), p. 463.

种检测精英主义假设的公式：（1）统治精英必须是成员得到明确界定的团体，而且这一界定责任须由精英主义论者自身承担，之所以如此分配责任，就是为了避免精英主义模式求助于上述解释上的无限回退；（2）选定一组相当数量的关键性政治决策，而关键性政治决策的必要但不充分的条件是，在两个或多个团体之间存在政策偏好方面的实际冲突；（3）除非证明，在选定的所有关键决策中，统治精英的政策偏好都能够战胜对手的政策偏好，否则关于精英统治的假设就是不成立的。❶

在对精英主义模式的批判中，达尔明确了自己的权力观念，他认为"A对B享有权力的范围及于A可以迫使B去做一些他本来不愿去做的事情"❷。这意味着A的权力运用将迫使B发生行为转向，A与B之间实际的利益和意志冲突是权力运作的本质要素。而在权力研究中，最容易观察利益冲突的领域莫过于可以实证观察的"谁人参与"和"胜负谁属"的决策制定情境。于是，多元主义者的注意力集中在"（a）选择一定数量的关键决策（相对于一般决策），（b）确定那些在决策制定中发挥关键积极作用的人，（c）在政策冲突被解决的过程中，对于他们的实际行为做出充分的解释，（d）分析这些冲突的具体结果"。❸ 而通过对关键决策领域中的决策参与和决策结果的分析，就可以提供一种实证的、可检验和可比较的权力分析方法。因此，权力意味着行动者的政策偏好能够在存在实际冲突的情形中战胜反对者的偏好，并将自己的决策偏好转化为决策结果。

在多元主义者看来，精英主义者所假设的那种金字塔式权力结构之所以遭受质疑，主要是因为他们无法回答下列问题，即"议题的差异对于权力序列是否具有重要影响？""面对这一问题，我们究竟应当认为存在一个小的决定性的领导者团体，在所有或近乎所有关键性议题中的权力明显超越其他社会成员？还是应当从另一个极端思考，即有些领袖在某些议题上更有权力，而在其

---

❶ 但是事实上这种检测存在一个关键性的薄弱环节，达尔自己也承认对于关键性决策的界定是不充分的，因为几乎所有的决策都或多或少地涉及利益冲突，这一缺陷使得达尔的检测体系缺乏牢固的基础，这也成为巴卡拉克和巴拉兹批评达尔方法论的主要攻击点。See Robert A. Dahl, "A Critique of the Ruling Elite Model", *American Political Science Review*, 52 (1958), pp. 466–467.

❷ Robert A. Dahl, "The Concept of Power", *Behavioral Science*, 2 (1957), pp. 202–203.

❸ Peter Bachrach and Morton S. Baratz, "Two Face of Power", *The American Political Science Review*, 56 (1962), p. 948.

他议题上则不然,也就是说不存在在所有议题上都比其他人更有权力的领袖?"❶ 通过这一诘问,达尔明确提出了其权力理论的一个重要观点,即行动者的实际权力与议题领域直接相关,如果不确定议题的范围,"A 比 B 拥有更多权力"会因缺乏边界而失去意义。而议题的形成往往是领域性的、短暂的和当前的,这就决定了在不同议题中不同的行动者(或者是行动者的联合)将占据优势地位,也就是影响力并非是集中的而是分散的。

因此,将某些社会组织或团体的影响力加以泛化,是一种不严肃但却广为存在的现象。实际上,无论是基于逻辑推论或是经验观察,都不能表明对于某一领域具有很大影响力的社会组织或其他行动者在其他领域会具有同样的权力。如果某些研究或调查未充分解释不同组织具有各自的影响范围这种可能性,那么这些调查就是不可信的。特定社会组织的实际政治行动能力取决于其控制潜力和团结潜力的结合,控制潜力主要取决于权力资源,而团结潜力则主要取决于组织程度。一个控制潜力低但是团结潜力高的组织的实际行动能力,完全可能胜于那些控制潜力高但团结潜力低的行动者。因此,基于不同的利益结构和价值倾向,在面对不同议题时,行动者调动内部资源和激发内部团结的能力和热情是具有明显差异的。

当然,上述分析是以假定存在多元、分散和力量相对均衡的社会权力中心为逻辑前提的,对于那些社会利益尚未充分分化和组织化的社会而言,达尔的描述更像是一种发展目标和理想。但是,多元主义理论的合理性在于提醒我们,由于利益结构的差异,以及自身掌握的信息和知识资源的不同,对于不同的法律决策领域,不同的社会权力参与决策的能力和热情必然存在较大的差异。也就是说,除了以赢得选举为目标的大型政党(通常具有更广泛的代表性,相应地具有广泛的影响力)之外,一般的社会权力往往更愿意致力于影响那些与自身利益密切相关的法律或政策。恰如前文所述,任何权力形式在控制范围、控制强度、控制对象方面都是有限度的,这些限度往往取决于权力的性质、组织程度、利益或价值追求以及与其他权力形式的力量对比等因素的综合影响,而多元主义研究恰当地强调了这一问题的重要性。

对于社会权力的研究和强调,很容易导向一种精英主义的判断,也很容易让人联想到在皮影戏幕后操纵的控制者。而多元主义的分析则表明,社会权力

---

❶ Robert A. Dahl, "The Concept of Power", *Behavioral Science*, 2 (1957), p. 208.

的广泛影响并不必然具有精英主义的倾向，它们的广泛发展也可以为民主和法治的发展贡献力量。

二、法律决策研究的理论局限

恰如前文所述，在米尔斯看来，权力精英的地位使他们能够做出具有重要后果的决定，但是相对于他们所处的权力位置而言，他们是否做出决定并不重要。换言之，米尔斯强调"权力位置"之于权力的重要性，权力是一种可能性而并非必须是一种实际的运用，而达尔则因循行为主义政治学的路径强调实际的政治行动能力。明确区分实际的和潜在的影响力，是达尔权力理论的一个重要特征，他认为"政治生活中最基本的原理之一是政治资源只是一种潜在的影响力来源"。❶ 除了在一些特殊的情况下，控制的潜力（主要由权力资源所决定）并不能等同于实际的控制。相对于一般的群众而言，精英也就是权势人物确实可以获得和拥有更多价值（如安全、尊重、财富、收入等）。❷ 但是，控制潜力向实际控制力的转化过程，要受到诸多变量（如个人的生命周期、兴趣方向、议题差异、政治技巧和效率等）的影响。因此，只有通过对实际政治行动能力以及行动结果的观察，才能提供一种可以在不同组织和个人之间进行有效比较的和实证分析的权力研究体系。

《权力的概念》一文，使人们注意到休谟（David Hume）对达尔的影响。作为近代最重要的哲学家之一，"休谟将洛克和贝克莱的经验主义发展到了逻辑终局"，❸ 而且，作为近代因果关系哲学的起点，其经验主义因果观念更被视为经验主义的核心观点之一，❹ 在某种意义上，达尔对权力概念的界定可以

---

❶ [美] 罗伯特·A. 达尔：《谁统治：一个美国城市的民主与权力》，范春辉、张宇译，江苏人民出版社2011年版，第299页。
❷ [美] 哈罗德·D. 拉斯韦尔：《政治学：谁得到什么？何时和如何得到》，杨昌裕译，商务印书馆1992年版，第3页。
❸ [英] 罗素：《西方哲学史》下卷，马元德译，商务印书馆1976年版，第212页。
❹ 当然，对于何为经验主义，见仁见智，我国台湾地区学者郭秋永结合 Issac、Bhasker、Benton 和 Craib 的观点，认为经验主义的核心观点应当包括：休谟的因果观念；经验科学的研究对象是我们能够直接或间接经验到的世界；涵盖定律模型的科学解释。但是正如梯利所言，"如果经验主义是指经验世界是哲学的对象，哲学必须解释经验世界，那么，一切近代哲学都是经验主义的"。所以本书认为如下表述经验主义的第二个核心观点更为准确：一切知识都发源于感官知觉或经验，知识的准则或源泉是经验而非理性。参见郭秋永：《对峙的权力观：行为与结构》，载《政治科学论丛》2004年第20期。

视为休谟因果观念的政治学表述。在界定权力时，达尔举了一个例子，假设一个普通人站在一个十字路口，自言自语或是高声呐喊，"现在我将命令马路上所有的汽车司机沿街道右侧驾驶，而司机确实沿马路右侧行驶"，这种情况下，如果这个人对别人坚称自己具有迫使汽车司机服从自己命令的权力，那只会招致别人的嘲笑，但是假设在另一条马路的十字路口，所有汽车正在向前行驶，而立于十字路口的交通警察，为了缓解交通压力，命令某些司机暂停驾驶，或者命令其他司机向左转弯，而所有司机均须遵循其命令行事。❶ 这时，我们就可以自信地认为这是一种权力情境，交通警察也确实有指挥司机的权力。

因此，在达尔看来，权力关系也是一种因果关系，"A 对 B 运作权力"实际上可以表述为"A 的行为导致 B 的行为"。而且这种因果关系与其他一切因果关系一样，都是或然性的或是经验性的，发出的命令未必一定能够获得服从，若要证明权力关系的存在，只能等命令作出之后，观察权力对象的反应，在实际运作之前，权力主体的权力是否有效永远是无法验证的命题。上述观念实际上就是休谟的经验主义因果观念，休谟指出，"一切推理都只是比较和发现两个或较多的对象彼此之间的恒常的或不恒常的关系"❷。这说明，因与果分属不同现象，两者之间的关联必须借助经验才能确定，这是因为，任何对象作为独立的存在，其本身"都不含有任何东西，能够给予我们以一个理由去推得一个超出它本身以外的结论；第二，即使在我们观察到一些对象的常见的或恒常的结合以后，我们也没有理由得出超过我们所经验过的那些对象以外的任何对象的任何推论"❸。也就是说，除了数学以外，我们其他的知识都是建立在以往经验基础上的因果关系，而这些知识只是一种或然性或概然性的知识，在实际发生之前，我们无法验证其是否正确。也就是说，我们只能经由观察认识原因与结果之间的恒常关系，而不能靠观念或内省。由此，知识或因果关系的确认就成为一种经验的或实证的研究范畴。

---

❶ Robert A. Dahl, "The Concept of Power", *Behavioral Science*, 2 (1957), pp. 202–203.
❷ [英] 休谟：《人性论》（上卷），关文运译，商务印书馆2012年版，第89页。
❸ [英] 休谟：《人性论》（上卷），关文运译，商务印书馆2012年版，第161页。

第五章 社会权力影响法律的不同维度

受休谟经验主义因果关系论的影响,❶ 恰如前文所述,达尔认为权力关系存在需要三个基本条件:其一,从权力运作者的行为到回应者的行为之间存在一个时间的间隔,尽管是小的间隔,因为因必须先于果,"哲学中有一条基本原理:一切开始存在的东西必然有一个存在的原因";❷ 其二,权力关系若能存在,必然意味着权力主体和权力对象之间在时间和空间条件上能够有机会产生相互联系;其三,权力主体的命令行为与权力对象的反应之间存在恒常的因果关联。❸ 以达尔对美国参议员权力的研究为例,对于参议院而言,在特定的决策领域,要确定某个参议员的影响力,就必须观察该参议员的投票对参议院最终决策结果的实际影响,其中包括当其反对时参议院通过和不通过议案的概率,当其支持时参议院通过和不通过议案的概率,当其弃权时参议院通过和不通过议案的概率,这些数据只有通过对参议院一定时间内多次唱名投票的数据进行统计之后才能获得(参议院必须具有完整的记录数据)。按照达尔的思路,确定权力关系,也就是在探寻参议员的投票选择与参议院的决策结果之间的规律性联系,即一种因果关系。因此,也就不难明白,行为主义的权力研究为何将研究视野界定为决策领域,那是因为这些研究数据的获得只有在信息公开的决策领域才可以获得。

以达尔为代表的行为主义权力研究方法追求权力研究科学化和实证化的努力,对于社会权力研究具有重要的启示意义,也为我们理解和研究社会权力对法律的影响提供了一条最基本的思路。对法律决策的参与和影响,既是社会权力对法律施加影响的重要形式,也是最具可观察性和可测度性的社会权力研究领域。在法律决策过程中,我们很容易观察到各种社会权力的实际行动和彼此竞力的过程,以及社会权力与国家权力的双向互动。参与决策过程,表达利益

---

❶ 休谟认为,使得一个现象产生另一现象的力量,不是从观念中产生的,也不能仅凭理性和推理加以认知,而只能经由经验去发现,因此,因果关系若存在,原因与结果之间须具备八个条件:因与果在时间与空间是接近的;因先于果;因与果之间具有恒常的结合;同样的原因产生同样的结果;当若干对象产生了同样的结果时,它们之间定是具有共同性质;两个相似对象的结果中的差异,必是由它们相互差异的那一点而来;任何对象随着它的原因的增减而增减时,那个对象就应该被认为是一个复合的结果,是由原因中几个不同部分所发生的几个不同结果联合而生;如果一个对象完整地存在了任何一个时期,而却没有产生任何结果,那么它便不是那个结果的唯一原因,而还需要其他可以推进它的影响和作用的某种原则协助。参见[英]休谟:《人性论》(上卷),关文运译,商务印书馆2012年版,第198—201页。

❷ [英]休谟:《人性论》(上卷),关文运译,商务印书馆2012年版,第95页。

❸ Robert A. Dahl, "The Concept of Power", *Behavioral Science*, 2 (1957), p. 204.

需求，击败其他社会权力主体的法律偏好，并将自身的法律偏好转化为法律决策，确实是社会权力运用各种资源和策略所希望达到的重要目的。

但是，这种单维度的权力研究往往存在将问题简单化的风险。针对多元主义主张将权力的实际运作作为权力研究的唯一对象，并通过对决策过程和决策结果的分析研究权力的方法，查尔斯·泰勒（Charles Taylor）斥之为想象力贫乏。❶ 但是卢克斯的评价则更加中肯，通过研究实际的决策参与行为，并强调可操作性概念，"达尔和他的追随者为一项公认范围有限的重要问题的研究带来了令人愉快的和有益的精确性、清晰性和方法上的严格性"❷。卢克斯的弦外之音却也非常明显：达尔的研究路线，优点与缺点同样突出，为了实现权力的实证研究的可能性，他付出的代价是大大缩小了权力现象的范围，这实际上是一种"权力运用的谬误"。正如巴卡拉克和巴拉兹所言，为了攻击精英主义者的主观主义，多元主义者错误地将那些不可测度的和难以观察的因素视为不真实的和不重要的因素丢弃了。

政治实践的历史一再告诉我们，在权力研究中，科学性和可测度性并不是唯一需要考量的因素。事实上，权力在最不引人注目的地方往往最有效，决策参与和决策胜利未必总是最重要的。在很多情况下，没有行动或者没有做出决策本身可能就是一种更加重要的权力现象。换句话说，不可测的或不易观察的因素未必就是不真实的或者不重要的因素。为了全面理解社会权力对法律的影响，除了需要考察社会权力影响法律决策的各种实际参与过程之外，还有必要考察社会权力的一些更隐蔽的维度，或者借用政治学上的术语，我们还需要考察社会权力的其他面相。

第二节　社会权力的法律非决策维度

美国政治学家巴卡拉克与巴拉兹正确地指出，在权力研究中，"一般人都把注意力集中在决策过程本身，而忽略了一个至关重要的问题：为什么有些事情被提上议事日程，而另一些却没有？"❸ 同样，在社会权力的研究中，也应

---

❶ Charles Taylor, "Foucault on Freedom and Truth", *Political Theory*, 12 (1984), p.171.
❷ Steven Lukes, *Power: A Radical View*, Houndmills: Palgrave Macmillan, 2005, p.61.
❸ 转引自王绍光：《中国公共政策议程设置的模式》，载《中国社会科学》2006年第5期。

该关注法律冲突或是法律议题的过滤结构,这意味着社会权力的研究进入更加隐蔽的维度。

一、社会权力的第二种面相:非决策

如前文所述,1962 年,美国政治学家巴卡拉克与巴拉兹发表了一篇短短数页,但却非常经典的政治学论文《权力的两种面相》,该文揭示了一个虽非神秘但却常常被忽视的简单事实:参与决策过程和影响决策结果固然是权力的重要面相,而能否影响决策议程的安排则是权力现象的另一个重要维度,而且这一权力维度未必一定发生于国家政治体系内部。因此,令人满意的权力研究,必须兼顾权力的这两个面相。

达尔等多元主义者对精英主义的批判,巴卡拉克与巴拉兹多有接受,但是他们也对多元主义的研究方法进行了极有影响力的批评。他们指出,多元主义研究主要存在两个基本理论缺陷:其一,多元主义者没有注意到这样一个事实,即权力可能而且也经常通过将决策范围限定在相对安全的议题的方式运作;其二,多元主义者并未提供充分和可靠的客观标准,以区分决策领域中重要和不重要的议题(即关键决策)。❶

按照巴卡拉克与巴拉兹的分析,由于错误假设权力运作只能通过具体的决策参与和决策胜利才能反映出来,达尔就排除了以下可能:成功地阻止特定的法律要求或者法律议题进入法律决策议程,也是一种不太明显但却非常重要的权力现象。当 A 运用自己的力量去创制和强化价值倾向和制度惯例,从而达到控制法律决策议程的目的,使得决策者对于法律问题的考虑和回应只能涉及那些对自己相对无害的议题,这时权力也被运作了。❷ 为了解释这种权力现象,他们援引了谢茨施奈德(E. E. Sehattscheider)的"偏好动员"理论:"所有形式的政治组织,都有一种倾向,出于自身利益的考量而去发展和利用某些类型的冲突,而压制其他的冲突,因为组织本身就是偏好动员。有些议题被组

---

❶ Peter Bachrach and Morton S. Baratz, "Two Face of Power", *The American Political Science Review*, 56 (1962), p. 948.

❷ Peter Bachrach and Morton S. Baratz, "Two Face of Power", *The American Political Science Review*, 56 (1962), p. 948.

织进政治议程。而有些则被排斥在外。"❶ 当然,这里的偏好主要是指社会中价值或利益分配的固有模式。因此,尽管社会中可能存在重大的但潜在的法律冲突,但是一些人或组织却能够将决策范围限定在那些对自身利益和权力不构成威胁的事项上。研究者如果忽视这一现象,显然就忽视了一种尽管不太明显,但却极端重要的权力形式——非决策制定。非决策的主要目的是维持既存的偏好动员,"当占统治地位的价值观,已被接受的游戏规则,团体之间的权力关系,暴力工具,单独的或相互结合,有效地阻止特定的不满形成完全成熟的要求决策的议题时,非决策情境就已经存在。"❷ 换句话说,行动者可以通过创制和强化各种阻碍因素以阻止特定法律冲突的公共表达,即以制造沉默的方式运作权力。

在上述分析的基础上,巴卡拉克与巴拉兹进一步指出,如果不分析偏好动员,不分析占统治地位的价值倾向、政治理念、政治程序与制度惯例(通常对某些社会集团的既定利益有利),那么就不可能在重要的和不重要的议题之间做出明智的区分。如果将非决策纳入权力研究范畴,就会发现"任何对已经占统治地位的价值观和游戏规则构成挑战的议题都是重要的议题,其他的则不属于重要议题的范畴"❸。但是,在随后的《权力与贫穷:理论与实践》(*Power and Poverty: Theory and Practice*, 1970)一书中,他们又降低了标准,转而主张"关键议题就是对那些控制决策结果的产生过程的人的权力或权威的资源构成真正挑战的议题"❹。

权力的第二种面相,为我们更加全面地理解社会权力与法律系统的互动关系提供了重要的分析工具。非决策的分析提醒我们,即使在立法、行政和司法过程中看不到社会权力的积极行动,他们也可能已经通过非决策的方式在影响法律。换句话说,因为社会中存在着重要的法律议题筛选网络,更重要的权力博弈可能发生在国家政治体系之外(但并非与国家权力没有关系)。故以下情

---

❶ 转引自 Peter Bachrach and Morton S. Baratz, "Two Face of Power", *The American Political Science Review*, 56 (1962), p. 949。

❷ Peter Bachrach and Morton S. Baratz, "Decisions and Nondecisions: An Analytical Framework", in John Scott, ed., *Power: Critical Concept*, Vol. II, London and New York: Routledge, 1994, pp. 106 – 107.

❸ Peter Bachrach and Morton S. Baratz, "Two Face of Power", *The American Political Science Review*, 56 (1962), p. 950.

❹ Peter Bachrach and Morton S. Baratz, *Power and Poverty: Theory and Practice*, New York: Oxford University Press, 1970, p. 48.

况是可能出现的：在法律的制定、解释、适用和实施的过程中，即使看不到社会权力活跃的身影，也并不代表社会权力无所作为。那些能够呈现在法律决策者面前的法律问题，可能本身早就已经经过了筛选。而其他的一些法律诉求或法律冲突，可能在未公开表达之前就已经被压制，以至于可能长期保持潜在状态，而不能进入公共讨论领域，更不用说能够进入正式的法律决策过程。通过对这种权力现象的考察，我们可以发现社会权力之间的，以及社会权力与国家权力之间的较为隐蔽的互动模式，也就是社会权力对法律施加影响的非决策形式。

二、社会权力影响法律的非决策形式

为了分析的便利，有学者指出，公共政策或法律的议程设置包含三个部分，即传媒议程、公众议程和政策议程。其中，传媒议程是传统媒体或网络媒体讨论和报道的问题，公众议程是指已经引起社会广泛关注的问题，而政策议程是决策者认为至关重要的那些问题。❶ 上述三种议程设置相互关联、相互影响，并且都为各种社会权力的非决策策略提供了机会。具体而言，社会权力通过非决策策略影响法律，主要有下列四种形式。

（一）直接的和有目的的非决策形式

社会权力可以直接和有意识地压制特定的法律问题，使之无法进入公众议程和法律决策议程。通过传媒议程的设置，可以达到这一目的。现代社会中，各种传媒形式（无论是网络媒体还是传统媒体）高度发展，并能够对国家权力产生重要的影响，其本身就已经发展成为一种重要的社会权力形式，甚至有学者称之为社会权力的"无冕之王"。❷ 事实证明，虽然左右公众"如何思考法律问题"比较困难，但是通过媒体却能够比较容易地控制公众"思考哪些法律问题"，通过反复报道特定法律问题，或者将特定法律问题置于显著的位置或时段，就可以左右公众视线。同样，通过不报道或冷处理特定法律问题，也可以遮蔽公众的视线。因此，通过传媒议程的控制，可以有效地影响公众议

---

❶ 王绍光：《中国公共政策议程设置的模式》，载《中国社会科学》2006年第5期。
❷ 郭道晖：《社会权力与公民社会》，译林出版社2009年版，第133页。

程的设置，并最终影响到法律决策议程的安排。

当然，控制传媒议程只是影响公众议程和法律议程的一种方式，社会权力还可以通过其他直接的非决策策略达到控制公众议程和法律决策议程的目的。最直接的形式就是通过暴力手段阻止那些谋求改变既存秩序或者危及自身利益安全的法律要求进入公众议程和法律议程，即通过直接的暴力打击，迫使具有特定法律要求的人或组织放弃行动，从而将法律冲突的影响限制在尽量小的范围内，避免引起公众和法律系统的注意。另一种虽然直接但却不那么极端的非决策形式，是直接针对那些威胁性法律建议的倡导者进行制裁威胁（即威胁剥夺其珍视的某些价值，如法律建议的倡导者及其家人的生命安全、身体健康、职业前途等），或者通过给予某些好处的许诺（收买），迫使或者诱使那些"危险性"法律建议的倡导者放弃行动计划。[1]

（二）通过预测反应机制实现的非决策形式

如前文所述，所谓预测反应机制，即 B 预测到 A 可能会反对，而没有提出法律议案。[2] 巴卡拉克和巴拉兹列举的一个例子说明了这种非决策情境，在一个学术机构中，保守的领导层控制着该机构，该学术机构有一项长期存在的政策，围绕该项政策已经形成了传统和强大的既得利益群体。但是，该项政策也引起了一些教员的不满，一个教授决定在下次教员全体会议上对这项政策发动攻击。但是到了真正开会时他却一言不发，这是为什么呢？在众多原因中，下列原因可能是决定性的：(1) 教授可能担心自己的行为会被解释为对本机构的不忠诚；(2) 或者他认为，鉴于机构中他的同事们的信仰和态度，在这个问题上，自己极有可能成为少数；(3) 又或者他已经预测到，按照本机构的决策程序，自己针砭时弊的提案将会被永久搁置。[3]

1971 年，葛瑞森（Matthew Grenson）在《大气污染的非政治化——一项关于城市中非决策的研究》(*The Un - Politics of Air Pollution: A Study of Non - Decision in the Cities*) 一书中，依循巴卡拉克和巴拉兹的分析路径，对美国印

---

[1] Peter Bachrach and Morton S. Baratz, *Power and Poverty: Theory and Practice*, New York: Oxford University Press, 1970, p.45.

[2] Carl Joachim Friedrich, *Constitutional Government and Politics*, New York and London: Harper Brother, 1937, pp.16 - 18.

[3] Peter Bachrach and Morton S. Baratz, "Two Face of Power", *The American Political Science Review*, 56 (1962), p.949.

第安纳州的两个相邻城市（东芝加哥市和盖瑞市）的空气污染立法情况进行了比较分析。两个城市地理位置相近，污染程度和人口数量也都相似，但是东芝加哥市早在1949年就通过了反空气污染立法，而盖瑞市则直到1962年才有所行动。根据葛瑞森的分析，在盖瑞市的反空气污染立法过程中，建造该市并对该市繁荣负责的美国钢铁公司发挥了至关重要的作用，该公司仅仅凭借自己的权力声望，通过预测反应机制的权力运作，在相当长的时间内就有效地阻止了反空气污染议案的形成和提出。而当迫于联邦政府和州政府的压力，反污染议案在该市最终形成的时候，美国钢铁公司在没有采取任何积极行动参与该法案的制定过程的情况下，依旧对最终通过的反空气污染法案的内容产生了决定性影响。据此，葛瑞森指出，美国钢铁公司掌控着该市的经济命脉，为该市提供了最重要的就业机会，其权力已经在法律决策制定程序之外的社会领域产生了如此广泛和深刻的影响，以至于它都不需要直接干预反空气污染法案的制定过程，就可以发挥决定性影响。不管美国钢铁公司是有意识的还是无意识的，在反空气污染立法这一问题上，它长期的不行动就是最佳行动。❶

也就是说，在特定情形下，某些社会权力的影响力如此强大，以至于法律决策的制定者（无论是立法机关，还是行政机关和司法机关），或者其他参与到法律决策过程的社会权力主体，都不敢轻易提出可能会激发其强烈反对的法律议案，这时就形成了所谓的"克制"情境，即政治行动者，也是政策制定的参与者自我克制而没有提出特定建议，或者放弃了一些本来可以考虑的选择，因为他们认为对于某些具有强大影响力的人和组织而言，这些政策选择是不能被接受的。❷ 通过预测反应机制运作的社会权力，可能带来特定范围内的消极参与，因为某些法律议案的潜在的倡议者，可能仅仅由于预见到可能面临的困境，就足以心灰意冷并放弃行动。这时，就形成了所谓的"弃权"情境，即一种有意识地放弃决策参与的情境。❸ 这种现象的广泛发展，甚至可能导致公民的普遍消极化，即越来越多的人选择置身于政治之外，而这最终则会削弱法治的民主基础。

---

❶ Steven Lukes, *Power: A Radical View*, London: Palgrave Macmillan, 2005, pp. 44-45.
❷ Rarmond E. Wolfinger, "Nondecision and Study of Local Politics", in John Scoot, ed., *Power: Critical Concept*, Vol. Ⅱ, London and New York: Routledge, 1994, pp. 114-120.
❸ Rarmond E. Wolfinger, "Nondecision and Study of Local Politics", in John Scoot, ed., *Power: Critical Concept*, Vol. Ⅱ, London and New York: Routledge, 1994, pp. 120-123.

(三) 通过偏好动员实现的非决策形式

必须承认,"社会通行的价值观、信仰、惯例和制度程序(游戏规则)在限制决策制定和调动各种偏好以利于特定集团的利益方面的意义"。❶ 因此,通过重塑或强化既有的价值偏好(主要以道德或法律规范的形式存在,也可以表现为各种半自治社会领域的纪律、制度、惯例等形式),以阻止对于既有权力分配模式的挑战,也是一种重要的非决策模式。

例如,在传统观念中,直接的身体暴力或暴力威胁、不存在合法婚姻关系等,都是界定强奸(或者界定强奸既遂与否)的重要因素。而女性的生活作风是否检点与穿衣打扮是否"端庄",也经常成为判断强奸发生与否以及强奸行为产生的社会危害严重程度的重要因素。直到现在,社会上依然存在一种根深蒂固的观念,即强奸那些从事性服务或者与性服务密切相关行业的女性,比强奸其他女性的社会危害性明显要小。因此,法律对于强奸的界定,更像是"将强奸的确定条件集中在一个为男性定义的损失上,似乎更是一个对女性的一夫一妻制(即为一个男性排他性地占有)的犯罪,而不是对女性的性尊严和私密的完整性的犯罪"❷。因此,合法的婚姻,在相当长的历史时期内都被视为强奸的禁地,虽然这种婚姻豁免权并未见之于"法律明确规定或者法律的强制性规定,但已深深根植于人们的伦理观念之中,不需要法律明文规定。只要夫妻正常婚姻关系存续,即足以阻却婚内强奸行为成立犯罪……在一般情况下,丈夫不能成为强奸罪的主体"❸。

随着女性主义法学代表女性,明确提出扩大对女性性自主权的保护范围,婚内强奸的问题才逐渐进入传媒议程和公众议程,并逐渐进入立法议程。但是,在诸多保守人士看来,女性主义法学的强奸概念是在进行"渗透性界定",❹ 并

---

❶ Peter Bachrach and Morton S. Baratz, *Power and Poverty: Theory and Practice*, New York: Oxford University Press, 1970, p. 43.

❷ [美]凯瑟琳·A. 麦金农:《迈向女性主义的国家理论》,曲广娣译,中国政法大学出版社 2007 年版,第 248 页。

❸ 中华人民共和国最高人民法院刑事审判第一庭编:《刑事审判参考》(2000 年第 2 辑),法律出版社 2000 年版,第 28 页。

❹ 渗透性界定,即 pervasive definition,是 1938 年由史蒂文森(Charles L. Stevenson)提出的概念,用以描述一种道德讨论的形式,即"对于一个熟悉的词汇,在未本质性地改变其感情意义和价值意义的情况下,赋予其一种新的概念意义,其目的(不管是有意的还是无意的)在于通过这种方式,改变人们关注的方向"。See Charles L. Stevenson, "Persuasive Definitions", *Mind*, 47 (1938), p. 331.

"隐晦地将所有男人视为强奸者"。❶ 对强奸的根深蒂固的传统理解构成了社会中普遍存在的"强奸迷思",通过法学研究者的理论武装,❷ 逐渐以意识形态的形式被固化(内含着性别歧视),❸ 并最终有效地影响法律议程和维护着丈夫对妻子的权力。至少在我国,立法者对这一问题依旧不闻不问,法院亦固守传统。可能还需要等待各种代表女性的社会权力的成长壮大,直至其影响力足以抗衡传统观念的偏见,并对法律决策者产生足够大的影响力,强奸罪才能真正突破婚姻关系的樊篱。

事实上,政治系统和各种半自治社会领域都在发展和利用"偏好动员",即一系列占优势的价值、利益、惯例和制度化的程序,这些偏好的系统和持续地运作,经常是有利于特定人和组织的,而这必然以牺牲其他人的利益为代价。虽然现状的维护者通常都是相关人群中的少数或精英组织,但是精英主义的倾向既不是预先注定的,也不是必然的,偏好动员也经常被用来惠及社会中的大多数,或者在紧急时刻凝聚道德力量,击溃落后的、保守的社会权力结构。

(四) 通过消极决策实现的非决策

如果前述策略失败,一项长久以来一直被压制的潜在议题成功地进入法律决策议程,那些利益受到威胁的社会权力通过自身掌握的各种资源,强烈呼吁保持对政治系统现有价值偏好的忠诚,将某些法律议题贴上不爱国、不道德或其他意识形态的标签,或者通过表达强烈的不满施加压力,这些策略也可以迫使法律决策者通过消极立法或消极决策的方式(借助特定的法律程序)处理特定的法律问题。例如,以条件不成熟或者内容需要修正为由,将特定的法律议案交由特定机构继续审议或研究,从而将其置入耗时的法律程序。或者以不属于受案范围为由,不受理特定的诉讼请求。在面对那些临时性的或者组织性

---

❶ Norman Podhoretz, "Rape in Feminist Eyes", *Commentary*, 92 (1991), p.30.

❷ 国内法学界反对婚内强奸的理论模式,主要有以下几种:婚姻契约论,即根据婚姻契约,妻子已经对婚姻存续期间丈夫的性要求进行了概括的同意;暴力伤害论,即使发生此类行为,妻子拒绝的是暴力而不是性,故可以按照故意伤害定罪量刑;促使女方报复论,允许妻子控告丈夫强奸,会导致男性人人自危,不利于婚姻关系的稳定;道德调整论,即此类行为当属道德调整范畴,法律不宜介入;通过对"奸"的语义学分析,指出"奸"特指婚外性行为。参见张贤钰:《评"婚内无奸"》,载《法学》2000年第3期。

❸ 孙文恺:《法律的性别分歧》,法律出版社2009年版,第164页。

较差的利益群体时，拖延策略能够更加有效地筛选那些寻求法律创新和改变的努力，因为这些群体往往因为自身松散的结构而缺乏承受延期处理的能力。即使上述法律议案或诉讼请求能够获得通过或支持，并最终转化为法律或判决，如果得不到足够的社会支持，也极有可能被各种社会权力有意地屏蔽、歪曲或忽视，最终，这些法律或判决也只能成为没有实效的一纸空文。

非决策，如前文所述，迪格瑟精确地总结为，权力还可以表现为有效地阻止别人去做其本来想做的事。相对于第一种面相的权力观，这种阻止不再仅仅是 A 与 B 之间直接面对面的交锋。相反，权力的第二种面相主要是通过间接的方式即 A 运用自己的力量创制和强化价值倾向和制度安排来实现。由此可见，第二种面相的权力观更加关注社会结构，即一种影响广泛的法律议题的社会筛选结构。因此，对于社会权力现象的全面观察，必须考虑那些被排除出法律决策议程的法律问题。

三、非决策研究的理论局限

尽管非决策研究产生了广泛影响，并成为权力研究的重要理论工具，但是，非决策也面临着一些重要的批评。例如，沃尔芬格指出，非决策就像其概念，主要涉及未发生的事，[1] 是不能观察的，或者说，非决策不是一个具有实用价值的概念。[2] 面对这些批评，巴卡拉克和巴拉兹对早期的观点做出了修正，这主要表现在两个方面：一方面，他们承认沃尔芬格的批评是部分成立的，如基于对 A 的反应的预测，B 没有做出的行为，是未发生的事，不可能进行实证调查，但这种情况"尽管与非决策密切相关，但却不是严格意义上的非决策制定"[3]。因此，以预测反应机制实现的权力运作，除非能够观察到不满，否则无法确证是否存在非决策现象。但是，他们却拒绝以下观点，即所有的非决策形式都是未发生的事。另一方面，他们进一步提出了非决策研究的实证路径。首先，应当确定特定的偏好动员对哪些人和组织是不利的，同时应当

---

[1] Peter Bachrach and Morton S. Baratz, *Power and Poverty: Theory and Practice*, New York: Oxford University Press, 1970, p. 46.

[2] Geoffrey Debnam, "Nondecision and Power: The Two Face of Bachrach and Baratz", in John Scoot, ed., *Power: Critical Concept*, Vol. II, London and New York: Routledge, 1994, p. 191.

[3] Peter Bachrach and Morton S. Baratz, *Power and Poverty: Theory and Practice*, New York: Oxford University Press, 1970, p. 46.

观察这些受到不利影响的人或组织是否存在公开或隐蔽的不满。公开的不满是指已经在政治系统中形成议题的那些不满，而隐蔽的不满则是指依然外在于政治系统，尚未被法律决策者认为值得注意和争论的那些不满。但是对于研究者而言，这些不满（无论是公开的还是隐蔽的）都是可以观察到的。[1] 如果存在不满的话，研究者的下一步工作，就是确定为什么这些要求改变现状的潜在不满和要求会被拒绝，以及通过什么非决策方式被拒绝进入各种公共议程。

如果研究者没有发现存在这种公开的或隐蔽的不满，则只能假设对现有的价值分配存在一致同意，即对于现状存在普遍的默许。那么在这种情况下，是否能够实证地确定这种一致同意是真实的还是通过非决策实现的呢？巴卡拉克和巴拉兹给出的答案是否定的。但是，他们却又指出，"这个问题的讨论已经超出政治学家的范畴，恐怕只有哲学家才能做出有意义的分析"[2]。这意味着，上述假设的一致同意可能并非是真实的，无法通过实证的调查进行确证，不属于政治学家的研究范畴。因此，巴卡拉克和巴拉兹显然已经部分放弃了早期的激进宣言，即"在既定的情形中，如何确定不可测度的因素是无关紧要的，是不具有决定影响的？"应当拒绝这样一种观点，即"认为权力的第二种面相由于涉及一系列不能客观测度的因素，就会归于无效。为了攻击精英主义的主观主义，多元主义者错误地将不可测度的因素视为不真实的因素丢弃了"[3]。也就是说，到了《权力与贫穷：理论与实践》一书，他们已经回退到一种"改良的行为主义"，不再是有力地批判以决策参与和决策胜利为标志的权力观，而更像是在致力于扩展（达尔等作者提出的）决策的范围，或者说展示了决策的另一面。[4]

基于上述分析，可以发现，与达尔的决策研究路径一样，非决策分析也强调可观察的冲突（表现为权力对象的公开或隐蔽的不满），即权力主体与权力对象之间必须存在明确理解的、自我界定的利益之间的矛盾。在卢克斯看来，非决策分析依旧太过保守，通过进一步追问"行动者自身意识到的、自我界

---

[1] Peter Bachrach and Morton S. Baratz, *Power and Poverty: Theory and Practice*, New York: Oxford University Press, 1970, p. 49.

[2] Peter Bachrach and Morton S. Baratz, *Power and Poverty: Theory and Practice*, New York: Oxford University Press, 1970, p. 49.

[3] Peter Bachrach and Morton S. Baratz, "Two Face of Power", *The American Political Science Review*, 56 (1962), p. 952.

[4] Stewart R. Clegg, *Frameworks of Power*, London: Sage, 1989, p. 79.

定的利益（主观利益）一定符合自己的客观利益或真实利益吗"完全可以将权力研究推向更深的层次，即权力的第三种面相。

第三节　社会权力的法律偏好影响维度

一、社会权力的第三种面相：偏好影响

1974年，在《权力：一种激进的观点》一书中，卢克斯认为，第一种面相的权力观侧重从决策参与的角度分析权力现象，其中实际的利益和价值冲突是至关重要的，没有冲突，权力的运作就无法揭示出来，也无法被实证地研究。第二种面相的权力观的核心观点是个人或团体在多大程度上创设和强化了特定议题进入公共领域的障碍，他们就在多大范围内拥有权力。尽管第二种权力观已经大大丰富了权力研究的视野，但是卢克斯认为，巴卡拉克和巴拉兹对达尔行为主义权力观的批评仅仅是改良主义的，他们同样强调利益或价值冲突对于权力关系的本质重要性，他们也没有注意到，或者是有意回避了以下权力现象：B可能自愿去做A想要他去做的事（这种"自愿服从是如何产生的"，正是卢克斯的核心关注）。在此基础上，卢克斯揭示了权力或社会权力的第三种面相，或者借用卢克斯的术语，一种激进的权力观。

卢克斯指出，巴卡拉克和巴拉兹的非决策分析确实是一大进步，但是他们依旧受到行为主义研究方法的束缚。为了达到实证分析的目的，他们选择将非决策现象建立在（可观察的）公开或隐蔽的不满的基础上，如果观察者未发现存在这种公开的或隐蔽的不满，则只能假设对现有的权力结构和价值分配存在一致同意，即对于权力现状存在普遍的默许。因为这时没有可观察的矛盾和冲突，也就只能假定没有非决策现象。但是卢克斯指出，将可观察的冲突或不满视为权力现象的本质特征并不恰当，权力是一种能力，一种潜在的可能性，而并非必须是实际的运作，权力可能永远不会被激活，最成功的权力安排可能永远不需要被实际运用。也就是说，最有效的权力安排从一开始就致力于防止实际冲突或不满的显现和发生，在自愿的服从中本身就蕴含着重要的权力现象。深层次的权力研究必须关注那些潜在的利益冲突，而那些被控制者则可能

第五章 社会权力影响法律的不同维度

根本就意识不到自己的真正利益所在。❶

即使 B 有意识地自愿去做 A 要他去做的事情，只要 B 的行为违背自己的真正利益或客观利益，权力的运作就已经实现。由此可见，卢克斯关注的是一种不自主的利益体现的权力现象，一种制造自愿服从并避免实际冲突和不满的权力维度。当权力主体成功地阻碍或削弱人们的理性判断能力，控制人们对自身真正利益的判断，第三种维度的权力就实现了。因此，在某种程度上，卢克斯继承了马克思主义研究的工作，其主要的研究主题是解释那种"通过塑造信仰和愿望，通过在历史变迁中强加内在的约束，来确保服从于统治的能力"❷。因此，卢克斯将自己的权力观称为激进的权力观。❸

在达尔以及巴卡拉克和巴拉兹的权力观中，无论是政策或法律偏好的冲突，还是"公开或隐蔽的不满"，都是一种被权力关系各方明确理解的、自我建构的利益（主观利益）之间的冲突，如果不存在这种冲突，则只能假定存在真实一致的同意。卢克斯则认为，即使不存在可观察的主观利益上的冲突，也还是有可能存在权力现象，因为这时还可能存在虚假的或操纵的共识。❹ 例如，在前文所讨论的关于强奸的案例中，当偏好动员（如婚姻是强奸罪的禁区）达到如此根深蒂固的程度，以至于连女性自己都视之为理所当然，这时也就不存在公开或隐蔽的不满，这种情况就被巴卡拉克和巴拉兹排除出权力现象的范畴，但是按照卢克斯的理解，这时存在一种更深层的权力策略。事实上，现代社会中的文化作品、信息管理、传媒控制、教育策略（包括法学教

---

❶ Steven Lukes, *Power: A Radical View*, London: Palgrave Macmillan, 2005, pp. 28 – 29.

❷ Steven Lukes, *Power: A Radical View*, London: Palgrave Macmillan, 2005, pp. 143 – 144.

❸ 斯洛文尼亚哲学家齐泽克曾讲过一个关于工人偷窃的故事，"每天晚上，当工人推着手推车离开工厂时，都被工厂保安仔细搜查，但是门卫找不到任何东西，手推车永远是空的，最后，谜底揭开了，原来工人偷的正是手推车。"其目的是说明在暴力中存在相同的悖论，一旦提到暴力，最先浮现于我们脑海的是犯罪行为、恐怖袭击、社会动乱、战争，这些暴力形式被齐泽克称为主观暴力，即对事物的正常或和平状态的扰乱。但是主观暴力仅仅是暴力最可见的部分，事实上还存在另外两种隐蔽的客观暴力，一种存在于语言和符号中，即符号的暴力，这种暴力从属于语言，从属于特定的意义体系。另一种客观暴力是系统暴力，系统暴力就像物理学中的暗物质，它是主观暴力的对立物，它支撑着我们用以感知主观暴力的价值标准，就如福柯所分析的理性与非理性的关系，理性提供了认知非理性的标准，也压迫、驱逐、排斥、治疗非理性，正是有了非理性，理性的地位才得以巩固。因此，客观暴力内在于事物的"正常状态"，是最不易发觉的暴力形式，而主观暴力则出于客观暴力的对立面，是最可见的暴力形式，对主观暴力的辨识、排斥、谴责、压迫是客观暴力不断巩固自身的主要策略，而这种理解思路实际上是与马克思、福柯、卢克斯具有重要相似性的。参见［斯洛文尼亚］斯拉沃热·齐泽克：《暴力——六个侧面的反思》，唐健、张嘉荣译，中国法制出版社 2012 年版，第 1 – 3 页。

❹ Steven Lukes, *Power: A Radical View*, London: Palgrave Macmillan, 2005, p. 28.

育)以及各种其他的社会化的手段,都在某种程度上塑造着人们的主观法律需求,而这些主观的法律需求则有可能是与人们的真正利益或者客观利益相背离的。这显然是一种更加隐蔽,也更加有效,当然也更加需要知识和技术的权力和社会权力的维度。

由于存在共同的研究主题,即"确保自愿服从的机制",卢克斯与福柯的权力理论经常被拿来比较,而且都特别适合于探讨女性的屈从、民族认同、家庭关系、教育等法律问题。在福柯的权力分析中,最核心的问题是"我们是谁?"[1] 简言之,主体塑造是权力的核心环节,主体概念代表一种关于社会成员的自我形象的普遍认同,要想成为社会的一员,要想避免被排斥和边缘化,人们就必须自觉地或不自觉地按照这些主体标准塑造自身。换句话说,"权力生产'主体',铸造他们的特性并且'使他们标准化'"[2]。当然,依照福柯的一般观点,这里的权力虽然并不排斥国家权力,却更是指弥散于社会各个角落的微观的社会权力。虽然福柯反对马克思的阶级斗争理论,但是他也承认,无处不在的反抗是一个基本事实,而反抗则意味着差异性,也意味着完全成功地塑造某种特殊的主体性是不可能的。反抗就是权力的标志,反抗也意味着既有权力体系并不是恒久稳定的,而是潜在的具有各种发展的可能性。

同样,卢克斯也认为,第三种维度的权力不可能导致马尔库塞所谓的"单向度的人"(具有单向度的思想和行为模式)。[3] 因为第三种维度的权力从来只能是某种程度上的实现。正如斯宾诺莎所论述的那样,尽管政治技艺已经如此发达,但是全面的控制不可能取得成功,各种意见就像味道那样富于变化,人们始终都会有自己的想法。[4] 但是,在一些特殊的经验领域,借助不同范围的价值偏好体系的动员,卢克斯讲述的操纵性的权力控制则完全是可能实现的。

卢克斯的权力分析也存在风险,因为激进的权力观假定了真实利益或客观利益,但是真实利益又如何确定呢?卢克斯的回答是,作为有理性能力的人,被支配者也不可能将那些贬损自己并确保自己循规蹈矩的法律和其他规范完全

---

[1] Michel Foucault, "The Subject and Power", *Critical Inquiry*, 8 (1982), pp. 780–781.

[2] Steven Lukes, *Power: A Radical View*, London: Palgrave Macmillan, 2005, p. 92.

[3] [美]赫伯特·马尔库塞:《单向度的人:发达工业社会意识形态研究》,刘继译,上海译文出版社 2008 年版,第 11 页。

[4] Steven Lukes, *Power: A Radical View*, London: Palgrave Macmillan, 2005, pp. 150–151.

内在化。换言之，人们是完全可能找到自身的真实利益的。冷静的比较和观察是一种有用的方法，可以在历史的比较中向过去的"黄金时代"寻求答案（如对雅典民主和法治制度的思慕），可以在不同文化的比较中求助于其他法律文明（如向先进国家法律文化的借鉴和移植），可以在对比不同人群的法律地位的过程中实现自我的顿悟（如女性对男性社会地位的观察），也可以依靠少数发现法律真理的智者的理性规劝（思想家的启蒙）。上述方式的单独或者组合的运用，都为人们探求真实利益提供了可能性。

但事实上，并没有一种可操作性的方案能够确保一定会将我们导向正确的道路。20世纪的中国，就可以视为中国人民探求真实利益，寻找正确道路的一部编年史。很多社会行动者（其最初的表现形态都是各种社会权力）都宣称找到了正确的道路，也真诚地希望带领中华民族走向富强，但是在历史的检验中，唯有中国共产党带领中国人民找到了正确的发展方向。而新中国成立之后，中国共产党也在不断地进行自我反思与自我调整，直到最终确定了社会主义法治和民主的发展道路。由此可见，真实利益的探寻往往异常困难，而且绝非一帆风顺，只能且行且反思。也就是说，即使真诚地志在探求人们的真实利益，也难免走弯路和错路，何况还存在借真实利益之名，行文化和法律霸权之实的可能性，这些顾虑正是卢克斯的激进权力观受到质疑的主要原因。但是，方法论的困难似乎并不能构成否定实质性主张的充分理由，无法测量的因素未必是不真实的和不重要的。也就是说，尽管批评者们可能会质疑存在一种有效的确定真实利益的方法，因为任何方法都可能沦为意识形态霸权的工具，但是谁也不能否定，卢克斯揭示的权力现象确实具有深刻的启发性，这也是卢克斯的权力研究影响如此广泛的原因。这种研究也为我们理解社会权力的深层维度提供了解释模式。

二、"本质上争议的概念"：理解不同权力维度的一种分析框架

在对三种面相的权力观进行比较分析的基础上，卢克斯主张将权力视为一种"本质上争议的概念"。"本质上争议的概念"是加利在《本质上争议的概念》（"*Essentially Contested Concepts*"，1956）一文中提出的一种解释概念争议的分析框架，构成"本质上争议的概念"需要具备七个基本条件：（1）评价性特征，由于指涉某些值得推崇的成就，这些概念往往成为具有规范意义的价

值评判标准;(2) 内在复杂性,概念所指涉的对象是由多重要素构成的整体,并作为一个组合体而具有意义;(3) 多重描述性特征,概念涉及的要素群在不同的研究者那里往往形成不同的重要性排序,并由此形成了各种相互争论的解释方案;(4) 开放性,随着社会规范环境的发展变化,概念描述和指向的成就会不断发展,而概念自身的理解也会不断发展,当然两者的发展并不一定是同步的,这些变化和发展的方向往往无法准确预测;(5) 竞争性特征,所涉概念的各种理解模式都宣称自己更加合理,并力图获得更加广泛的承认,由此而形成持久的概念争议,并促进了各种竞争性理论的发展;(6) 所涉概念的不同解释方案都追溯至一个共同的原初范例,原初范例的权威性在概念争论过程中被各方共同承认;(7) 争议各方持续不断的理论竞争,使得不同的解释方案都得到了发展和完善,也使得原初范例指涉的成就能够以最佳的方式获得维持和发展。❶ 因此,这些概念争论最终表现为一种共赢的情境。

由此可见,加利界定的"本质上争议的概念"主要是指那些具有积极评价意义的成就性概念,❷ 指涉某些值得推崇或追求的事业或成就,因此,这些概念往往会发展为一般性的积极评价的标准。例如,在现代社会中,法治不仅仅是一种事实判断,而是已经成为一个一般性的赞扬性概念,具有人们必须服从的话语影响力,而且法治评价往往还会直接关系特定人群的利益。虽然加利做出了上述限制,但是这一概念的继受者却不囿于此限。例如,加弗(Newton Garver)运用本质上的争议性解释暴力,证明暴力概念符合加利提出的各项标准,除了一个例外:暴力是强烈的消极性评价概念。❸ 如果超越加利的成就性概念的束缚,则"本质上争议的概念"具有更普遍的分析价值,权力概念也可以更充分地纳入该分析框架。因为尽管通过帕森斯、阿伦特、福柯等人的努力,人们已经开始关注权力作为一种实现集体目标的建设性力量的意义,但是依然有大量的研究者将权力视为一种压制自由的消极的外部力量。

"本质上争议的概念",首先涉及争议发生的位置。社会科学研究的某些重要概念(如法治、权力、民主、艺术、基督教等)所引发的讨论和争议,

---

❶ W. B. Gallie, "Essentially Contested Concepts", *Proceeding of the Aristotelian Society*, 56 (1956), pp. 171–180.

❷ W. B. Gallie, "Art as an Essentially Contested Concept", *The Philosophical Quarterly*, 6 (1956), p. 109.

❸ 转引自 Eric Reitan, "Rape as an Essentially Contested Concept", *Hypatia*, 16 (2001), p. 48.

往往都是发生和存在于概念的核心处，边缘地带的模糊性无法充分解释这种争论。换句话说，"本质上争议的概念"是发生于概念核心处的理解分歧。❶ 当然，要想把握加利的原意，还须强调内在复杂性与规范性因素（价值因素）的结合：只有那些具有内在复杂性的规范性概念才能成为"本质上争议的概念"。❷ 卢克斯也正是在这一意义上，将权力解读为一种"本质上争议的概念"，并用以分析"权力的面相之争"。

首先，卢克斯指出，权力的本质争议性并非源自对经验事实的描述，而是源自政治立场或是道德主张的本质差异。"权力的面相之争"实质上是一种涉及价值因素的规范性争论，因为"任何既定的权力解释都支持特定的价值判断而排斥其他"❸。例如，精英主义认为美国政治实际上由少数精英控制，而达尔的多元主义模式则认为美国的民主制度尽管不完美，却也堪称典范。而在巴卡拉克和巴拉兹看来，多元主义的研究方法过于偏狭，而结论又过于乐观，如果引入非决策研究，社会权力对政治过程的控制程度则需要重新评估，故他们又被多元主义者贴上了"新精英主义"的标签。

其次，不同权力理解模式的共存与竞争，也是源自权力概念自身的内在复杂性。虽然存在那些权威性被大家共同承认的关于权力的拥有和运作的标准范例，例如，奴隶主对奴隶的统治，而从这些标准范例中也确实可以抽象出权力的核心意义，即"A 通过某种与 B 的利益相对的方式影响 B 的时候 A 对 B 运用了权力"❹。但"利益观念是一种不可简化的评价性观念"，而且"谈及利益就是在进行道德或政治判断。因此，关于利益是什么的不同观念是与不同的道德与政治立场相关联的"❺。而不同的权力研究者，对于"'何者可以视为利

---

❶ Jeremy Waldron, "Is the Rule of Law an Essentially Contested Concept (in Florida)?", *Law and Philosophy*, 21 (2002), p. 11.

❷ Jeremy Waldron, "Is the Rule of Law an Essentially Contested Concept (in Florida)?", *Law and Philosophy*, 21 (2002), p. 11.

❸ Steven Lukes, "A Reply to K. J. Macdonald", *British Journal of Political Science*, 7 (1977), p. 419.

❹ 此处，卢克斯采用罗尔斯的观点，明确区分概念（concept）和观念（conception）。按照罗尔斯的观点，概念指一般的和最抽象的界定，这种界定包含的是意义中的不变的、稳定的部分。而观念则是对概念的特定解释，其界定取决于研究者的理论和规范立场。卢克斯主张，概念指涉一般的共同的核心，但是依旧为各种观念的形成留有充分的余地，因此围绕"A 通过某种与 B 的利益相对的方式对其施加影响时 A 对 B 运用了权力"这一权力概念，形成了互异的三种权力观念。See Steven Lukes, *Power: A Radical View*, London: Palgrave Macmillan, 2005, p. 154.

❺ Steven Lukes, *Power: A Radical View*, London: Palgrave Macmillan, 2005, p. 37.

益,以及如何受到不利影响',分别提出自认为最佳的解释,从而促成了互异的权力观"❶。

三种权力观皆基于某种利益观而构建,多元主义者(如达尔)坚持主观利益观念,并将利益等同于行动者决策参与过程中表现出来的政策偏好。在非决策的研究中,巴卡拉克和巴拉兹借助一种改良主义的主观利益观念,以公开或隐蔽的不满为视角理解可观察到的利益冲突;在卢克斯的激进权力观中,主张从真正利益或客观利益的角度阐释深层次的权力现象和利益矛盾。也就是说,"权力的面相之争"实际上是源自不同的价值立场,不同的权力解释方案只是研究者内在的价值立场的一种外化形式。"道德是不可共量的,支持其一而非其他的宣判本身,常常来自某一特定道德观内,并在理性上总是有争议的……支持特定道德判断者,并无确实证据证明其客观效力。由于缺乏这种证明,我们只能下结论,在道德上,并无阿基米德支点……因此,道德判断可能是相互冲突却又都是理性的。"❷

将权力和社会权力理解为"本质上争议的概念"(社会权力概念因为涉及"社会"的理解而变得更加复杂),确实有助于我们理解权力的多元解释,也就是说,这种描述是一种正确的方向,但是卢克斯对加利的继承实际上是有所改变的,在加利的分析框架中,"本质上争议的概念"并不存在一种众所承认的共同核心或本质。

事实上,在对"本质上争议的概念"的理解中,确实存在一种误读,即将原初范例理解为概念背后存在唯一正确的答案。例如,弗里登(Michael Freeden)指出,"对于这样一个范本的假定是与本质上的争议性事实相抵触的,因为其假设了一个共识的或正确的观点,从这种观点起始,偏离发生了"❸。但是,加利明确提出,"范本的不同特征可能会被不同的评价者赋予不同的重要性……对于范本成就的承认和接受,必须具有我们赋予本质上争议的概念的那种开放性特征"❹。原初范本可能涉及一系列"相互独立的但是又具

---

❶ 郭秋永:《解析"本质上可争议的概念":三种权力观的鼎力对峙》,载《人文及社会科学集刊》1995年第2期。

❷ Steven Lukes, *Essays in Social Theory*, New York: Columbia University Press, 1977, p.165.

❸ Michael Freeden, *Ideologies and Political Theory: A Conceptual Approach*, Oxford: Clarendon Press, 1996, p.60.

❹ W. B. Gallie, "Essentially Contested Concepts", *Proceeding of the Aristotelian Society*, 56 (1956), pp.176–177.

有充分相似性的一些历史传统","这些历史传统的不明确性并不影响其作为范本的影响力。对于这一点,我们只需要回忆一下,有多少政治运动宣称是从法国大革命找到灵感就可证明"❶。由此可见,原初范本本身也具有内在复杂性和多重描述性特征,所以"当我们检视了这些概念的不同使用方式和代表性讨论之后,就会发现并不存在一种可以设置为正确的或标准的唯一用法","并非必须有哪种解释是正确的。……关于上述概念的争论,尽管不可能通过任何讨论得以解决,但是依旧被各种值得敬重的讨论和证据所维持。……对于不同的使用者而言,对于这些概念的恰当用法总是存在无休止的争论"❷。因此,加利是在提醒我们关注这些概念的开放性特征以及它们的动态变化过程。范例本身也是内在复杂和开放性的,同时也存在新的范例出现的可能性,范例只是为讨论提供了起点而非划定了终点,各种解释方案也正是因为与原初范例的紧密联系,而被归为同一问题的讨论。

事实上,当有学者强调建立重要概念的共同核心,"不必刻意强求人人一致的同意"时,❸ 就已经承认并不存在一个共同的核心,所谓"共同核心",只是针对特定研究者和特定研究范围才是有意义的。因此,卢克斯所抽象的"权力核心"——A通过某种与B的利益相对的方式影响B的时候A对B运用了权力,尽管对于分析"权力的面相之争"具有意义,但是如果将讨论的范围进一步扩大,也就是将福柯、帕森斯、阿伦特等人的权力研究纳入考察范围,这一所谓的权力的"共同核心"则会很快失去意义。

换言之,如果我们对"本质上争议的概念"做出上述理解上的澄清,就会发现,在关于权力和社会权力的各种理解方式中,并非必然存在唯一正解,不同的解释模式可能都展示了权力现象的有意义的某些方面,特定理论模式的胜利(在特定时间和空间获得广泛承认)都是阶段性的,而且这种胜利也不排斥其他理论模式的合理性。换句话说,权力争论应当是一种正和情境,我们更应该关注的是权力解释的动态的发展过程,而不是唯一正确的答案。

权力争论的这种理解也提醒我们,社会权力的内涵界定也应当是这样一种

---

❶ W. B. Gallie, "Essentially Contested Concepts", *Proceeding of the Aristotelian Society*, 56 (1956), p. 186.

❷ W. B. Gallie, "Essentially Contested Concepts", *Proceeding of the Aristotelian Society*, 56 (1956), pp. 168 – 169.

❸ 郭秋永:《解析"本质上可争议的概念":三种权力观的鼎力对峙》,载《人文及社会科学集刊》1995年第2期。

情境，人们对于权力和社会的不同理解很可能是基于其特有的理论关注或价值立场，也并非必须有哪种理解是唯一正确的。但是这并不是说在特定研究的基础上，对社会权力进行概念界定是没有意义的，因为不同的解释方案和概念界定往往能够展示社会权力的某些有意义的侧面，通过对不同研究成果的比较和分析，将会有利于我们更加全面地理解和认识社会权力这一现象。也就是说，虽然不存在唯一正确的解释方案，但却有更加全面的解释方案。

如果将权力和社会权力视为"本质上争议的概念"，则意味着社会权力的三种面相的研究都具有自身的合理性，都解释了权力现象的有意义的层面或维度，并为我们全面理解社会权力对法律的影响机制提供了有价值的分析工具。现实生活中的权力现象往往极其复杂，多数权力关系都不免是混合体。所以，社会权力在影响法律系统的过程中，既可能借助各种具体策略直接参与法律决策过程，也可能通过非决策控制法律议程，或者可能通过诸多手段操纵特定人群的法律偏好。唯有将多维度的社会权力现象纳入研究范畴，才能更加全面地理解特定社会的权力结构。

第六章 社会权力的法律规制
——反思理性法的理论逻辑与实证分析

自20世纪80年代以来,随着改革开放的不断深化,社会进程日益加快,各种经济力量迅速发展,各种半自治的社会领域迅速扩大,传统的社会治理模式已经捉襟见肘。在此背景下,社会治理模式的变革势在必行,顺应世界潮流,征募社会资源参与公共管理逐渐成为党和政府社会治理创新的基本策略。2004年,中共十六届四中全会《中共中央关于加强党的执政能力建设的决定》明确提出,在改革发展的关键时期,社会利益关系极为复杂,各种新矛盾和新问题层出不穷,在此背景下,唯有加强执政能力才能维护党的领导核心地位,必须"坚持科学执政、民主执政、依法执政"的基本原则,"加强社会建设和管理,推进社会管理体制创新","整合社会管理资源,建立健全党委领导、政府负责、社会协同、公众参与的社会管理格局……发挥社团、行业组织和社会中介组织提供服务、反映诉求、规范行为的作用,形成社会管理和社会服务的合力"。2007年党的十七大报告提出"建立健全党委领导、政府负责、社会协同、公众参与的社会管理格局,健全基层社会管理体制。最大限度激发社会创造活力,最大限度增加和谐因素,最大限度减少不和谐因素"。而2013年《中国国共产党第十八届中央委员会第三次全体会议公报》则提出,"必须切实转变政府职能,深化行政体制改革,创新行政管理方式",同时创新社会治理体制,改进社会治理方式,激发社会组织活力。2015年中国共产党第十八届中央委员会第五次会议通过的《关于制定国民经济和社会发展第十三个五年规划的建议》则明确提出,"建设平安中国,完善党委领导、政府主导、社会协同、公众参与、法治保障的社会治理体制,推进社会治理精细化,构建全民共建共享的社会治理格局"。也就是说,社会治理创新要求在坚持党的领导和发挥政府主导作用的同时,还能充分激发社会组织的活力,实现国家治理和社会自治的平衡。社会治理创新已经成为新时期提高党的执政能力，促进和谐社会建设的关键工程，也是中国特色社会主义法治建设的核心理念。

如前文所述，具有不同包容性的、多元化的半自治社会领域的相互环接，是现代社会的基本特征。规范多元化与权力多元化既是一个基本事实，也是一种发展趋势，社会权力的过滤结构在一定程度上决定了公共议程（包括法律议程）的议题设置，社会权力的积极参与（或幕后运作）也在一定程度上影响着法律决策的结果，而复杂的社会权力结构则构成了法律运行的实际环境。因此，法律系统面临着两个基本难题：一方面，面对来自社会权力的影响和压力，如何才能既保持自治又能充分回应；另一方面，面对广泛存在的半自治社会领域，法律系统如何能够在实现社会控制的同时，还不伤害有价值的社会生活模式。也就是说，法律系统必须发展出某些机制，使自身能够适应功能分化的半自治社会领域构成的复杂社会环境。

作为新法律演化论的代表之一，德国学者图依布纳认为，现代法律在经历了形式理性与实质理性两个发展阶段之后，正在导向一种自我反思的方向，这是一种新的法律理性，即反思理性。反思理性法的出现，正是法律系统对越来越复杂的社会权力结构的回应。反思理性法反映了一种新的法律自我限制，法律系统不再（像实质理性法那样）大刀阔斧地直接调控社会过程，而是将自身的作用限制在对半自治社会系统的内部决策和外部沟通结构的设计和矫正。在反思理性法模式下，社会整合的权力部分转移到各种半自治的社会领域。"法律则成为一种协调半自治社会次级系统内部以及不同社会次级系统之间行为的系统。"❶ 在反思理性法的社会治理模式下，法律通过程序导向的制度约束促使各种社会权力结构内化各种社会公共目标，并将之视同为自身的目标，并通过积极的、创造性的自我管理实现上述目标，❷ 最终促成社会系统内部的反思文化的形成。

也就是说，反思理性法的发展是法律系统面对社会权力结构的日益复杂化，而对自身的功能和调整模式进行自我反思的结果。

---

❶ Gunther Teubner, "Substantive and Reflexive Element in Modern Law", *Law & Society Review*, 17 (1983), p. 242

❷ Dennis D. Hirsch, "Green Business and the Importance of Reflexive Law: What Michael Porter Didn't Say", *Administrative Law Review*, 62 (2010), p. 1062.

第六章　社会权力的法律规制——反思理性法的理论逻辑与实证分析

第一节　反思理性法的产生背景与制度逻辑

一、法律系统与其他社会系统的自创生性

解释和分析现代社会的复杂性是人类学、社会学、法社会学的基础性论题。从社会功能的差异理解社会复杂性的原因和意义是其中一种有广泛影响的研究思路，亚当·斯密是社会分工理论的最早阐发者，而涂尔干则是这一理论的集大成者。在涂尔干看来，道德的平均水平是衡量文明进程的基本变量，一种最低限度的道德平均水平是社会生活所必需的。而"道德生活就像人们的肉体精神一样，总是要适应相互矛盾的需要，因此，它自然是由各种矛盾的部分组成的，它们相互进行限定，相互寻求平衡"[1]。而事实上，不仅仅是同质性有利于维持一个道德共同体，"不同性和相似性都是产生相互吸引的原因"[2]。社会生活和社会团结的本原有两个：其一是个人意识的相似性；其二是社会分工。前者使个人淹没于社会，也缺乏个性，而后者使个人具有了差异性和自身的独立价值。前者带来的是机械的团结，而后者则是一种有机团结，是伴随着工业社会的到来而产生的新的团结类型。

这样，涂尔干就为我们提供了一种理解社会分工的全新视角，分工并不意味着分散，相反，社会分工的真正贡献在于其能够在社会成员之间建立团结意识，促进社会联合。社会分工"逐渐成为社会团结的本质条件"，"分工产生了道德价值，个人再次意识到自身对社会的依赖关系，社会也产生了牵制和压制个人无法脱离自身限度的力量。总之，分工不仅变成了社会团结的主要源泉，同时也变成了道德秩序的基础"[3]。不同于低级社会中个人完全被集体意识吞噬，现代社会的理想是建立自由、平等的相互依存的社会关系，并保证所

---

[1] [法] 埃米尔·涂尔干：《社会分工论》，渠东译，生活·读书·新知三联书店2000年版，第6页。

[2] [法] 埃米尔·涂尔干：《社会分工论》，渠东译，生活·读书·新知三联书店2000年版，第19页。

[3] [法] 埃米尔·涂尔干：《社会分工论》，渠东译，生活·读书·新知三联书店2000年版，第358–359页。

有的个人以及有利于社会发展的全部力量得到自由发展，而各种社会功能之间也会达到和谐状态，一种新的组织性的社会发展起来。

卢曼和图依布纳的法律自创生理论则进一步从社会子系统内部理性的差异理解现代社会的复杂性，并在此基础上重新考虑法律作用于社会的机制。按照法律自创生理论，系统分化是现代社会的基本特征，系统之间的差异源于其内部理性的逻辑自治，而内部理性的基础是运用独特系统符号形成自身对于外部环境的理解和意义建构，并以此为基础进行内部沟通的循环和获得发展的机会。❶ 因此，系统论的分析重心必须由原初的结构转向运作（沟通），于是基本问题就是"运作如何产生系统与环境的差别，以及——由于这必须有循环性联系——运作如何能分辨出哪些运作属于一起的，哪些不是……法律的现实性并非在某种稳定的观念性中，而是完全在生产和再生产专门法律含义的运作中……我们的基本出发点是，这必须始终是法律系统自身的运作"❷。也就是说，系统（包括法律系统）是从自身内部产生生存与进化的条件，而不是通过对外部环境的适应性和贡献获得生存机会。系统内部越是复杂，相对于外部环境越具有独立性，其生存的机会就越大。

事实上，"在开放性和忠于法律之间存在某种紧张关系，这种紧张关系构成了法律发展的一个主要问题"❸。也就是说，法律系统在自治与回应社会需求之间始终存在逻辑困境。如前文所述，社会权力借助各种策略并通过不同的维度影响法律运作，但是按照图依布纳的法律自创生理论，上述事实并不能简单地推导出以下结论：社会权力的影响与法律的变迁之间存在直接、确定和线性的因果逻辑。相反，法律的发展主要服从自己的逻辑和理性。法律自创生理论是试图解释法律的开放性与独立性之关系的一种理论努力：一方面，法律必须适应社会结构的分化，即卢曼所谓的片断式分化、阶层分化和功能分化；另一方面，法律又是一个遵循自身发展逻辑的自治系统。上述两个方面并不矛盾，关键问题在于法律回应外部需求的方式。

这可能与我们分析问题的层次有关系，"在具体的相互作用的层次……法

---

❶ [德]贡塔·图依布纳：《法律：一个自创生系统》，张骐译，北京大学出版社2004年版，第2页。

❷ [德]卢曼：《社会的法律》，郑伊倩译，人民出版社2009年版，第19页。

❸ [美]诺内特、塞尔兹尼克：《转变中的法律与社会：迈向回应型法》，张志铭译，中国政法大学出版社1994年版，第84页。

第六章 社会权力的法律规制——反思理性法的理论逻辑与实证分析

律规范可以被恰当地解释为各种利益和利益群体的权力和决策过程的结果"[1]。但是从系统层次分析（从整体意义上），法律系统能够维持自身的稳定性，并使自身区别于其他社会系统，就一定具有独立的发展逻辑。如果将法律视为自治甚至是自我再生产的沟通或运作系统，那么社会权力的外部影响与法律自身的发展变化之间的关系就变得更加微妙和复杂，这里不再存在简单和直接的因果逻辑。虽然从具体层面看，各种社会权力确实以多种方式向法律系统施加压力和影响，但是这些外部影响的结果并非是必然和确定的，法律的发展不能简单地还原为社会需求的单纯反映。法律的内在运作和内在循环限制了法律变化的可能性并引导着外部力量的影响。[2] 法律系统是自我指涉的，法律秩序、法律行为、法律规范、法律学说（凡是作为法律理论而存在的，完全都是在与法律系统自我描述相联系中产生的，这些理论研究尽管随时准备批判，但是它们首先是尊重法律的，并且愿意受相应规范的约束）[3] 共同构成了法律系统内部的沟通循环，这种逻辑自治的循环决定了外部需要在法律系统内部的最终表达形式。外部的需求与法律系统的认知系统未必能够实现无缝链接，法律系统对于外部需求的认知是依照自己的符号和逻辑系统获得和理解的。在这一过程中，外部需要可能发生折射，这种折射可能是无意识的（由于认知能力的局限），或者根本就是有意识的（为了符合法律的逻辑并保证法律系统的自治）。所以，法律只是在对自身的回应中改变自己，一切发展的直接动力和素材都是发生或生产于法律系统内部，只有法律自身能够决定自己的发展。在这个意义上，法律系统是自创生的。

所以，法律的自创生理论是一种处理系统和环境关系的理论。需要注意的是，自创生理论不能直接理解为封闭性，系统和环境之间依然存在密切的因果关系。"以物质和能量为基础的开放性（对环境的依附性）并不违背信息上或语义学上自成一体的观点。"[4] 因此，系统的自创生性并不能直接等同于系统与环境的因果封闭性。自创生性的意义在于主张系统必须依靠自己的沟通循环产生自己的运作，完成自己的再生产，也就是说，"系统必须以自己为前提，

---

[1] ［德］贡塔·图依布纳：《法律：一个自创生系统》，张骐译，北京大学出版社2004年版，第64页。
[2] Gunther Teubner, "Autopoiesis in Law and Society: A Rejoinder to Blankenburg", *Law & Society Review*, 18 (1984), p.295.
[3] ［德］卢曼：《社会的法律》，郑伊倩译，人民出版社2009年版，第5页。
[4] ［德］卢曼：《社会的法律》，郑伊倩译，人民出版社2009年版，第20页。

才能够随着进一步的运作及时地进行它自己的再生产，或者换言之就是，系统通过事后和事前采取自己的其他运作生产自己的运作，只有通过这一方式才能确定什么属于系统，什么属于环境"❶。

这种分析思路实际上并不陌生，当福柯谈到权力生产了主体，或者马克思的唯物主义哲学强调经济基础决定上层建筑（或者人的本质是社会关系的总和），所引发的各种反对意见归根结底就是害怕上述理论过分强调环境对个人的影响，从而导致个人丧失主体性。而近代西方的主要哲学思想，无论是自由主义还是个人主义，都是以理性、自治的个人作为理论基础和逻辑起点的，毫无疑问个人是会受到外部环境和权力关系的影响，但个人作为自治和理性的存在才是具有根本性的，否则个人就无需独立承担责任，一切法律理论都得重建。所以，自创生理论只是将传统的用于分析个人自主性与社会依存性的分析思路挪借到系统的分析。但是恰如下文提出的，这种分析思路同样会产生解构主体的担忧（即个人在系统中如何自处的问题）。

从逻辑上看，自创生理论提供的是一种"集中于社会沟通的差别化（个别化）性质的社会秩序（及知识和意义）的解释"。"沟通系统之间的区别不在于它们所执行的任务，或它们似乎努力朝向的理念，而在于它们运用不同的密码围绕事件进行沟通的事实。"❷ 社会之所以复杂，是因为差别化创造了不同的、日益专门化的语言（符号）和逻辑，而不同的语言和符号构成了不同系统内部沟通模式的差异化。于是针对同一事件，不同系统的理解方式和最终做出的反应以及表达形式都会存在差异，当然这也为不同系统之间的外部调试提供了机会。在法庭之上，无论是法官、两造，还是旁听者，大家谈论的只能是法律，不论一个人想要促成的是什么社会目标（政治的、文化的或是经济的），都必须转化为法律上的语言和诉因才能被理解或接受，才能融入法律沟通的过程。所以，外部的影响或需求并非是以简单的方式吸收到法律，相反，它需要被重新理解、建构、表达，即需要通过法律沟通使各种要求合乎法律逻辑，从而能够进入法律沟通的过程，这些新的法律沟通将与旧有的法律沟通相互连接并传达到将来的法律沟通。也就是说，在旧有的法律沟通的基础上生产出新的法律沟通，在法律沟统的自我循环中，为法律系统的发展提供素材。这

---

❶ ［德］卢曼：《社会的法律》，郑伊倩译，人民出版社2009年版，第20页。
❷ ［德］贡塔·图依布纳：《法律：一个自创生系统》，张骐译，北京大学出版社2004年版，第2页。

第六章 社会权力的法律规制——反思理性法的理论逻辑与实证分析

样一来，对于外部需求而言，法律系统就像是一个黑洞，内部沟通所涉环节众多，立法、司法、法学各个环节的互动与循环微妙又复杂（无论是在哪个国家，学者的思想能够影响司法判决，或影响司法考试，都是莫大的荣誉），其中的逻辑很难明晰化，所以也就难以准确预测当一个社会需求进入法律系统之后究竟会引发什么样的反应。结果，法律与社会的关系就变得若即若离。

因此，在社会权力以有选择的态度对待法律的同时，外部需求也是"被有选择地吸收进法律结构，并与规范发展的逻辑相适应。即使最强大的社会压力也只能通过首先型塑'社会事实的法律结构'才能影响法律的发展"❶。法律系统内部的循环和互动维系了法律系统的自治，并为各种法律发展的可能性创造了空间。在这个意义上，法律自治并不排除法律与外部社会因素的相互影响，但前提条件是，这种相互影响必须被理解为"一个循环的、因果的过程怎样受外部影响的问题"❷。于是，系统的认知能力不是系统有能力适应外部环境的反应，系统的进化也不再是适应外部环境能力的改善，环境可能会作为诱因刺激系统甚至是破坏系统，但是并不能够决定系统内部的交往过程如何进行，系统内部交往的目的是为自己下一步的运作准备条件。

总之，社会学的问题变成了一个意义建构的问题，一个运用不同符号理解外部世界的问题。在此，图依布纳的法律自创生理论提供了一种关于法律的建构主义的认识论，"法律的概念事实并不是与外在的社会事实直接相对应的存在。毋宁说，它们是法律作为一个自治的认知主体所建构的自己的事实"。也就是说，"法律自治地处理信息、建构意义世界、设置目标和目的、生产事实建构、界定规范预期"❸。在法律演化过程中，外部压力充其量只是作为一种启动法律内在循环过程的诱因而发挥干扰或是摄动的作用，是刺激法律秩序发展的外部噪音。所以，"法只在对自身动力的回应中改变自己"❹。说到底，法律是自我再生产的，也就是自创生的。

---

❶ Gunther Teubner, "Substantive and Reflexive Element in Modern Law", *Law & Society Review*, 17 (1983), p. 249.

❷ [德] 贡塔·图依布纳：《法律：一个自创生系统》，张骐译，北京大学出版社 2004 年版，第 47 页。

❸ Gunther Teubner, "How the Law Thinks: Toward a Constructivist Epistemology of Law", *Law & Society Review*, 23 (1989). pp. 730 – 739.

❹ [德] 贡塔·托依布纳：《魔阵·剥削·异化——托依布纳法律社会学论文集》，泮伟江、高鸿钧等译，清华大学出版社 2012 年版，第 275 页。

传统社会理论的基本假设是个人主义，即"行动的个人构成了社会"，即使部分学者强调"社会事实"的客观性，强调社会自身的价值，但是个人始终都是理解社会的基本元素。而福柯的后结构主义、哈贝马斯的批判理论以及卢曼的自创生理论则打破了这一基本假设，他们的共同之处在于认为沟通过程才是社会的基本元素。在此基础上，图依布纳指出，"法律并非是通过人类个体的有意识的行为而生产出来的文化产品。相反，法律系统中的人类行为只不过是作为沟通过程的法律通过自己的法律运作所生产的语义构成物"[1]。如前文所述，福柯的权力生产主体的观点（以及其他后现代的思想）容易产生"没有主体，没有理性"的担忧，同样，面对法律自创生理论，人们也会想到以下问题：个人在哪里？系统理论经常面临以下质疑，即"系统理论为了社会把人类个体边缘化，把个人当做'盲目的力量'，作为'玩偶，游戏没有它就不能进行'"。而玩偶并不能决定游戏的运作和规则，它只是道具。但是图依布纳认为，事实恰恰相反，人类主体在相当程度上参与着社会：一方面，"'人'的社会构成物对于社会得以通过自我观察从沟通中构成行为是绝对必需的"。另一方面，"社会系统受到通过操作和结构耦合发生的不安的精神系统的干扰"。自创生理论为个人注入了新的生命，因此个人和主体并没有被解构，而只是"从中心位置移开了"。[2] 也就是说，个人不再是解释社会现象的中心，法律也不是法律共同体成员的理性自觉的总和，但是个人主体却是系统运行的力量本原，系统的自我观察、沟通循环、结构耦合、共同演进，最终还是需要附着于个人（作为社会存在物）的精神活动和创造性。在自创生的法律系统（以及其他系统）中，具体的个人具有双重身份，作为社会存在，他们是自创生的社会系统的创造物，但作为精神存在，他们则是生物学意义上的自创生系统。

故而，法律作为一个自创生的社会系统，不是一种精神现象，而是一种社会现象，是沟通的产物。法律系统的基本元素既不是律令（规则、原则、政策）、技术或理想，也不是法律决策的制定者或是运作者，也不是司法的结果，而是法律沟通。"只有将法律沟通视为法律的基本元素，法律作为一个社

---

[1] Gunther Teubner, "How the Law Thinks: Toward a Constructivist Epistemology of Law", *Law & Society Review*, 23 (1989). p.730.

[2] [德] 贡塔·图依布纳：《法律：一个自创生系统》，张骐译，北京大学出版社2004年版，第56页。

会过程的自创生性才是可理解的。"法律系统就是一个以法律语言和法律逻辑构成的沟通网络,而这一沟通网络则在旧有沟通的基础上再生产新的法律沟通。也就是说,"法律系统也是一个历史性的机器……每个自我生成的运作都在改变系统,把机器置入另一种状态,由此为下一步运作创造改变了的前提条件"❶。"这就是自创生的基本意义:通过递归性的运用法律沟通实现沟通网络的自创生。"❷

法律沟通是法律能够认识外部世界的认识工具。虽然法律沟通无法直接触及真实的外部世界,但它们能与外部世界进行交流。也就是说,法律自创生理论承认外部环境的意义,但是在外部环境压力的摄动影响下,法律是在自主地建构事实模型。在这一意义上,"法律系统是一个'封闭'系统的同时也是一个'开放'系统"。❸

虽然在认知上或是信息上是开放的,但是作为差别化的话语结构,系统间信息的传递就像是"传递悄悄话"的游戏,彼此之间的不理解或误解是一种常态,但并不是说误解就没有建设性意义,恰恰相反,正是误解才为系统的超越性发展提供了可能,这也正是这种游戏的最精彩之处,也就是说,信息传递链条的断裂可能意味着精彩的产生。"自治系统的运作恰好互相不能理解……并且在错误理解的情况下产生新的运作。……系统间循环的关键特征是增值,这始终是在扰动的火花跳跃于相关系统的边界上时才会发生。"❶ 所以,对于外界而言,法律并不总是那么确定或是可以准确预测的。但是,超越自治系统边界的循环依旧是可能的,只是系统间循环的关键性特征是增值,图依布纳称之为话语间性的剩余价值,即系统在吸收外部环境信息进行自己的意义生产时,也就是外部信息在经过法律沟通过程的过滤时,难免会发生折射。一方面,信息的连续性是不可能的,另一方面,这种连续性又是必须的。理解这种悖论的方法是"误解"。如前文所述,误解未必总是破坏性的,例如,爱情的火花就多源于误解,即一方将自己的想象投射于对方身上,从而爱上了一个自

---

❶ [德]卢曼:《社会的法律》,郑伊倩译,人民出版社2009年版,第27页。
❷ Gunther Teubner, "How the Law Thinks: Toward a Constructivist Epistemology of Law", *Law & Society Review*, 23 (1989). p. 740.
❸ Gunther Teubner, "Substantive and Reflexive Element in Modern Law", *Law & Society Review*, 17 (1983), p. 249.
❶ [德]贡塔·托依布纳:《魔阵·剥削·异化——托依布纳法律社会学论文集》,泮伟江、高鸿钧等译,清华大学出版社2012年版,第250页。

己想象的对象。也就是说，误解意味着对于常规和因循守旧的突破，也意味着一种无法预测的超越的可能性，这种可能性有可能是破坏性的，但也有可能孕育了生机。世界如此多元，不同的尝试，不同的误解总会蕴含着一些值得追求的未来。因此，不同沟通系统之间的不可理解、相互独立和逻辑自洽一方面有助于维持系统自身的品行，另一方面又能够实现系统与外部环境的结构耦合，并隐含了超越性的发展的可能性。

实际上，上述特征是所有社会系统的共有特征，多重系统的自治和规范闭合意味着，任何一种理性都是有限的（知识获得和认知的局限性），没有一种理性形式或系统能够为如此复杂的社会结构提供完全正确的发展规划，即使可以提供这种规划，也必然是极度概括的和抽象的。因此，任何一种理性的最大化都会造成其他理性的灾难，这也意味着面对系统分化的现代复杂社会，传统的法律调整模式将面临困难。

也就是说，图依布纳认为成熟的法律系统是自创生的系统，同时其他成熟的社会次级系统也不同程度地体现出自创生的特性：系统所有部分（系统的要素、结构、过程、边界、特性、统一性等）的自生产；自生产循环依靠超循环连接自维持；作为自生产的调节的自我描述。系统的自创生性创造的是不排除外部影响的自己的意义世界。❶ 与法律系统的自创生相对应的是其他半自治社会领域的不同程度的自创生性，这种双重的自治提醒我们应当改变那种将法律决策看成法律与社会之间直接的信息交换以及法律规范会直接导致社会改变的线性因果关系的思想，而应代之以一种易受外部力量影响的内部循环因果关系的思想。因此，"创造社会子系统中的秩序的不是立法，是子系统为了建立它们自己的秩序而有选择地处理立法并且任意使用它"❷。

一方面，图依布纳通过更为精细的逻辑分析了法律与社会的关系。自创生理论对法律自治性的强调也达到了前所未有的高度，这种对法律系统自循环的高度强调容易造成以下误解，即外部力量对法律的影响是边缘和间接的，也是不重要的。但事实上，法律系统为了维持自身的合法性，通常极度重视外部需求，因此，在现实世界中，法律系统对于社会压力和社会需求（尤其是来自

---

❶ ［德］贡塔·图依布纳：《法律：一个自创生系统》，张骐译，北京大学出版社2004年版，第34-36页。

❷ ［德］贡塔·图依布纳：《法律：一个自创生系统》，张骐译，北京大学出版社2004年版，第86页。

第六章 社会权力的法律规制——反思理性法的理论逻辑与实证分析

政治系统的需求）的回应——尽管逻辑上依然是间接的——经常是迅速和积极的（但是迅速和积极的回应同样也隐藏着风险，同时也意味着法律系统自身的不成熟）。因此，强调法律的自创生性，并不否认社会权力的重要影响，也不否认社会权力对法律系统的广泛参与的事实，这些事实构成了法律产生和运作的外部环境，也为法律发展提供了基本动力。

事实上，法律的自创生程度也可以视为法治发展程度的重要指标。不同于卢曼，在图依布纳看来，自创生并非是"要么是"和"要么不是"的问题。"一个人不管是分析法律的历史发展还是分析存在于任何特定时代的法律体系，区分自治的不同程度都是可能的。""一个法律系统在它达到将其组成部分——行为、规范、过程、特性——构成自关联循环的程度时就成为自治的。只有按照该种方式形成的系统的各组成部分连接成为一个超循环时，它才达到自创生的自治。"❶ 自创生的程度越高，对于外部施加的影响，法律系统就越具有一种回应方面的不确定性。事实上，如果法律系统对于外部需求的回应过于敏感和积极的话，可能还会损及法治自身。例如，2007年《最高人民法院关于司法解释工作的规定》所带来的司法解释制定程序的民主化（即按照该规定第10条，有关国家机关、社会团体或者其他组织以及公民都可以提出制定司法解释的建议），就引发一些担心，因为"最高法院此举看上去比以往更进一步地剥落了自己的'司法'品性"，"法院需要在顺应民意和距离民意之间寻找适当的平衡，为此，不应再采取进一步'民主化'的措施"。❷ 同样，如果立法或行政过程对于外部需求（尤其是一些特殊利益集团的压力）的回应过于敏捷，也会面临偏私性的质疑。也就是说，如果外部力量与法律变化之间的因果联系过于直接，可能只是证明了法律系统的不成熟和法治的不完善。

传统的法律理论并不是从运作出发，而是以人为出发点，所以法律系统的自律性或者裁判权的独立行使（司法的独立性）就只能通过法官或检察官的独立性来保证，独立性的意义就是免受外界压力的干扰和左右，法官独立、司法独立、职务终身、高薪等制度被认为有利于保障法官免受外部的压力和诱惑。但是按照自创生理论，"系统的结构只有通过系统的运作才能够产生，并

---

❶ [德]贡塔·图依布纳：《法律：一个自创生系统》，张骐译，北京大学出版社2004年版，第41页。

❷ 沈岿：《司法解释的"民主化"和最高法院的政治功能》，载《中国社会科学》2008年第1期，第100-101页。

且每次都要根据案情来决定可用或不可用,可记忆或可忘记。自律性从字义上来说就是自我限制。如此看来,自律性并不等同于运作自成一体性,而是运作自成一体性的一个结果。"❶ 也就是说,对于外部环境的事实或需求,法律系统需要一种内部的合法性确认。

另外,如果法律系统开始认识到其周围作为环境的其他半自治社会领域的自创生特性,并以自身的规范性结构去适应这种环境,则可能会导致一个成果丰富的法律进化阶段。❷ 既然法律以及受其调整的其他社会次级系统都在一定程度上是趋向于自创生的,那么直接的、强制性的、外在的法律干预(传统法律理论产生的是一个有政治强力保证的,通过法律实现的规范性的期望体系)❸ 就很难取得良好的效果,或者说这是在用他组织的方法解决自组织的问题,结果常常是隔靴搔痒、无的放矢或事与愿违。❹ 但是,自创生系统虽然在规范上是运行闭合的,在认知上却是开放的,这意味着自创生系统具有学习和适应外部影响的能力(即按照自身的规范结构转化外部影响的反思潜力,并伴随着外部预期,而使自身的应对机制发生调整),否则的话,自创生系统就会因为无法与其他社会系统实现结构耦合而面临生存危机,有生命的个体是如此,社会系统也是如此。因此,法律的社会调整依旧是可能的,但是这种调整应当而且只能是间接的,并侧重促进被调整系统的内部结构的改变以促进其自我持续性反思的能力,而法律的作用则主要在于为其他社会子系统的自我界定和互动过程提供制度支撑和规范预期。

自创生理论的主要关注在于系统和结构的分析,因此更加适合分析和预测法律的进化模型。20 世纪中后期,一种学术期待开始出现,即"希望有一种新的社会科学履行老一辈人的允诺,去探究法律秩序明显与世隔绝的原因并寻找补救措施"❺。面对一系列的社会问题,政治共同体疲于应付,法律秩序需要应对新的需求,法律与社会的关系成为重要的议题。因此,以诺内特、塞尔

---

❶ [德]卢曼:《社会的法律》,郑伊倩译,人民出版社 2009 年版,第 30 页。
❷ Gunther Teubner, "Autopoiesis in Law and Society: A Rejoinder to Blankenburg", *Law & Society Review*, 18 (1984), p. 300.
❸ [德]卢曼:《社会的法律》,郑伊倩译,人民出版社 2009 年版,第 62 页。
❹ 张骐:《直面生活,打破禁忌:一个反身法的思路——法律自创生理论述评》,载《法制与社会发展》2003 年第 1 期。
❺ [美]诺内特、塞尔兹尼克:《转变中的法律与社会:迈向回应型法》,张志铭译,中国政法大学出版社 1994 年版,第 1 页。

第六章　社会权力的法律规制——反思理性法的理论逻辑与实证分析

兹尼克、卢曼、哈贝马斯、图依布纳为代表的新法律演化理论的共同观点就是法律进化的自主性。❶ 但是，强调法律系统的自治性和法律进化的自主性并不意味着放弃法社会学的关键主张，即"法律对于社会因素的依存"。❷ 法律不是超然世外的存在，其发展和演变的目的是回应外部的需求，法律演化的内在逻辑必须适应社会发展的水平。显然，法律与社会之间，只有"差别与适应同时在系统和环境的关系中持续存在的时候，进化才得以实现，否则，进化的对象就会消失"。❸ 为了应对外部环境，法律会不断地产生诸多变化（就像遗传过程中发生的基因变异和重组），但是并不是任何变化都会被选择记忆和保留下来。因此，变化、选择、稳定的关系就成为法律演化的关键。

按照法律自创生理论，系统（包括法律系统）的自创生性是一切系统进化的先决条件，只有当以下条件都具备时才会产生进化：一个自我生成的因素在与迄今为止的再生产模式比较中有所变化；对由此产生的可能有的结构之选择成为继续再生产的条件；在动态稳定意义上的系统的保持稳定，也就是在这一变化了的形式中继续进行自我生成的、由结构决定的再生产。❹ 也就是说，对于自创生的系统而言，进化的前提条件，也是进化的产物。对法律进化起决定作用的变化涉及那些对于法律系统而言尚未意识到的来自外部的规范性预期。社会中已经作为社会交往结构的规范，在发生于社会的事实进入法律系统成为案件之后，被法律系统所感知，并在旧有法律沟通的基础上进行选择和稳定，就成为法律与外部系统之间实现结构耦合的机会，一个相互调试的机会，即围绕一个相同的事件，法律与其他社会系统的规范性预期完成了结构耦合。但是就总体而言，进化的动力是发生于系统内部，这使得高度复杂的系统的形成和维持成为可能，并且一旦目的达成，就会通过继续演进来表现这种复杂的建构。虽然法律进化理论解释具体或单个法律事件的能力有限，但是对于法律结构类型的解释却具有很强的分析能力，也有助于我们对法律发展的未来形式做出合理预测。

简而言之，图依布纳的自创生理论在解释法律演化的过程时，试图将

---

❶ Gunther Teubner, "Substantive and Reflexive Element in Modern Law", *Law & Society Review*, 17 (1983), p. 248.

❷ Gunther Teubner, "Substantive and Reflexive Element in Modern Law", *Law & Society Review*, 17 (1983), p. 248.

❸ ［德］卢曼：《社会的法律》，郑伊倩译，人民出版社2009年版，第127页。

❹ ［德］卢曼：《社会的法律》，郑伊倩译，人民出版社2009年版，第127页。

"内在"变量和"外在"变量相结合,也就是说,既关注法律系统本身固有的发展潜能,又考虑现代社会的极度复杂性和诸多限制,即侧重说明法律系统的内在逻辑的演进是如何在社会发展的背景下自我实现的。

二、法律的演化与反思理性法的制度逻辑

卢曼主张,应将法律视为把未知的未来纳入社会之中并用来约束未来的方法,因此法律系统可理解为社会系统内部的免疫系统。与人体内部的免疫系统一样,法律系统不必处理环境问题,它只需要记载和理解(根据自身的符号和沟通)内部的冲突并发展出可以实现预期的方法,也就是为未来案件的解决提供规范资源和潜力。一切需要解决的问题都是发生于自身,解决的办法也同样来自内部。所以,法律系统不必理会环境,有时还要故意远离环境,固守自己的经验,刻意保守。这样看来,免疫系统不是适应环境的结果,而是放弃适应环境的结果。❶ 但恰如哈贝马斯所言,"经过这样的描述,有关法和非法的交往被剥夺了社会整合性意义"。❷

但是卢曼的分析只是从每一个当下的视角加以观察的结果,如果以整体性的或是长远的视角观察(进化的视角),免疫系统本身也是一个历史性的、连续不断发展过程,只不过在自创生理论的基点之上,它的发展是迂回曲折的、自我调节的、自我生成的、长期调试的过程。如果不能适应不断发展的环境对人体产生的伤害,免疫系统也就失去存在的意义,甚至会导致身体的崩溃。同样,法律与社会依旧发生连接(虽然是间接的),依旧需要在自身内部逻辑和沟通的基础上不断探知外部需求,同时需要对自身的制度和规范潜力进行调整。在这一点上,图依布纳对卢曼的思想进行了改进,并依然承认法律系统能够突破界限,实现对社会的整合。虽然法律系统在沟通和运行方面是自我循环和自我再生产的,但是在认知上却是向外部环境开放的,而法律对社会的

---

❶ [德]卢曼:《社会的法律》,郑伊倩译,人民出版社 2009 年版,第 299-300 页。
❷ 在哈贝马斯看来,自创生理论"错误地认为专门的商谈就解题能力而言在任何方面都高于没有分化的日常语言",而事实上,法律的整合性力量来自法律与日常语言的联结,日常语言流通于所有社会领域,拥有可以翻译一切差别化语言的能力,并为"分化开来的子系统的外部代价提供了共鸣板,因此仍然对全社会的问题状况保持敏感"。[德]哈贝马斯:《在事实与规范之间——关于法律和民主法治国的商谈理论》,童世骏译,生活·读书·新知三联书店 2011 年版,第 62-68 页。

第六章 社会权力的法律规制——反思理性法的理论逻辑与实证分析

调整主要是由两种多样化的机制的结合来完成的,即信息与干涉。❶ 信息诠释了自创生的法律系统的认知开放,是法律系统观察和探知外部环境的过程。如前文所述,图依布纳是借助建构主义的认识论分析法律系统认知和处理信息的过程,即法律系统认识和吸收信息的过程是有选择的,而且在法律系统的沟通过程中,信息会经历重新的组合和处理,并将构成未来法律沟通的素材。

虽然认知开放并没有改变法律系统运行闭合的事实,但图依布纳指出,干涉机制能够实现法律系统和其他社会系统之间的直接接触。如前文所述,干涉主要是一种媒介机制,即不同的系统围绕同一事件同时进行观察和理解,由此产生了不同的理解,不同系统的规范性预期就有了彼此调试和结构耦合的机会。当然干涉并不改变系统通过内部沟通建构外部事实的观察本质,干涉只是意味着针对同一事件不同沟通发生的同时性,事件的意义仍然需要在不同的系统内部被重构。例如,2000年美国总统大选过程中,民主党(候选人是戈尔)和共和党(候选人是布什)对佛罗里达州的计票问题产生了争议,而计票引发的一系列法律纠纷最终被诉至美国联邦最高法院,于是这一政治事件在法律逻辑的范畴中被重新解读,从而政治系统的预期与法律系统的预期获得了彼此调试的机会。既然系统间可以经由干涉超越自我观察,并经由相互干扰形成联结,那么通过法律的社会调整也就成为可能。但是,法律系统与其他社会系统的自创生性规定了法律调整的界限。法律规制成功的前提是能够遵守上述界限,即有效的法律调整模式必须符合不同社会系统之间的联结性条件——不同系统之内在逻辑的外部兼容。法律系统必须承认和保护自身以及其他社会系统的自创生性,同时又必须善用系统的认知开放,通过培养系统的反思能力,促使其对自身内部行为的外部影响保持敏感,这将导致一种反思理性法的社会调整模式,反思理性法首先就意味着法律调整应当尊重其他社会系统的自治。

为了分析法律进化的过程以及不同法律形式之间的差异,图依布纳在卢曼理论的基础上,结合韦伯与哈贝马斯的观点,从规范理性(涉及那些能够证明法律规范控制人们行为的特定方式的合理性的基本原则,即证明法的正当性或合理性的那些原则)、系统理性(涉及法的外部社会调整功能,即法律回应外部社会环境的规范性预期的能力)、内在理性(涉及法律的内在结构特征)

---

❶ [德] 贡塔·图依布纳:《法律:一个自创生系统》,张骐译,北大出版社2004年版,第76 - 81页。

三个方面描述不同法律类型的基本维度，并以此为基础将法律的演化过程区分为形式理性法、实质理性法、反思理性法三个阶段。[1]

（一）形式理性法

资产阶级革命之后，现代法律逐渐进入了韦伯所谓的形式理性法时代。规则导向的形式理性法的合理性或正当性在于其对自由主义、理性主义和私人自治（免于国家控制）的贡献。在这种法律模式下，法律将自身的作用限制在提供行为规则的抽象领域，程序正义是法律的核心关注，守法主义（严格服从法律规则）被认为是司法的首要美德，司法与政治的分离成为一种基本追求（形式上如此）。其外在功能是"保证一个框架，在其中私人行动者可以自主地做出实质性价值决定"。[2]法律对政治权力和经济权力保持表面上的中立，正是这一点为资本主义的政治主张提供了合法性论证。诺内特和塞尔兹尼克所谓的自治型法符合形式理性法的基本特征，如法律的规则模式，法律与道德的分离，法律形式主义和程序中心理念等，捍卫法律的自治成为法律系统的核心关注。[3]上述特征也正好说明了形式理性法的内在结构性特征。形式理性法产生的背景是自由资本主义和市场经济的飞速发展，形式理性法通过主体权利的系统化为个人、社会、市场的发展提供了充分自由的制度环境。

进化理论的核心观念是发展危机，这种危机主要存在于法律系统的规范资源和控制能力与社会发展需要之间的不平衡，这种不平衡可能会削弱人们对法律的认同，从而产生合法性的危机，并推动法律的发展。形式理性法之所以出现危机，主要是因为法律系统在维持自身完整性和自治性方面耗费了太多的精力，并由此产生了诸多局限。[4]"自治型法关注约束权威，这致使法律机构狭窄地解释自己的权力，躲避那些政策问题，戴上中立的面具，并避免首创精

---

[1] Gunther Teubner, "Substantive and Reflexive Element in Modern Law", *Law & Society Review*, 17 (1983), p.252.

[2] Gunther Teubner, "Substantive and Reflexive Element in Modern Law", *Law & Society Review*, 17 (1983), p.252.

[3] [美]诺内特、塞尔兹尼克：《转变中的法律与社会：迈向回应型法》，张志铭译，中国政法大学出版社1994年版，第60页。

[4] [美]诺内特、塞尔兹尼克：《转变中的法律与社会：迈向回应型法》，张志铭译，中国政法大学出版社1994年版，第61页。

神。"❶ 这一特性孕育了退却和保守的倾向，机构变得僵硬，并因此无法应对越来越多的突发问题。

此外，越来越多的人开始注意到形式理性法的本质特征，这也影响了其合法性认同。表面上不偏不倚的"公正的法条主义"理念，实际上并未真正实现其允诺的超然性、公正性和平等性，以其为基础的"法治"也没有带来真正的自由、公平和正义，相反，自由资本主义的法治本身也是特权的支柱，并带有深刻的阶级性。正如有学者所讲的，"现代资本主义社会的'法治'的独裁主义性质一点也不比前现代社会的人治逊色；它也像从前一样实行财富和权力的不公平分配，但它为此而采用的方式却如此复杂而间接，使得旁观者如堕雾中……在现代自由资本主义世界中，暴力得以保留，与此同时……众多的道德先生、道德顾问和蛊惑人的道德幌子把剥削者和掌权者区分开来。在这里，法律则是其中最可怕的蛊惑人的玩意"。❷

（二）实质理性法

随着自由资本主义的发展，市场机制的不足逐渐显现，尤其是经济性的社会权力的内部理性与公共责任反思能力之间的失衡越来越严重，形式理性法已不再有能力为社会系统提供秩序。于是，西方法律演化到一个新的阶段，国家规制的范围和强度都在加强，按照韦伯的术语，即实质理性法的阶段，法律失去了大多数形式性特征，"法律的关注点从自治转向调控"，并以此获得正当性。实质理性法的主要社会功能是"通过对经济和社会的集体调控，弥补市场的不足"❸。社会进程变得日益法律化，法律的合理性在于实现实质性社会目标——提供就业、结束歧视、保障福利等。实质理性法的内在结构特征是目的导向、特殊主义和工具主义。相比较而言，形式理性法主要是一种司法模式，而实质理性法则主要是立法和行政模式。因此，与形式理性法相比，实质理性法更像是政治，法律系统更加积极主动地承担起社会控制的任务，也更容易受到政治权力的影响，法律的核心关注也容易转移到维护"官方"政策，

---

❶ ［美］诺内特、塞尔兹尼克：《转变中的法律与社会：迈向回应型法》，张志铭译，中国政法大学出版社1994年版，第93页。

❷ 转引自［美］诺内特、塞尔兹尼克：《转变中的法律与社会：迈向回应型法》，张志铭译，中国政法大学出版社1994年版，第5页。

❸ Gunther Teubner, "Substantive and Reflexive Element in Modern Law", *Law & Society Review*, 17 (1983), pp. 253-254.

法律尤其是刑法主要反映居于支配地位的道德倾向，维护社会公德和社会体面成为法律系统的重要任务。但是，实质理性法始终面临两个基本难题：第一个难题是认知性的，当社会过程的复杂性超出了政治—法律系统的认知能力和规划能力时，这个问题就产生了；第二个困难是规则性的，实质理性法必然导致议会立法和行政立法的增加，议会立法的增加使得法律的协调越来越困难，而行政立法的增加则面临民主合法性的拷问。❶

第一个难题类似于哈贝马斯所谓的"合理性危机"。在功能高度分化的现代社会，要求国家承担规划权威的角色，但是国家"权力机构几乎毫无信息能力和计划能力，彼此也不能很好地协调一致，因此他们要依赖于其服务对象所给予的信息"❷。法律系统的信息能力、规划能力与社会环境复杂性的不平衡，使得法律系统无法吸收各种社会发展模型，各种计划与命令不可避免地彼此矛盾。第二个难题类似于哈贝马斯所谓的"合法化危机"。国家干预深入社会，需要对越来越多的事务承担责任，政治系统极度依赖民众对国家法律和政策的忠诚和认同。法律的不协调当然会损害法律的权威，而对行政立法的过度依赖则一方面加剧了法律冲突的问题，另一方面，"相互矛盾的控制命令是通过行政人员而非市场参与者的目的理性行为而表现出来的"。❸ 行政立法的民主瓶颈又直接威胁到国家法律和政策的认同。此外，福利国家许诺的实质社会目标在很大程度上并未实现，经济危机和失业问题还是资本主义国家的通病，而高福利也带来了社会活力消退的弊病，种族、性别、阶级依旧是个人努力之外影响人们生活机会的重要因素。面对复杂的社会进程和层出不穷的社会问题，政府疲于奔命，实质合理性的法律和政治修辞逐渐失去了政治魅力。此外，哈贝马斯还分析了"动机危机"（发生于社会文化系统的危机），即社会文化系统的"输出无法满足国家和社会劳动系统的功能要求"。❹ 除了上述主要难题或危机以外，法律的运行还受到各种半自治社会领域的内部秩序的竞争

---

❶ Eric W. Orts, "Reflexive Environmental Law", *Northwestern University Law Review*, 89（1995），p. 1258.

❷ [德] 尤尔根·哈贝马斯：《合法性危机》，刘北成、曹卫东译，上海人民出版社 2009 年版，第 69 页。

❸ [德] 尤尔根·哈贝马斯：《合法性危机》，刘北成、曹卫东译，上海人民出版社 2009 年版，第 75 页。

❹ [德] 尤尔根·哈贝马斯：《合法性危机》，刘北成、曹卫东译，上海人民出版社 2009 年版，第 82 页。

和抵制，这就产生了"动力危机"的问题。如莫尔所言，国家强制的潜在威胁远不及其他社会权力的强制来得迅速和直接，也不及社会领域的利益诱惑来得强烈，想要进入或者留在各种半自治社会领域的利益分配结构的强烈动机，经常胜过守法的动机，那又该如何保证人们具有遵守法律的充分动力？

（三）反思理性法

伴随着福利国家的危机，实质理性法的制度策略开始受到广泛怀疑。面对实质理性法的危机，一种回应是退回到形式理性，即政府全面撤退，私人领域再度产生自由和效率。可事实是，太多人受益于福利国家提供的好处，而不可能同意回退到诺奇克（Robert Nozick）推崇的那种最小意义上的国家（即守夜人式的国家），[1]人们对政府在诸多领域不作为的普遍谴责，实际上反映的正是现代人对国家权力的极度依赖。因此，政府的全面撤退只会产生社会不堪承受的负担，甚至有可能导致自身合法性的过度流失。事实上，无论是形式理性法还是实质理性法，都没有能力很好地处理社会权力的自治与法律自治之间的关系（虽然形式理性法强调社会自治的重要性，但是却没有能力促进社会权力对自身行为的外部影响的持续性反思）。基于这种考虑，图依布纳认为，法律发展的下一个阶段将会是反思理性，反思理性法的合理性在于能够协调各种社会合作形式，其基本功能是"通过型塑其内部对话程序以及不同社会系统之间的协调方法，建设或者重建这些半自治的社会系统"[2]。反思理性法的内在结构主要体现为一种程序导向的间接调整机制，即依靠调控社会系统内部决策、沟通程序实现社会规制，并为半自治社会领域的自我反思提供结构前提。因此，与形式理性的规则导向和实质理性的目的导向不同，反思理性是程序导向的。

图依布纳的反思理性法思想，在很大程度上得益于诺内特和塞尔兹尼克的回应型法。诺内特和塞尔兹尼克认为，面对自治型法的危机，需要打破法律认识的桎梏，更多地回应社会需要，社会压力构成了法律系统的认识来源，也为

---

[1] 诺奇克所指的最小意义上的国家，其功能仅限于保护人们免受暴力、偷窃、欺诈以及强制履行契约等，任何更多功能的国家都会侵犯人们的权利。参见［美］罗伯特·诺奇克：《无政府、国家和乌托邦》，姚大志译，中国社会科学出版社2008年版，前言，第1页。

[2] Gunther Teubner, "Substantive and Reflexive Element in Modern Law", *Law & Society Review*, 17 (1983), p. 254.

法律系统的自我矫正提供了机会,法律系统必须放弃自治型法与外部社会因素的隔绝而获得的安全性,并更加能动地调控社会的发展。❶ 回应型法的一个重要特征是探求规则和政策内含的价值,目的在法律推理中获得了权威,法律规则成为追求目的的工具,但其本身不再是目的,这一特征带来了前述实质理性法的阶段。但是,图依布纳认为,回应型法除了包含实质理性的诸要素外,还包含着一种不同的法律理性的要素,这主要体现在其对法律政治化和制度诊断的强调。一方面,法律程序内部增加了参与法律制定的机会,诉讼也成为政治表达的一种形式,法律鼓励参与和协商,鼓励创造性与责任。❷ 另一方面,回应型法强调运用各种权力并调动一系列认识和组织上的资源,法律的主要手段是授权与促进,"调控变得更近乎于'自我管理',而不那么依赖强加的政府指令"。❸ 法律更重视各种作为自规制系统起作用的社会制度和结构的设计和矫正,并为它们之间的协调创造条件。因此,图依布纳认为,除了蕴含着强调目的的实质理性,回应型法还蕴含着以程序为导向的反思理性。

与法律自治并存的是半自治社会领域的不同程度的自治,而实质理性指导下的法律规划"与在各种社会次级系统中复杂的自我指涉结构相比,相当的简单……严肃对待这些自我指涉结构意味着我们必须放弃直接规制。取而代之,我们需要提供外在的激励,促进其内在的自我管理"❹。法律不再对实质结果承担直接责任,并承认此种追求经常是超出其能力范围的。反思法的合理性是协调各种社会合作形式的成功,"其主要目标……是对组织结构的设计,目的是使各种机构(如企业、半公共组织、大众媒体、教育机构)能够在最大化内在理性的同时,对自身行为的外部影响保持敏感。其主要功能是用有效的内部控制结构代替外部的干预性控制"❺。国家法的作用不是进行实质性的规制,而是对自治的社会进程提供组织和程序结构,由于这些结构是半自治社

---

❶ [美]诺内特、塞尔兹尼克:《转变中的法律与社会:迈向回应型法》,张志铭译,中国政法大学出版社1994年版,第82页。

❷ [美]诺内特、塞尔兹尼克:《转变中的法律与社会:迈向回应型法》,张志铭译,中国政法大学出版社1994年版,第107–111页。

❸ [美]诺内特、塞尔兹尼克:《转变中的法律与社会:迈向回应型法》,张志铭译,中国政法大学出版社1994年版,第110页。

❹ Gunther Teubner, "Autopoiesis in Law and Society: A Rejoinder to Blankenburg", *Law & Society Review*, 18 (1984), p. 298.

❺ Gunther Teubner, "Substantive and Reflexive Element in Modern Law", *Law & Society Review*, 17 (1983), p. 278.

第六章 社会权力的法律规制——反思理性法的理论逻辑与实证分析

会领域内部决策和沟通的重要参数,故会间接地影响社会决策的实质结果。

反思理性法的实质是法律对自身功能的自我限制,这种自我限制会促进社会自治和社会权力的发展,但是社会权力的发展却不是没有限制的,法律系统为其自我发展设置了组织性和程序性前提,以保证其在追求自身目标最大化的同时,与其他社会权力结构保持良性互动,以实现内部互益性与外部公共性之间的平衡。例如,在集体谈判中,劳动法事实上就是在发展一种更抽象的和具有反思性的控制技术,对于集体谈判过程的法律规制主要通过对谈判组织的型塑、谈判程序的界定和对各方谈判权利的分配,对谈判结果产生间接的控制。❶ 这种控制技术不再简单地假设互动各方的利益诉求是固定不变的,相反,各方都具有在自身之外设计自身的能力和意愿,也就是根据他人的利益和社会公共利益进行自我反思和自我协调的能力,反思法的合理性就在于提供程序和制度实现不同社会结构内部理性与社会公共责任的平衡。而参与和协商,也在一定程度上解决了遵守法律的动力危机。

简单来说,反思之名源自以下两个方面:一方面,这首先是一种法律批判理论。现代社会高度分化,诸多高度专业化的子系统的内部特殊理性已经发展到相当高的程度,以至于任何一种单一的规范系统(法律、宗教、道德等),甚至是它们全部的结合,都无法演化出完全充分的控制能力。因此,法律系统必须承认社会的发展和变化经常超出自身的规划能力(当然是直接和具体的规划),法律系统必须转向强调社会自治,这意味着法律系统的自我批判与自我反思。另一方面,反思理性法建议采用一种替代性的法律调整模式,即不再强调通过高度详尽的法律或是通过授予行政机关和法院巨大的权力来实现社会治理,而是转而强调通过程序设计促进法律系统之外的社会系统内部的自我反思——充分反思自身行为的外部成本(公共影响),促成社会系统内部具有公共责任感的决策、沟通和管理体系。综合上述分析,"反思法的改革重点不是转化法制的目的,而是改善法制与社会的结构性衔接方式……即采取间接的法制方式、提倡在私法和社会法领域中实现有控制的自主管理、坚持程序正义的精神"❷。

---

❶ Gunther Teubner, "Autopoiesis in Law and Society: A Rejoinder to Blankenburg", *Law & Society Review*, 18 (1984), p. 276.

❷ 季卫东:《社会变革的法律模式》,载[美]诺内特、塞尔兹尼克:《转变中的法律与社会:迈向回应型法》,张志铭译,中国政法大学出版社1994年版,代译序,第8-9页。

以合同为例，形式理性法关注的是合同是否符合法律要求的一系列形式的要件，如合同订立双方的合意，只要合意存在，就不需要关注合同内容是否符合某些实质正义（如公平）的标准，也不需要理会合同的社会效果。如此一来，只要合同未作明确约定，工厂就不需要对工人工作期间受到的伤害负责。而实质理性法则更关心合同内容的公平和合同的社会效果，于是法院就会通过改变合同条款实现直接干预，以追求特定的社会目标。而按照反思理性法的策略，法律需要建构一些有利于合同各方平等商讨的机制，这些机制必须能够保证合同各方在订立合同时考虑到各种外部影响。与形式理性法一样，反思理性法并不直接干预合同的内容，但是通过结构性条件的设置，法律依然能够间接地影响合同的条款和各方的公共责任感。

第二节　信息公开与市场激励为基础的反思理性法模式

反思理性法意味着法律系统开始尝试通过征募社会权力实现社会治理，并主张建立"社会自身的自律性和自我运作性来解决社会问题的框架，即变直接管理为间接管理，其核心在于将法的功能限定在组织、程序、管理权限再分配的规制等方面"❶。自从20世纪80年代以来，作为对福利国家危机的一种理论回应，反思理性法理论日趋成熟，同时也对社会治理的制度变革以及行政法模式的转型产生了重要的影响。

事实上，形式理性法、实质理性法依然具有广泛的生存空间，而反思理性的策略必然意味着"许多社会管制沉重的负担，从法律体系转移到其他社会体系"❷。也就是说，反思性社会治理模式将意味着国家权力的某种"流失"或转移，这对于现代主权国家而言，显然需要一个适应的过程。因此，反思理性法的适用范围必然受到限制，较为完整或纯粹的反思理性法治理模式更适合于那些高度专门化、发展变化异常迅速或是政府规制容易激发强烈不满的领域。在这些领域，政府的直接管制要么缺乏必要的信息，要么需要支付巨大的成本，要么需要承担巨大风险，而反思理性法却可大有作为。金融监管、环境

---

❶ 朱芒：《依法行政：应依何法行政》，载《法学》1999年第11期。
❷ 郭红欣：《论风险社会下环境法的发展》，武汉大学2007年博士论文，第101页。

保护、劳资关系都属于这类领域，本书拟以环境治理为例，分析反思理性法模式的制度逻辑及其基本特点。

一、传统环境管理模式及其局限

传统的环境管理模式主要有两种形式，即政府自上而下的命令—控制模式和以市场为基础的环境管理模式。命令—控制模式与大多数传统社会治理机制一样，主要依靠国家权力自上而下地进行环境管理（这一模式主要体现了实质理性法的特征）。这种模式主要有以下几种具体的形式：其一，法律规定环境质量标准和主要污染物质的排放标准，然后由各级行政机关贯彻实施；其二，法律强制推行特定的环保技术或者环保设施；其三，对具有环境影响的建设项目设置环境评估和审批的前置程序；其四，对个人、企业或其他社会组织、国家机构及其工作人员违反法律规定破坏环境的行为进行事后追责。

我国国务院制定《国家环境保护"十五"规划》《国家环境保护"十一五"规划》《国家环境保护"十二五"规划》以及相应的环境保护标准规划，就基本属于这种自上而下的环境治理形式，环境规划通常在特定的时间段内，由政府根据具体的环境状况确定环境保护的基本原则和目标（如"十二五"规划的主要目标是到2015年：主要污染物排放总量显著减少；城乡饮用水水源地环境安全得到有效保障；重金属污染得到有效控制；城镇环境基础设施建设和运行水平得到提升；生态环境恶化趋势得到扭转；核与辐射安全监管能力明显增强；环境监管体系得到健全），并明确实现上述目标的具体指标、手段、步骤以及任务和责任的分配等问题。政府环境规划由中央到地方各级政府和相关部门负责组织实施、监督和评估。这种由国家权力系统自上而下推行的环境保护模式自然具有其优势，但其缺陷同样也十分明显：其一，欠缺效率，环境问题千变万化并极度复杂，而命令—控制模式主要是由政府将各种环境目标和标准冻结之后强加给社会，由于僵硬和缺乏适应性，即使投入巨大，也往往难以达到既定的环境目标，或者即使达到预定的环境规划目标，环境形势的整体变化已经使得这种目标的达成变得毫无意义；其二，命令—控制模式极度依赖政府监管，故其有效性主要依赖于监管者的热情和能力，但事实证明，行政机关往往更加热衷于其他目标（如经济发展、社会稳定），这可能导致环境监管的松懈，甚至有时为了实现其他目标，环境目标会被牺牲，而一旦探知到环境监管不足的迹象，监管对象规避责任的现象就会日益严重；其三，权力过于集中在政府，政府负担过重；其四，负责环境监管的行政机关及其工作人员易被那些被监管的企业"俘获"，政府官员有时甚至会主动为自己的权力寻租。

而以市场为基础的环境治理模式，其理论基础是将有害的环境影响视为经济外部性，而之所以称之为外部性，是因为缺乏监管介入的情况下，污染企业内部的经济核算并没有考虑环境破坏的外部成本。因此，这种环保模式的目标就是促使经济组织将这些外部成本内化到内部决策和管理中，其主要形式包括四种：第一种形式是庇古主义的，主张政府监管者将污染物的排放量或者污染程度作为确定税收和相关费用的标准；第二种形式是科斯主义的，主张通过扩大财产权范围的方式内化外部性，也就是将自然环境纳入私有财产范畴，从而避免作为公共资源的自然环境陷入"公地危机"的处境；第三种形式是设置可交易的污染权利，这是命令—控制模式的变种（增加了科斯因素，即将可交易的排污权利设定为一种财产，并允许其交易），在这种模式下，政府负责追踪交易，并为污染总量设置上限；第四种方式是利用消费者的环保意识惠及那些致力于环境保护的企业，即帮助消费者辨认环保产品和非环保产品（借助政府支持的或是民间的环保认证机构提供的环保产品认证标志），利用消费者的环保意识激发企业环境保护的经济动机。[1]

庇古模式实际上是将政府和法律系统界定为环境污染价格的制定者，政府必须按照排污量以及污染物的危害程度设置税收（污染价格）列表。这一模式要求政府考虑和对比各种污染物的危害程度，也要求政府全面地、及时地监控和追踪这一税收列表的实际环保效果，并适时对污染"价格"进行调整，而这是极其困难的。而且历史也一再证明，政治和法律系统并不适合从事这种类似市场定价的行为。科斯模式则试图通过环境资源的私有化解决问题（基于理性和自利的经济学假设，人们基于自身的利益，一定会竭尽所能保护自己的财产，并将其作用发挥至最大化），这更像是一种形式理性法，其目标是将公共环境问题整合进私人经济系统，但是这种方法只对部分问题有效，因为大量的环境资源无法量化和私有化，而且设置和管理这种新型财产权也面临诸多困难，并同样需要支付行政成本。第三种市场管理模式，即设置可交易的污染

---

[1] Eric W. Orts, "Reflexive Environmental Law", *Northwestern University Law Review*, 89（1995），pp. 1242 – 1246.

权利,本身保留了实质理性法的特征,主要依赖政府监控污染权利的交易情况,并确保污染总量不超过上限。在这一模式中,政府同样面临大量技术困难。整体而言,市场为基础的环境保护模式,其基本目标是激发企业内部遏制环境污染的动机,在这个意义上,它们已经具有了反思理性的要素,尤其是第四种形式,恰如下文所述,其本身就是一种重要的反思理性策略。

二、"欧盟生态管理和审计计划"及其反思理性特征

虽然现有环境立法和环保模式中已经出现反思理性法的因素,但它们还多是偶然的、无意识的和碎片化的,而且由于缺乏系统的法律结构作为支撑,这些反思理性要素往往没有可持续的力量,更缺乏系统效果。最符合图依布纳理论设想的,比较纯粹、系统和有意识的反思理性的环境治理制度框架最早出现于欧洲,即"欧盟生态管理和审计计划"(Eco‐Management and Audit Scheme, EMAS)。1993 年,欧洲通过了有关实施 EMAS 的法律规定,即"Council Regulation (EEC) 1836/93",该法规在 1995 年正式开始实施。之后,经过一系列的立法修正,2009 年"Regulation (EC) No1221/2009"最终代替了其他的法律文件(即 2001 年的"Regulation (EC) No761/2001"和"Commission Decisions 2001/681/EC",以及 2006 年的"2006/193/EC"),成为 EMAS 新的法律基础。

从"Council Regulation (EEC) 1836/93"到"Regulation (EC) No761/2001",再到"Regulation (EC) No1221/2009",EMAS 都是一个自愿参与的项目,至少在理论上,是否参加 EMAS 取决于工业企业及其他社会组织的自由选择。EMAS 的基本目标是"促进组织行为中环保绩效的可持续性发展",该目标主要通过"组织内部环境管理体系的建立与运转,对上述环境管理体系行为的系统、客观、定期的评估,环境绩效信息的公开,与公众及其他利益集团的公开对话,雇员的积极参与适当的培训"来实现。[1]

最初,根据"Council Regulation (No 1836/93)"的规定,EMAS 仅仅是针

---

[1] "Council Regulation (EEC) No 1836/93", *Official Journal of the European Communities*, 36 (1993), p. 2. and "Regulation (EC) No 1221/2009", *Official Journal of the European Union*, 52 (2009), p. 4.

对从事工业活动的公司。[1] 但是，经过2001年"Regulation（EC）No761/2001"的修正，EMAS开始向"一切具有环境影响的组织开放"。[2] 2009年的"Regulation（EC）No1221/2009"延续了这种趋势，EMAS向一切组织开放，而"组织则是指一切具有自身组织和功能体系的公共或私人性质的公司、企业、政府和社会机构"[3]。

EMAS的另一个特点是以特定的地点（site）为基础，site是指"受到组织管理控制之下的明确的地理位置，这种控制涉及行为、产品、服务，包括基础设施、设备、原材料；site是登记注册的最小实体"[4]。也就是说，EMAS并不直接要求公司或其他大型组织作为一个整体（以全有或全无的方式）加入EMAS，而是以特定地点的生产或经营单位作为最基本的参与单位，允许大型公司试验性地指派特定的机构加入EMAS，然后视其效果决定是否扩大加入EMAS的范围。

根据"Regulation（EC）No1221/2009"的规定，初次加入EMAS的组织必须进行初始性的、全面的环境审查，涉及该组织具有环境影响的各个方面。[5] 在上述环境审查的基础上，建立和实施环境管理体系，环境管理体系是指加入组织的"整体管理体系的一部分，包括发展、实施、追求、评估、维持环境政策和实现环境方面所需的组织结构、计划、责任、实践、程序、过程和资源"[6]。加入组织的环境管理体系应当符合"EN ISO14001：2004"六个方面的要求：[7]

　　A.1，对于试图加入EMAS的组织的一般要求。加入组织应当按照"EN ISO14001：2004"的相关要求建立、记录、运行、维持并持续性地促进内部环境管理体系的发展，对于自身内部环境管理体系的范围，加入

---

[1] "Council Regulation（EEC）No 1836/93"，*Official Journal of the European Communities*，36（1993），pp. 2 - 3.

[2] "Regulation（EC）No 761/2001"，*Official Journal of the European Communities*，44（2001），p. 2.

[3] "Regulation（EC）No 1221/2009"，*Official Journal of the European Union*，52（2009），p. 5.

[4] "Regulation（EC）No 1221/2009"，*Official Journal of the European Union*，52（2009），p. 5.

[5] Environmental aspects是指组织的具有或可能具有环境影响的行为、产品、服务中的因素。See "Regulation（EC）No 1221/2009"，*Official Journal of the European Union*，52（2009），p. 4.

[6] "Regulation（EC）No 1221/2009"，*Official Journal of the European Union*，52（2009），p. 4.

[7] ISO14001：2004是国际标准化组织（国际性的标准制定非政府组织）制定的环境管理体系国际标准。从EMAS的发展过程来看，它一直在致力于与国际标准化组织制定的环境管理体系标准的发展保持一致。

第六章 社会权力的法律规制——反思理性法的理论逻辑与实证分析

组织明确界定和记录。

A.2，环境政策。加入组织的最高管理层应当制定环境政策，并且保证在自身界定的环境管理系统范围内，该环境政策：(a) 适合于该组织自身行为、产品和服务性质的本质、范围和环境影响；(b) 包含可持续环境保护与防治污染的承诺；(c) 包含自身行为符合欧盟相关法律要求的承诺；(d) 提供一个框架用于设置和评估环境目标和环境任务；(e) 必须保证能够被记录、运行和维持；(f) 被有效传达给该组织的工作人员和其他与该组织利益相关的人员；(g) 能够被社会公众获知。

A.3，环境规划。(1) 环境方面，加入组织必须建立、运行和维持一个程序，(a) 界定在自身环境管理系统内的行为、产品、服务有可能会产生环境影响的各个方面，(b) 确定这些方面已经具有和可能具有的环境影响。必须记录相关信息并保证适时更新，加入组织必须保证上述环境方面被纳入自身的环境管理系统的考虑范畴。(2) 加入组织必需建立、运行和维持一个程序，(a) 确定和提供支持确保实现各项法律要求以及其他要求，(b) 确定这些法律或政策要求与自身各项环境方面的关系，加入组织必须保证上述方面被纳入自身环境管理系统的考虑范畴。(3) 目标、任务和计划（指整体性的环境目标、具体的绩效要求和阶段性任务），加入组织必须建立、运行和记录符合自身水平和功能的目标和任务，目标和任务必须是可测度的，可操作的，并与环境政策相一致。加入组织制定环境目标和任务，必须考虑相关法律要求，及其与各个环境方面的关系，也需要考虑技术选择，财政和商业要求以及相关利益者的意见和要求。加入组织必须建立、运行和维持实现环境目标和环境任务的具体计划，这些计划 (a) 必须包括实现环境目标和任务的具体责任，(b) 以及实现目标和任务的途径和时间表。

A.4，实施与运作。(1) 资源、角色分配、责任和权力，加入组织的管理层必须保证有充分资源（包括人力资源、特殊技能、技术、组织结构、财政支持等）实现环境管理体系的建立、运转和发展，为了实现有效的环境管理，角色分配、责任、权力必须被界定清楚和充分交流以保障各方知悉和了解自身的义务和职责。加入组织的高层应当指定环境管理的代表，并使其具有明确的责任和权力确保 (a) 环境管理体系的建立、运转和发展符合相关标准，并 (b) 向管理层通报环境管理系统的运作情况,供管理者及时反思和调整。(2)权限、培训、意识,加入组织必须提供不同层次的教育和培训。(3)建立内部和外部的与环境问题相关的交流程序(一方面,促进组织内部不同层级和功能部门之间的交流,另一方面,对外部利益组织的交流进行接收、记录和回应),建立和完善环境管理档案。此外,该组织应当建立、运行和维持应急程序,确定可能具有环境影响的潜在的紧急情形和事故,以及具体应急措施,该组织必须定期审查自身的应急措施和应急程序,特别是在紧急情形和事故实际发生之后。

A.5,检查。组织必须建立和维持监督和测度程序,负责监督和测度该组织具有显著环境影响的一切行为。该组织应当建立和维持特定的测评程序,并定期评估自身遵守法律要求的情况并记录在案。该组织应当建立和维持特定程序,以处理实际的和潜在的违反法律要求的行为,并采取校正和阻止措施。该组织应当建立相应程序,以确认、收藏、保护、检索、清理相关信息记录(这些信息有助于说明该组织自身环境管理系统以及EMAS的要求得到贯彻的程度和结果)。此外,组织内部必须对环境管理系统进行系统的审查,以确定该管理系统是否贯彻EMAS的要求,审计人员的选择和审计行为的安排必须保证公正和客观。

A.6,管理审查。加入组织的最高管理层必须照计划定期评估环境管理系统,以保证其具有持续的适宜性、充分性和有效性。评估和审查的内容包括评估改进的机会以及改变的需要(包括环境管理系统、环境政策和环境目标)。管理审查的记录应当入档保存。环境管理审查具体内容应当包括:内部审计结果和服从欧盟法律要求的程度;与外部利益集团的交流,包括外部的投诉;组织的环境绩效;环境目标实现的程度;相关矫正行为的情形;对此前审查结果的回应性行为;外部环境的变化,包括立法变化和自身环境因素的变化;对改进措施的评估。❶

上述准备工作完成之后,由外部的环境审核员进行审核。在这里,EMAS创造了一个新的职业——环境审核员,这些人员部分是会计师和律师,部分是环境科学家,为获得环境审核员的认证许可,他们必须向欧盟认证和许可机构

---

❶ Regulation (EC) No 1221/2009 的附录Ⅱ对 EN ISO14001:2004 的上述要求进行了重述,参见 "Regulation (EC) No 1221/2009", *Official Journal of the European Union*, 52 (2009), pp. 24 – 33。

提交申请，并提供相关材料证明自身胜任环境审核工作的能力（包括知识背景、相关经验、技术能力等）。经过外部审核，如果申请组织的上述准备工作符合 EMAS 法规的相关要求，就可以注册加入 EMAS。

加入 EMAS 的组织必须建立内部审计计划，以保证在特定时间内（一般不超过三年，或者经有关机构审查，小型组织可以放宽到四年），该组织的所有行为都将按照"Regulation（EC）No1221/2009"附录Ⅲ的要求重新接受内部审查。❶ 该组织内部进行内部审计的个人或集体必须有足够能力胜任该项工作，并应当有足够的独立性以保证做出客观的判断。审计结束，审计人员必须形成书面报告，并就相关的发现和审计结论与该组织进行交流，该组织必须提供具体机制和行动计划以确保审计结果发挥实际作用。

在进行内部审计之后，加入组织必须按照"Regulation（EC）No1221/2009"附录Ⅳ的内容要求（该附录要求环境声明至少包括以下内容：该组织的基本情况，包括其结构和组织以及产品或服务；该组织对环境具有显著影响的各个方面；该组织的环境管理体系、环境政策、环境计划的目标和任务；该组织的环境绩效和环境表现），❷ 准备一份环境声明，并交由外部的环境审核人员进行审核。最后，该组织将经过外部审核核准之后的环境声明提交 EMAS 相关机构。

在加入组织符合 EMAS 法规的相关要求，并提交经审核核准的环境声明之后，将会获得下列奖励：其一，被 EMAS 登记在册，并在 EMAS 官方网站和官方月刊公布；其二，加入组织在注册有效期内可以使用 EMAS 的标志，如果加入组织并未将所有不同地区的经营机构或生产机构加入 EMAS，该组织有责任在与公众交流时说明情况；其三，EMAS 对于环保表现突出的组织颁发欧盟 EMAS 奖（European EMAS Award），该奖项由欧盟委员会（European Commission）于 2005 年创立，直至今日，该奖项已经成为世界范围内环境管理领域最权威和最具影响力的奖项。例如，2014 年 EMAS 奖的主题是"采取创新手段显著促进环保绩效"。❸

---

❶ Regulation（EC）No 1221/2009 的附录Ⅲ对审计计划的目标、审计范围、审计频率、审计行为、审计结果和结论等方面做出了具体的要求。See "Regulation（EC）No 1221/2009", *Official Journal of the European Union*, 52（2009），pp. 34 – 35.

❷ "Regulation（EC）No 1221/2009", *Official Journal of the European Union*, 52（2009），pp. 5 – 38.

❸ EMAS Award Factsheet（2014），http：//ec. europa. eu/environment/emas/emasawards/index. html. 最后访问日期：2014 年 1 月 20 日。

经过 20 年的运作与完善，EMAS 已经成为最先进和最具影响力的环境保护制度工具。与以市场为基础的环境管理模式（第四种）一样，EMAS 的动力来源主要是消费者的市场激励，这决定了 EMAS 体系的有效性在很大程度上取决于消费者的环保意识和消费能力，即其是否愿意以及有经济能力购买更环保但价格也更高的产品或服务。当然，加入 EMAS 的动力还有可能来自于其他的市场性激励，如满足政府采购时对企业的"绿色"要求，满足特定国家和地区将加入 EMAS 作为市场准入条件的要求，借助 EMAS 打开在国际市场的知名度，提升在业界的声誉和地位等，同时通过促进企业内部的环境管理改革，也能降低生产成本，降低发生环境事故的危险（发生环境事故意味着承担巨大的赔偿责任），从而促进自身的可持续性发展。❶

但是，与纯粹的市场型环境管理模式不同的是，EMAS 的主要责任保证策略是环境信息公开，即反思法的主要策略是利用信息公开促使污染企业内化外部的环境伤害。❷ EMAS 利用信息公开的策略，使得参与组织的环保信息（包括组织内部的环境管理体系、环境政策、环境计划、环境目标和任务、环境绩效等信息）对公众实现透明化，通过这种信息公开的策略，实现环境监督的多元化，强化社会组织的公共责任意识。因此，有学者将 EMAS 描述为以信息披露为基础和以交流为基础的环境管理模式。❸

不同于传统的命令—控制模式，EMAS 不是借助于增加实质性的法律或行政授权强制推行环境命令或规划，EMAS 的策略是通过提供外部的制度激励和约束，促进组织内部管理系统的自我环境反思，并鼓励和敦促其建立符合自身特点的环境政策与环境计划。EMAS 是程序导向的，它为激发加入组织的内部的反思过程提供了复杂的制度框架，其目标是促使加入组织将环境问题系统纳入自身的内部决策和管理程序，并形成一种自我批判和自我改进的环境态度，

---

❶ 加入 EMAS 还有一系列其他好处，例如，有助于获得金融机构、投资人信任，能够满足客户环境保护方面的特殊要求，有助于提高国际市场竞争力，有助于促进与立法机关、合作伙伴和其他组织以及消费者的联系。另外，加强内部环境管理体系的改革也有助于促进企业的长期和可持续性的发展等。参见刘方：《欧盟环境管理与审计计划》，载《环境经济杂志》2004 年第 12 期。

❷ Warren A. Braunig, "Reflexive Law Solutions for Factory Farm Pollution", *New York University Law Review*, 80 (2005), p. 1524.

❸ Eric W. Orts, "Reflexive Environmental Law", *Northwestern University Law Review*, 89 (1995), p. 1312; Dennis D. Hirsch, "Green Business and the Importance of Reflexive Law: What Michael Porter Didn't Say", *Administrative Law Review*, 62 (2010), pp. 1112 – 1113.

促进"企业组织创造性地、批判性地、持续性地思考如何减少环境破坏和如何最大化环境利益。换句话说,反思环境法就是追求建立一种有环境责任感的企业管理体系"❶。不仅如此,EMAS 还致力于建立组织内部的环境沟通机制,以及加入组织与外部相关利益组织或公民之间的环境沟通和回馈机制,以有效促进不同组织之间的环境监督与合作。

综上所述,EMAS 是一种典型的反思理性法制度,它意味着法律系统承认自身规划能力的有限性,从而放弃直接调整,并转而致力于促进各种社会组织的自我反思,其长远目标是促使企业和其他组织内化外部环境责任,并促进社会组织内部日常制度的结构性变化,最终谋求其内部文化的改变。传统的环境管理模式谋求的是管理对象的消极服从,而 EMAS 则追求一种积极的、创造性的和自我反思的守法态度。

第三节 沟通和协商为基础的反思理性法模式

一、美国规章协商制定程序

必须明确的是,欧盟之所以能够打破传统命令—控制模式的束缚,并建立较为完整和纯粹的反思理性的环境保护法律框架(EMAS),与其特殊的政治结构有密切关系。不像传统主权国家可以借助强大的政府体系有效推行统一的环境规划,欧盟相对松散的政治结构,似乎更适合推广这种自愿参与的环保项目。此外,欧洲是法社会学研究的起源地,人们早就习惯从社会存在的视角看待治理问题,也更容易理解自上而下的管理体制的缺陷。但是,对于一般的主权国家而言,推行反思理性法显然需要一个适应的过程——这种适应既是制度性的也是思维性的。但这并不是说,在主权国家范围内,就不能存在较为完整的反思理性法律框架,美国的规章协商制定程序就可以视为另一种较为典型的反思理性法的实践形式。

---

❶ Eric W. Orts, "Reflexive Environmental Law", *Northwestern University Law Review*, 89 (1995), p. 1232.

在谈到新法团主义的时候,图依布纳指出,"一个解释是把新法团主义者的谈判当作不同子系统的治理主体之间进行的外部世界建构的相互调整。这种观点正确强调了任何一个系统由于别的系统的作用而有的自我限制的潜力"❶。新法团主义框架下,法律的作用也是间接的,即主要限于对组织内部或者组织间的关系进行程序性的调整和限制。因此,在新法团主义的思路下,法律可以被视为促进谈判与沟通系统的一种方法而具有了反思性,即法律是在建立一种社会自治的对话结构。

法团主义,❷在西方有着较长的历史渊源,一般认为,成熟的法团主义思想是19世纪工业社会到来之后的产物,是伴随社会利益分化以及社会日益组织化而出现的一种处理国家与社会关系的政治秩序观,这一术语的现代表达来自19世纪末、20世纪初拒绝自由主义与社会主义理论前提的社会思潮。它一方面谴责资本主义的个人主义和自由竞争,另一方面批评阶级冲突及其导致的社会主义运动。因此,法团主义强调的是利益协调和阶级和谐。《布莱克维尔政治学百科全书》认为合作主义"是一种特殊的社会政治过程,在这个过程中,数量有限的、代表种种职能利益的垄断组织与国家机构就公共政策的产生进行讨价还价,为换取有利的政策,利益组织的领导人应允通过提供其成员的合作来实施政策"❸。法团主义在欧洲的命运犹如古希腊神话中的西西弗斯,❹法团主义一度曾经因为与法西斯政权的联系(墨索里尼治下的意大利,政府创设各种组织并允许其代表各种利益,同时又对所有组织进行严密控制)而背上专制独裁的骂名。❺ 在20世纪70年代,却又以新法团主义(不同于专制色彩浓厚的自上而下和政府主导的传统合作主义,新合作主义强调弱化国家控制,强调利益集团的自下而上的参与)之名重新获得了政治声誉,并逐渐由

---

❶ [德]贡塔·图依布纳:《法律:一个自创生系统》,张骐译,北京大学出版社2004年版,第104页。

❷ 基于社会背景、学科差异、语言习惯的不同,Corporatism在中文中除却法团主义之外,还有多种其他翻译,如合作主义、职团主义、社团主义、组合主义、统合主义、工团主义、阶级合作主义等不同译法,参见张静:《法团主义》,中国社会科学出版社2002年版。

❸ [英]戴维·米勒、弗农·波格丹诺编:《布莱克维尔政治学百科全书》,邓正来译,中国政法大学出版社1992年版,第175页。

❹ P. C. Schmitter, Jurgen R. Grote,《法团主义的命运:过去、现在和将来》,载张静:《法团主义》,中国社会科学出版社2005年版,第202页。

❺ [英]戴维·米勒编:《布莱克维尔政治学百科全书》,邓正来译,中国政法大学出版社2011年版,第119页。

第六章　社会权力的法律规制——反思理性法的理论逻辑与实证分析

一种宏观合作框架转向微观治理领域。

因此，新法团主义作为一种制度安排，包含了政府与社会之间的合作理念，也是政府治道变革的重要组成部分。通过差别化和组织化的利益群体与政府之间的社会契约，特定的利益组织将会获得参与公共决策的机会或者获得某种利益，同时它们要做的则是保证它们成员的行为不影响公众利益，并配合公共政策的要求。由此看来，法团主义包含了以下理念：（1）公私合作的治理理念；（2）差别化的利益相协调，及其和更为广泛的公共利益相协调的理念（公共反思理念）；（3）公共决策的参与、开放和民主等理念。因此，法团主义蕴含着一种法律系统和社会衔接的新形式。

图依布纳对法团主义的上述分析表明，反思理性的法律结构还可以通过建立系统、完整的对话或协商程序，即通过沟通结构的建立促进社会自治主体的自我反思、自我限制与自我协调。但是宏观的国家与社会合作框架离开政府的控制几乎不可能运作，因此也最容易引起国家专制的担忧。所以，法团主义的思路唯有在微观和局部治理领域才能真正获得新生。在此意义上，美国的协商制定规章程序则可视为反思理性法的另一种较为典型的制度实践。在美国，这种以协商一致为基础的规则形成方式，起源于劳动法领域的集体谈判的传统。在很多行政机构实验性地采用这一规则制定程序并取得良好效果的情况下，美国国会正式认可了这一实践，并在1990年通过了《协商规章制定法》（Negotiated Rulemaking Act）。1996年，美国国会又以《行政争议处置法》（Administrative Dispute Resolution Act）永久性地批准了《协商规章制定法》。❶

《协商规章制定法》的基本目标是"为规章协商制定的行为建构一个基本框架"。❷ 其具体程序是，行政机关通过参考召集人的报告或者依据自己的判断，❸ 决定是否通过协商程序制定规章。如果决定采用该程序，则在《联邦登记》以及其他贸易或专门出版物上发布通知，通知内容应包括以下若干方面：（1）行政机关将组建规章协商制定委员会的决定；（2）规章的实践关注和需

---

❶ 沈岿：《关于美国协商制定规章程序的分析》，载《法商研究》1992年第2期。
❷ 《美国规章协商制定程序法》，第561节，薛刚凌、王霁霞译，载浙江大学公法与比较法研究所主编：《公法研究》（第二辑），商务印书馆2004年版，第517页。
❸ 召集人负责对行政机关提供以下帮助，确定受到规章实质影响的利害关系人的名单，对这些利害关系人进行调查，确定相关问题，并对使用规章协商制定程序是否合理提出建议。召集人的报告，公众可以要求查询。参见《美国规章协商制定程序法》，第563节，薛刚凌、王霁霞译，载浙江大学公法与比较法研究所主编：《公法研究》（第二辑），商务印书馆2004年版，第519页。

要解决的一系列问题；(3) 规章所涉事项可能受到重要影响的利益相关者名单；(4) 建议的规章协商制定委员会中的利益相关者的代表和行政机关的代表，委员会的工作日程；(5) 行政机关能够提供的行政帮助。通知发布之后，如果利益相关者认为行政机关建议的代表无法充分代表他们的利益，在特定时间内还可以自己申请或者提名他人为规章协商制定委员会的成员。❶

规章协商制定委员会应当考虑行政机关建议的一系列相关问题，同时也可以衡量自身认为具有重要性的相关问题，并形成最终的协商结果。如果最终规章协商制定委员会能够就规章草案达成一致意见，委员会应当向行政机关提交包含规章草案和协商过程的报告。即使无法达成上述一致意见，委员会也应当提交报告，并说明相关争点以及各方可以达成一致意见的方面，必要时还可以附加相关信息和资料，以备下一步行政机关制定规章时参考。❷

在规章协商制定程序中，行政机关的作用体现在以下方面：就是否采用规章协商制定程序做出判断和决定；对规章的主题、需要考虑的问题提出建议；建议规章协商制定委员会的成员，其中包括至少一名行政机关的代表人，但是行政机关的代表人与委员会的其他成员具有相同的权利义务，只是作为行政机关的代表参与协商过程；对规章协商制定过程提供各种行政帮助，包括财政和技术等方面的支持。由此可见，行政机关并不对规章的实质内容进行直接干预，行政机关的各项建议主要是对委员会提供参考价值，规章协商制定委员会自己负责协商确定一系列程序性的问题，如协商委员会的运作程序、协商委员会的结构、一致意见的具体含义等。最终的一致性决议和规章草案，主要是参与委员会各方参酌自身利益、他方利益和公共利益而得到的结果。

二、规章协商制定程序的反思理性特征

对于规章协商制定程序，也存在不同的意见。其中，规章协商制定程序的支持者认为，协商程序具有更大的参与性、更强的社会自治性和更加明确的问

---

❶ 《美国规章协商制定程序法》，第 564 节，薛刚凌、王霁霞译，载浙江大学公法与比较法研究所主编：《公法研究》（第二辑），商务印书馆 2004 年版，第 519-520 页。

❷ 一致意见是指代表利益各方的规章协商制定委员会的观点完全一致。当然，该委员会也可以自己决定将一致同意定义为大体利益一致或者其他特定含义。参见《美国规章协商制定程序法》，第 562 节，薛刚凌、王霁霞译，载浙江大学公法与比较法研究所主编：《公法研究》（第二辑），商务印书馆 2004 年版，第 517 页。

第六章 社会权力的法律规制——反思理性法的理论逻辑与实证分析

题导向性,也更加能够激发创造性的规章制定程序,协商规章制定程序有助于培养承诺,从而促进公共决策的执行。而反对者则认为,按照传统理论,国家机关的规则制定过程应当与各种社会利益保持距离,政府应当公正客观并统筹全局地制定规则,但是规章协商制定程序却明确地屈服于对各种利益集团的妥协和交易。也就是说,规章制定程序中的各方仅仅是基于私益的行动者,而不会对公共利益保持责任感。但是,也有学者指出,"通过使私人行动者对于那些最终将会约束自己的规则直接负责任,或许这种私人与公共的互动加强了责任而不是破坏了责任"。❶ 历史经验也证明,互动和协商能够影响和改变各方的利益偏好,随着时间和环境的变化,偏好也会发生相应的变化。在协商过程中,参与沟通的各方也时刻在调整与反思自己的利益和政策偏好以适应其他社会主体的利益偏好以及公共利益诉求。

此外,为了加强协商各方对公共利益的责任感,法律还规定了一系列程序性的监督措施。例如,根据美国《联邦咨询委员会法》,"每一次咨询委员会的会议均应公开","咨询委员会的历次会议的详细纪要均应保存,并需包含出席人员、会议讨论事项的完整和详细记录及达成的结论,委员会收到、出具或批准的所有报告。会议纪要的准确性需要经咨询委员会主席证明"。❷ 而咨询委员会是指由国会法律设置的、美国总统设立或利用的、联邦行政机关设立或利用的,向总统或联邦行政机关或联邦官员提供建议或意见的委员会或类似的团体,以及这些委员会的分支机关。❸ 因此,规章协商制定委员会作为一种特殊的咨询委员会,各种会议和记录也必须向公众公开,接受监督,除非符合《阳光中的政府法》规定的免除公开举行会议的理由。❹ 此外,尽管行政机关对规章的实质内容并不进行直接干预,行政机关的代表人与其他代表只具有相同的权利义务,但是对于规章协商制定委员会形成的规章草案,行政机关有权

---

❶ Jody Freeman, "The Private Role in Public Governance", *New York University Law Review*, 75 (2000), p. 656.
❷ 《联邦咨询委员会法》,苏苗罕译,载《行政法学研究》2006 年第 4 期,第 135 页。
❸ 王名扬:《美国行政法》(下),中国法制出版社 2005 年版,第 1042 - 1043 页。
❹ 美国《阳光中的政府法》规定了 10 项免除公开举行会议的理由:会议事项涉及国防和外交机密;会议讨论的问题纯属行政机关内部人事规则和习惯;会议讨论问题被法律规定为保密事项;会议内容涉及商业秘密;会议讨论的是控诉某人的刑事犯罪或指控某人;会议涉及个人隐私;会议讨论的事项是为执法目的而制作的调查笔录,而这些信息的公开会干扰执法;会议讨论的信息过早公开会危及经济和金融安全;会议讨论的内容涉及诉讼或仲裁等。参见王名扬:《美国行政法》(下),中国法制出版社 2005 年版,第 1023 - 1025 页。

最终决定是否使其进一步步入通告—评论程序。[1] 行政机关的这种最终的决定权,也会对规章协商制定委员会的代表们构成事实上的压力,并促使他们对于自身利益、他方利益、公共利益进行更加充分的反思与协调,因为对公共利益不负责任的协议极有可能使得协商结果最终夭折。

由此可见,《协商规章制定法》只是为利益相关各方提供了一种协商和沟通的框架,规章的具体内容(也就是协商的实质性结果),则主要取决于委员会各方代表的协商和对话。但是这一过程需要受到一系列程序性的制约和监督,以保证各方的沟通过程对于自身利益、他方利益、公共利益进行充分的反思与协调。因此,美国的规章协商制定程序,体现了社会权力主体通过沟通实现外部世界的建构的相互调整过程,也说明了社会权力主体在其他国家和社会权力主体的作用下所具有的自我限制和自我反思的潜力。作为一种规则制定领域的社会自治的对话形式,法律的作用仅仅是提供一种程序框架。简而言之,EMAS的基本特征或策略是信息公开与市场激励,而规章协商制定程序则是以沟通和协商为基本特征的反思理性制度结构,当然信息公开也是其重要组成部分。

此外,这种将社会权力主体和国家权力主体都吸收进来的规章协商制定程序,还能够增加被管理者服从管理的意愿(即使最终制定的规则可能对其不利)。社会心理学的研究告诉我们,对于那些自己能够在其中发挥有意义的作用的过程,人们更愿意承认其权威性和合法性。多元主义研究的那种假设——人们决策参与的唯一目的只是获得胜利(即将自身的利益偏好转化为决策结果)是不充分和不完整的,事实上,人们并非仅仅因为在协商过程中获得有利于自身的结果而获得满足,获得有意义的参与机会,被认真和平等地对待,获得协商各方和行政机关对于决策过程和结果的解释,一样能给参与者带来满足感。因此,对于决策参与的各方而言,这同样意味着一种程序导向的(而非实质结果导向的)满足过程。

---

[1] 规章协商制定程序并非是独立完整的立法程序,其意义只是在于形成拟议规章的草案,要想获得法律效力,还需要进入通告—评论程序。通告—评论程序是美国行政立法的基本程序要求,即行政机关应当将规章草案发布于《联邦登记》,以便于利害关系人知晓和评论,并提交意见,行政机关应当考虑但不受缚于这些意见,但是行政机关最终公布的规章必须附带简要的说明,在阐释规章的目的和依据的同时,做出对各种意见的回应。参见沈岿:《关于美国协商制定规章程序的分析》,载《法商研究》1992年第2期。

第六章 社会权力的法律规制——反思理性法的理论逻辑与实证分析

第四节 合同为基础的反思理性法模式

一、反思性整体责任机制的合同模式

随着世界范围内的政府放松管制和权力分散化的趋势，越来越多的公共管理任务由政府授权社会主体来完成，这一趋势使得人们开始关注在公共管理过程中社会权力的角色。图依布纳指出，作为一种替代性的管理模式，在某些程序性的限制条件下，政府正在逐渐将部分公共任务委托给半公共机构或私人机构。这些限制条件主要是为了保证公共责任（确保社会主体对公共责任的反思）。国家的监督也不会缺席，如果社会主体出现不负责任的行为，国家机关随时准备介入，在追究责任的同时，要么强制社会主体进行内部管理体制的改进，要么收回授权或者转而委托其他社会主体。[1] 这将有助于社会主体在追求自身目的最大化的同时，持续性地关注公共安全和社会责任。

事实上，公共管理任务向社会主体的转移，其中最引人注目的还是公共责任问题。按照传统的行政法理论，社会主体的参与可能会加剧公共管理中的合法性危机——社会主体要么难以摆脱对私益的关注，要么受限于自身视野而片面化强调特定社会目标的重要性，而忽略各种社会目标的整合（如环境保护和经济发展的平衡），故社会权力的加入会使公共管理的目标（对公共利益的追求）偏离轨道。但是，我们更应该注意的是，社会权力也有潜力为公共管理过程贡献效率、创造性和合法性。当然，前提是我们必须能够提供一种替代传统责任模式的新的公共责任保证机制。在这种新的责任机制中，合同将扮演核心角色，当然其他制度工具也同样具有重要性。

恰如有学者所指出的，"行政法中的现有责任机制过分关注政府的三个分支机构的正式的责任。但是……责任是更加多元化的。按照私人与公共之间的相互依赖性，我们应当考虑整体性责任：一种正式和非正式的责任保证机制的

---

[1] Gunther Teubner, "Substantive and Reflexive Element in Modern Law", *Law & Society Review*, 17 (1983), p. 256.

结合,不仅来源于政府监管,也来自独立的第三方,以及被管理的机构自身"。❶ 这种整体性责任机制包含了一种反思理性的责任机制,即通过特定的程序设计,督促社会主体在完成公共任务的过程中,对于自身利益和公共责任进行反思性的平衡,持续性地、创造性地、积极地关注自身行为的外部影响。事实上,前面两种反思理性法的制度模型的关注核心也都是责任问题,即保证社会主体对公共责任的敏感与反思。

如前文所述,在行政立法和行政管理过程中,社会权力的参与广泛而深入。政府机构在制定健康、安全、产品标准的过程中,也越来越多地借鉴和吸收社会组织的标准设定。在法律的执行和实施阶段,即使是传统的命令—控制式的管理模式,也非常依赖管理对象的合作。世界范围内,自20世纪中后期以来,非营利性的社会组织已经越来越多地承担起政府资助的公共服务的任务。此外,越来越多的营利性质的公司也开始进入这些原本主要由非营利组织占据的市场。营利性的或非营利的组织通过与政府签订合同的方式,开始承担范围越来越广泛的公共管理任务。不仅是各种普通的社会公共服务,如养老、道路清理、垃圾回收,甚至一些传统的被认为是国家核心职能的公共管理领域,如监狱管理,也逐渐开始允许社会主体来承担。

二、反思理性在合同治理中的运用——以美国私人监狱经营合同为例

事实上,"将监狱的运行交由私人管理,只是公共与私人相互依赖的一个长时间的连续体上的一个步骤,而不是一个从公共控制到私人控制的整体性转变"。❷ 公共监狱内的各种事务一直存在外包现象,监狱基础设施的设计、建设与维护也主要依靠私人公司完成。但是,监狱管理中的私人参与并不仅限于通过合同提供产品和服务。在美国,有学者将监狱称之为一个由联邦政府机构、公司、社会组织构成的网络。非政府性的职业性组织,如美国律师协会(American Bar Association, ABA),美国矫正委员会(American Correctional As-

---

❶ Jody Freeman, "The Private Role in Public Governance", *New York University Law Review*, 75 (2000), p. 649.

❷ Jody Freeman, "The Private Role in Public Governance", *New York University Law Review*, 75 (2000), p. 630.

sociation，ACA），都对美国的监狱政策的制定和实施具有重要影响。其中，ACA 是关于犯罪人矫正的专业组织（近代以来的刑法理论逐渐认为矫正犯罪者，帮助其回归社会才是刑罚的主要目的），其主要任务包括参与修正监狱政策，培训监狱管理人员，对相关机构和项目提供认证等。通过考察其历史，就可发现 ACA 已经对监狱管理标准设定，推进监狱改革等方面产生了重要影响，其设定的标准规范着监狱运行的大多数方面。❶

但是自 20 世纪 80 年代以来，在美国政府支持下，私人监狱的兴起意味着在该领域公私合作的程度已经远超以往。❷ 因为私人监狱的兴起，意味着监狱管理权和惩罚执行权的完全转移，除了普通的监狱服务（如餐饮、医疗、培训、娱乐、通信、卫生等）以外，其他强制性的监狱管理任务（如关押、监视、必要时对被关押者实施的暴力和惩罚等）和涉及司法裁判的一些重要决策权或建议权（如对被关押者危险程度和改造效果的评价，对于是否允许假释或减刑的意见等），都交由私人性质的营利公司来完成。❸ 韦伯曾经将对暴力的垄断视为国家的核心特征，也就是说，对国防、法院、监狱、警察等领域的垄断构成了现代国家建构的主要特征。因此，不同于普通管理领域的社会参与，将监狱管理权和惩罚执行权这样的核心职能交由社会主体完成，显然是对传统治理理念的重要改变，其影响也更加深远。

就像在其他公共服务领域一样，对于监狱管理的私人运营，人们最关注的是公共责任问题。尽管还有不少人认为，一个自由的文明社会和负责任的政府不应该将监狱管理授权给私人公司，否则，潘多拉的盒子一旦打开，罪恶和不正义将滋生蔓延开来。但是，诸多关于监狱私人化的讨论事实上已经承认了这一现象的合法化，并将讨论的中心集中在如何在保证私人公司的公共责任意识（对被监管者的人权和矫正的关注）的前提下，实现其所承诺的低成本与高效率。因此，最关键的问题已经是技术性的，即关于公私各方监督与合作的设计

---

❶ Jody Freeman, "The Private Role in Public Governance", *New York University Law Review*, 75 (2000), p. 628.

❷ 目前，私人监狱主要存在于美国，其他少数几个国家也存在监狱私有化的现象，如英国、澳大利亚和南非。参见敬义嘉：《从美国监狱私有化看美国公共治理的路径变化——一个核心职能私有化的视角》，载《复旦公共行政评论》（第三辑），上海人民出版社 2007 年版，第 267 页。

❸ 敬义嘉：《从美国监狱私有化看美国公共治理的路径变化——一个核心职能私有化的视角》，载《复旦公共行政评论》（第三辑），上海人民出版社 2007 年版，第 268 页。

问题，这涉及合作合同的条款设计。❶

监狱管理授权私人经营，首先意味着法律系统和政府的自我限制，当然这种自我限制可能是被迫的，因为越来越高的犯罪率和数量愈来愈庞大的罪犯群体渐渐超出了政府的财政负担能力和公共监狱的承载能力。❷ 政府虽然不再直接管理监狱，但也不是做甩手掌柜。法律系统和政府的重要性并没有减少，相反，这一过程对法律系统和政府的技术性要求进一步增加了。不仅仅是监狱管理，在众多的公共任务外包过程中，签订正式合同都是最为重要的公私合作形式。政府必须确定在什么条件下由私人公司运营监狱或承担其他公共任务最为可行，并对公私合作的合同进行详细的条款设计，如对合同的期限、私人公司的运营条件（既包括资金、人员条件，也包括管理结构和技术支持等条件）、监狱运行的各项绩效标准、监狱所有权与管理权的分配、监督体系和责任分配方案、终止授权的条件等方面进行系统的设计，以期实现私人监狱管理过程中的成本、效率、风险、质量、安全等诸多方面的平衡。所以，法律系统的作用将主要限制在提供公私合作的制度框架或合同形式，并保证监狱的私人运营者在追逐利益最大化的原初动机之下，还能关注被监管者的人权和矫正计划，即保持持续的、不断反思的公共责任意识，从而避免伦理失范。

事实证明，合同文本的设计在责任和监督体制中将发挥关键作用，例如，得克萨斯州刑事司法部门（Texas Department of Criminal Justice，TDJC）起草的私人监狱经营的标准合同要求，签订合同的私人监狱管理者除了服从宪法的、联邦的、州的各种标准以外，还应当符合一些非政府组织制定的各种标准（如ACA设定的一些标准）。私人的监狱运营者必须保证对雇员的培训与国家机关工作人员的培训处于相同的水平，还必须满足安全、饮食、培训、体育、娱乐、医疗、卫生等方面的大量绩效标准。上述标准合同要求，私人经营者必须进行持续性的自我监督，并使用TDJC认可的广泛的自我监督计划。因此，

---

❶ 事实上，私人监狱管理者在服刑人员的日常生活的几乎每个方面（饮食、教育、医疗、娱乐、工作和房间安排、假释）都行使着自由裁量权，私人管理者决定何时发生违规，何时施加惩罚，并对假释委员会提供关于服刑人员的评价。因此，如果不能提供令人满意的监督体系和责任保证机制，那么服刑人员的基本权利和安全就难以得到保证。

❷ 囚犯人数上升和监狱费用过高是私营监狱产生的社会背景。一方面，监狱人满为患，另一方面，纳税人又不同意建设新的监狱，在这种情况下，私营企业逐渐介入监狱管理，私人改造公司也开始出现。参见储槐植：《美国监狱制度改革的新动向——监狱私营化》，载《国外法学》1985年第2期。

第六章 社会权力的法律规制——反思理性法的理论逻辑与实证分析

与 EMAS 一样，这实际上也是要求监狱管理者进行有意义的内部决策和管理体系的改革，并致力于一种负责任的内部企业文化的形成。合同还要求私人监狱管理者建立服刑人员的矫正计划以及具体的绩效评估方法，形成一个系统的制度体系评估相关成就和结果。

下列措施将有助于保持监狱私人运营者具有持续性的自我反思和履行合同的动力：（1）政府监管；（2）强制性的信息披露也是一种有效的责任保证机制，法律会要求或者合同会明确规定监狱管理者必须定期公布服刑人员从相关培训或矫正性计划中毕业的比率，公布人员疾病和健康、惩罚等数据；（3）政府还可以借助独立的、经过认证的专家或社会组织对监狱进行独立的财政方面的监督或审计；（4）监狱中的特定专家（如医生）也可能具有充分的权力充当维护健康标准的关键角色，为了保证其相对独立性，这些人将由政府直接雇用；（5）独立的监狱服刑人员权利保护组织对于监狱管理中的违规行为的控诉，也有利于保护服刑人员的权利，并对私人监狱的管理实施监督。[1]

与欧盟生态管理和审计计划相比，通过合同建立的反思机制更加灵活，也更容易适用于各种社会管理领域，毕竟设计标准合同要比建立完整的法律制度框架容易得多。而事实上，合同也已经成为日益重要的社会治理工具，因此，现代法学研究必须关注合同作为权力运作的工具和社会治理手段的重要性。合同意味着交流和对话的沟通理念，合同表明了那种非一次性的、非零和的和并非建立在固定偏好基础上的合作，合同保留了通过协商改变偏好的可能性。如果合同不仅仅是指正式的和可强制执行的合同，而是也包含那种比喻意义上的合同——协商和理解，那么无论是欧盟生态管理和审计计划还是美国规章协商制定程序，都可以视为合同性质的反思机制。合同（无论是正式合同还是比喻意义上的合同）机制将公共和私人行动者之间的关系设想为协商与合作，这意味着政府和私人行动者共同协商如何提供公共服务、协商设计各种标准、共同实施各种规则。因此，合同意味着沟通和协商，而沟通和协商又意味着各方具有自我反思与自我限制的潜力。

总而言之，将反思理性法的逻辑引入之后，通过合同的社会治理将发挥以下制度优势：（1）防止外部社会压力对法律的过度侵蚀，保持法律系统的独

---

[1] Jody Freeman, "The Private Role in Public Governance", *New York University Law Review*, 75 (2000), pp. 634 – 636.

立与完整；（2）防止法律对社会的过度介入，保护社会自治；（3）通过整体性责任保证机制，提升受规制主体的公共反思能力，实现社会自治与公共责任的平衡；（4）促进政治系统、法律系统与其他社会系统的沟通与调适，实现社会的和谐发展，并响应党的十八届五中全会精神，实现社会治理的精细化，构建政府与社会共建、共享的社会治理格局，同时提高社会治理的精确性和靶向性，更好地完成公共治理的任务。

第五节 反思理性法的中国实践分析

自20世纪80年代以来，随着我国改革开放的深入和社会主义市场经济的发展，各种半自治的社会领域迅速发展，社会结构日益复杂，传统的自上而下的社会治理模式已经有些力不从心。在此背景下，国内对于社会治理问题逐渐形成以下共识：虽然政府在社会治理中依旧发挥着主导作用，但将不再是社会治理的唯一权力中心。例如，张文显先生指出，法治中国包含法治国家和法治社会两个方面，"法治国家表征'公域'之治，法治社会表征'私域'之治"，而法治社会意味着广泛的社会自治，各种各样的非政府组织将在公共治理中扮演日益重要的角色。❶ 刘旺洪先生则更加明确地指出，"社会管理创新的本质是实现从单纯政府管理向多元社会主体协同治理的根本转变"。❷ 因此，社会治理创新的目标是实现多元共治的格局。

也就是说，社会治理创新意味着国家权力的部分"流失"或者是社会治理权力的部分转移，但是以往的经验似乎告诉我们，在此问题上，经常是"一收就死""一放就乱"。其中的症结就在于：社会治理创新旨在征募社会权力参与社会治理，但是如果不加约束的话，社会权力的视野往往无法突破自身利益或者特殊目标的桎梏。因此，新时期的社会治理创新能否突破困局，将主要取决于以下三个核心问题的解决和协调：首先，形成政府和社会良性互动、分工合作的稳定的制度形式；其次，法律体系在社会治理中的正确的功能定位；最后，社会活力（社会自治）和公共责任的平衡。图依布纳的反思法理

---

❶ 张文显：《论中国特色社会主义法治道路》，载《中国法学》2009年第6期。
❷ 刘旺洪：《社会管理创新与社会治理的法治化》，载《法学》2011年第10期。

论为我们克服上述困境提供了比较完整的理论工具。

反思法理论将法治模式的反思和社会治理创新有效结合,其基本特征是法律的自我反思和自我限制,并通过提供合适的程序和结构,在增进社会自治和社会活力的同时,敦促社会权力主体的自我反思——对自身行为的外部影响(公共责任)保持敏感。其基本目标在于:实现受法律规制的社会自治,培养社会主体内部的公共责任意识和持续反思的能力;促进不同社会系统之间的和谐适配,使得彼此适合于成为相互之间和谐共存的外部环境因素。因此,作为对未来法律发展方向的理论预测,反思理性法与我国社会治理创新的精细化理论和发展方向正相契合。此外,反思理性法并非仅仅是纯粹的理论设想,而是已经具有一些较为完整的制度范例,并已经产生了良好的社会效果。因此,反思理性法为我们提供了基本的理论指导,有利于贯彻实现创新、协调、绿色、开放、共享的发展理念,也有利于突破"一放就乱"的困局,实现新时期社会主义建设的新任务,即在坚持党的领导和政府引导的同时,全面激发社会活力,吸收和鼓励社会权力积极主动地参与社会治理,加快形成科学有效和精细化的社会治理体制,确保社会既充满活力又和谐有序。

如前文所述,反思理性法的实践可能意味着国家权力的某种"流失"或转移,故对于传统主权国家而言,推行反思法显然需要一个适应的过程,这种适应既是制度性的也是思维性的。因此,反思法的适用范围在一定的时间内必然会受到限制。事实上,在目前的社会条件下,反思性社会治理模式也不可能完全替代传统的社会治理模式,实质理性法和形式理性法依旧具有广泛的合理性。最切实可行的发展路线是首先选取特定的领域(通常是那些信息和知识高度专门化、发展变化异常迅速的领域,或是政府直接治理很难取得理想的效果,或者政府直接治理容易激发强烈不满的领域)作为起点,由点及面地逐步推广社会治理创新的反思理性法实践。

一、我国国家环境标志产品认证制度的反思理性分析

自从德国1978年率先采用"蓝天使"标志以来,环境标志制度就在全世界范围内推广开来。但是,在环境标志制度基础上成功建立完善和有影响力的反思理性制度框架的则是"欧盟生态管理和审计计划"(EMAS)。早在1993年,我国国家环境保护总局也发布了中国"环境标志"图形(十环标志),国

家环境标志产品认证最初由中国环境标志产品认证委员会负责。但是自 2003 年开始，中环联合（北京）认证中心有限公司（该认证中心是经国家环保总局授权、国家认证认可监督管理委员会认可的，代表国家对绿色产品进行权威认证，并授予产品国家环境标志认证的唯一机构，以下简称认证中心）开始承担国家环境标志的产品认证职能。而中国环境标志产品认证委员会，则继续负责国家环境标志的推广和宣传。[1]

2006 年我国财政部和环保总局联合发布了《环境标志产品政府采购实施的意见》，规定凡各级国家机关、事业单位和团体组织用财政性资金进行采购的，要优先采购环境标志认证产品。在综合考虑的基础上，财政部和环保总局从国家认可的经由环境标志产品认证机构认证的环境标志产品中，选择和制定"环境标志产品政府采购清单"。从 2006 年至 2014 年，财政部和环境保护部已经先后发布了十三期环境标志产品政府采购清单。事实上，在国内消费者环保消费能力普遍较低的情况下（环保产品价格往往更高），政府优先采购制度已经成为环境产品认证的主要动机来源。

根据我国目前的国家环境标志产品认证程序，认证中心根据申请企业提交的申请材料进行文件性的书面初审，并与申请认证的企业签订合同。审查结束，认证中心向申请企业发送审核意见，申请企业按照该意见进行自我整改。在收到企业的认证费之后，产品部检查室向申请企业发出组成现场检查组的通知，并在现场检查一周前将检查组人员组成和检查计划正式通知企业确认，同时通知省市环保局派人参加现场检查。现场检查完成之后，检查组根据企业提交的书面材料、现场检查情况、产品环境行为检验报告等文件撰写环境标志产品综合评价报告，并提交技术委员会审查，认证中心根据技术委员会的审查意见最终确认申请企业是否符合认证要求。[2]

因此，与 EMAS 的初始环境审查不同的是：我国主要是现场检查，也并不要求申请企业提供明确的环境政策（即申请组织内的最高管理层制定的适合于该组织自身行为、产品和服务性质的环境政策，包含该组织环境发展的整体

---

[1] 参见原中华人民共和国国家环保总局发布的《关于中国环境标志产品认证工作有关事项的公告》（2003 年），载中华人民共和国生态环境部网站，http://www.mep.gov.cn/gkml/zj/wj/200910/t20091022_172243.htm. 最后访问日期：2014 年 6 月 5 日。

[2] 参见原中华人民共和国国家环保总局环境认证中心提供的《初次认证——中国环境标志认证的产品的认证程序之一》，载中华人民共和国生态环境部网站，http://kjs.mee.gov.cn/zghjbz/rzhcx/200604/t20060411_75656.shtml. 最后访问日期：2014 年 6 月 5 日。

方向和环境绩效持续发展的承诺)和环境规划(即按照上述环境政策建立的可测度的环境任务和环境目标,以及实现这些任务和目标的相关计划,该计划包括实现环境任务和目标的具体方法和步骤、明确的时间表以及相关人员的责任)。这意味着对企业而言,没有明确的奋斗目标和自我约束力,而对于认证机构而言,则没有可供审查的依据,故无法有效地要求企业自身进行周期性环境评估,也就无法将可持续性的内部环境管理改进落到实处。❶

如前文所述,EMAS 作为反思性的环境管理体系,与单纯以市场为基础的环保产品的认证标志制度的基本区别在于:首先,督促和要求成员组织建立有环境责任感的内部管理体系;其次,督促和要求成员组织建立内部的环境保护沟通机制;再次,督促和要求加入组织建立与外部相关利益组织或公民之间的环境沟通和回馈机制;最后,以信息公开和多方监督为特征的公共责任内化和保证机制。也就是说,EMAS 是程序导向的,其基本目标是促使加入组织将环境问题系统纳入自身的内部决策和管理程序,并形成一种自我批判和自我改进的环境态度,从而促进社会组织内部管理制度的结构性变化,并最终谋求社会组织内部文化的改变。

事实上,自 1996 年国际标准化组织(ISO)发布 ISO14000 系列标准之后,我国就已经开始了管理体系的认证工作。国务院于 1997 年就批准成立了中国环境管理体系认证指导委员会,该委员会负责统一管理 ISO14000 标准在我国的实施工作,包括对环境管理体系认证机构的申请受理和资质认可,对管理认证人员的培训、考核和注册工作(到 2001 年,获国家认可的环境管理体系认证机构就已经有 15 家)。2004 年,ISO 发布 ISO14001:2004 标准,该标准已经成为我国环境管理体系认证工作的新依据。

相比较于我国环境管理体系认证,中国环境标志认证具有以下优势:首先,不同于环境管理体系认证机构的多元化,国家认可的中国环境标志认证机构是唯一的,这也意味着其认证更加具有权威性,更易得到社会认可;其次,中国环境标志认证具有"政府采购"的制度支持。在中国环境标志认证中心制定《环境标志产品保障措施指南(试行)》(2007 年)之前,环境管理认证和环境产品认证基本上是各行其是,分别认证,管理认证并非是环境标志产品认证的必要条件。但是,2007 年,中国环境标志认证中心发布《环境标志产

---

❶ 任欣:《中外环境标志的比较》,载《中国环境科学》1999 年第 2 期。

品保障措施指南（试行）》（仅适用于境内企业），则标志着环境标志产品认证制度开始重视产品认证和管理认证的结合。《环境标志产品保障措施指南（试行）》借鉴了 ISO14001：2004 国际环境管理标准的部分内容，目标是"搭建双绿桥梁、推广双优产品、创造双赢绩效"。

《环境标志产品保障措施指南（试行）》要求：环境标志产品认证的申请者必须在企业管理层中指定一名环境标志产品认证负责人，以确保建立与保持环境标志产品的保障措施，并对获得中国环境标志认证产品的投诉进行有效处理；申请企业应为环境标志产品保障措施的建立与实施提供必要的资源；应建立与保持保障措施的相关文件及记录；保持申请者与认证机构信息交流渠道畅通；申请者应对保障措施的建立与运行状况进行定期评审，以确保保障措施的有效性和充分性，评审过程应形成文件。[1]

如前文所述，反思理性的主要策略是通过施加结构性的制约督促社会组织根据自身的产品、服务或其他行为，以及自身所处的具体地理位置，制定和持续性地审视适合于自身的环境方针和环境绩效目标。与 EMAS 初始审查要求或 ISO14001：2004 环境管理标准相比较，《环境标志产品保障措施指南（试行）》并不要求申请认证企业对自身可能具有环境影响的诸多方面进行全面界定和评估，而主要关注的是如何保证企业产品质量符合环境认证标准的要求，因此产品认证依旧是核心目标。此外，上述指南中也缺乏对于申请认证组织内部和与外部的信息公开与信息交流以及交流形式的明确要求，而只是规定申请者与认证机构的信息交流渠道应保持畅通，因此，指南强调的依旧是政府监管的重要性，并忽视了社会监督的重要意义，也就无法将更加多元化的监督力量引入环境责任保障体系。福柯曾经指出，现代权力技术的基本策略是对规制对象施加一种持续监控（未必是真实的）的压力，这种压力可以在被囚禁者"身上造成一种有意识的和持续的可见状态……这种权力的完善应当趋向于使其实际运用不再必要；这种建筑应该成为一个创造和维系一种独立于权力行使者的权力关系的机制"[2]。而信息公开也可以创造"权力的眼睛"（持续的社会监督），并对申请者注入持续的"慎独"和反思的动力。

---

[1] 参见《环境标志产品保障措施指南（试行）》，载中华人民共和国生态环境部网站，http://kjs.mee.gov.cn/zghjbz/rzhcx/200611/t20061106_95664.shtml. 访问时间：2014 年 6 月 5 日。

[2] ［法］米歇尔·福柯：《规训与惩罚》，刘北成、杨远婴译，生活·读书·新知三联书店 2003 年版，第 226 页。

综上所述，ISO14001 认证虽然是管理认证，是反思理性的，但是其权威性和影响力显然不及环境标志产品认证制度。环境标志产品认证制度尽管已经开始有意识地推进产品认证和管理认证的结合，但与 EMAS 以及 ISO14001 相比，在内部环境管理体系的建立和改进、信息公开程度、多元监督等方面，其要求依然停留在相当低的水平上，其核心依然是产品质量认证。因此，在严格意义上，我国国家环境标志认证制度是一种以市场为基础的环境治理模式与反思性环境治理模式之间的过渡类型。也就是说，虽已初具反思理性之形，但尚有相当大的提升空间。

二、《城市生活垃圾处理特许经营协议示范文本》的反思理性分析

20 世纪中后期，公共服务或产品的运营逐渐由政府外包给社会主体已经是世界范围内的发展趋势。这一过程首先意味着政府职能的自我限制，公共服务或产品并不一定必须由政府部门亲自提供，政府完全可以将自身定位于决策者和监管者的角色，而将公共服务或产品的运营任务外包给其他非政府组织。为了保证承包公共服务或产品的私人运营方在盈利和公共责任之间的平衡，公私合作的正式合同就成为重要的责任保证工具。面对这一发展趋势，我国也不可能置身事外，随着各个层面的改革开放，加之日益严重的财政压力，促使越来越多的公共管理任务开始向社会主体转移。

以城市生活垃圾的处理为例，早在 1992 年，国务院批转的中华人民共和国建设部、全国爱国卫生运动委员会、国家环境保护总局《关于解决我国城市生活垃圾问题的几点意见》中就已经强调，"国家鼓励单位和个人兴办城市生活垃圾清扫、运输和无害化处理的专业化服务公司"。2002 年，由国家发展计划委员会、建设部、国家环境保护总局共同发布的《关于推进城市污水、垃圾处理产业化发展的意见》指出，城市生活垃圾的处理"需要巨大的资金投入，仅靠各级政府财力远远不够"，必须"鼓励各类所有制经济积极参与投资和经营，逐步建立与社会主义市场经济体制相适应的投融资及运营管理体制，实现投资主体多元化、运营主体企业化、运行管理市场化，形成开放式、竞争性的建设运营格局"。2002 年建设部发布的《关于加快市政公用行业市场化进程的意见》规定了市政公用行业特许经营制度，即"在市政公用行业中，由政府授予企业在一定时间和范围对某项市政公用产品或服务进行经营的权

利，即特许经营权。政府通过合同协议或其他方式明确政府与获得特许权的企业之间的权利和义务。市政公用行业实行特许经营的范围包括：城市供水、供气、供热、污水处理、垃圾处理及公共交通等直接关系社会公共利益和涉及有限公共资源配置的行业"。2004年建设部又发布了《关于印发城市供水、管道燃气、城市生活垃圾处理特许经营协议示范文本的通知》，提供了城市公用行业如供水、管道燃气、城市生活垃圾处理特许经营协议的示范文本。2006年建设部《关于印发城镇供热、城市污水处理特许经营协议示范文本的通知》又提供了城镇污水、供热等公用事业的特许经营协议示范文本。2015年，国家发展和改革委员会、财政部、住房和城乡建设部、交通运输部、水利部、中国人民银行联合发布《基础设施和公用事业特许经营管理办法》，进一步完善了公用事业特许经营制度。

  基础设施和公用事业特许经营运行的基础是特许经营协议，因此，特许经营协议示范文本的设计具有重要意义。就政府目前已经提供的特许经营协议示范文本而言，除了特殊的行业性差别外，这些协议示范文本在基本概念、权利义务分配、项目的建设运营和维护、监督和责任、争议解决等条款的设计方面基本相同，故下文主要以《城市生活垃圾处理特许经营协议示范文本》为例进行分析（该文本在下文中简称为垃圾处理协议文本）。从内容上来讲，垃圾处理协议文本的内容共分为11章，格式设置非常规范，内容设计也比较详细和具体。垃圾处理协议示范文本强调了项目公司的公共责任，在第七章第22条规定了项目公司的一系列公共义务，如项目公司的经营和管理应遵守和执行有关环保标准和要求，必须符合考古、地质及历史文物保护的要求，在使用中国劳动力时应遵守我国劳动法对劳动者权利保护的规定等。但是示范文本对于上述公共责任如何内化到项目公司的内部决策过程和日常管理体系中，却明显缺乏设计，主要还是依靠特许经营授予方或其他政府主管部门的监管。例如，协议示范文本的第五章"项目的运营与维护"中规定了特许经营授予方对项目运营的监管权，第七章"双方的一般义务"也规定了项目公司必须接受主管部门对产品、安全和质量的监督检查。但如前文所述，单一的政府监管往往受制于政府部门的热情和能力，而且在社会监督缺位的情况下，政府监管人员也易受"俘获"。当然，示范文本也已经涉及一些反思理性的设计要素，例如，示范文本第五章与第七章规定，项目公司应当建立并向特许经营授予方提交以下报告，包括财务报告、运营报告、环境监测报告等，并按规定将年度经营计划、董事会决议、中长期发展规划、年度报告等文件报特许经营权授予方进行备案。

结合前文的分析,与完善的反思理性的合同设计相比,《城市生活垃圾处理特许经营协议示范文本》(以及其他特许经营协议示范文本)还需要在下列方面完善制度设计:

(1)建立更为多元化的整体性责任保证和监督机制。在强调政府监管的同时,还应系统地借助独立的社会第三方对项目公司的运营报告、财务报告、环境监测报告进行独立的评估、监督或审计。同时,借助社区、公益性环保组织等社会力量对项目公司的运营过程进行监督。

(2)强制性的信息建档与公开直接涉及责任与监督,对于特许经营目的的实现具有重要的意义。应当明确要求项目公司将项目建设、运营报告、财务报告、环境监测报告以及公司的发展规划、年度经营计划、年度报告等信息(除非涉及商业秘密和国家安全)同时向特许经营权授予方(政府机构)和社会公开,以有效地激发社会主体的监督。此外,档案的建立、保存及形式,示范文本也没有明确的要求,在网络化的今天,非数字化的档案可能会给档案的保存、开放、查阅、监督带来很大的困难,故档案和信息的数字化也应当成为特许项目经营者的明确义务。

(3)仿照 EMAS 对社会组织内部管理体系的要求,进一步明确和完善项目公司内部管理体制的改革,督促项目公司在建立中长期发展规划的同时,建立更具有可操作性和责任更加明确的短期发展规划,并在此基础上建立具有可测度性的发展目标和阶段性任务,并附有明确的时间表以及详细具体的责任分配。同时,项目公司必须建立对社会监督的回应机制,加强与其他社会主体的沟通。由于事关公共安全,项目公司必须对项目运营进行定期的安全评估,并预测潜在的紧急情形和事故以及详细具体的应急措施,并建立相关报告,同时向特许经营授予方和社会公开。项目公司应当定期审查自身的应急措施和应急程序,特别是在紧急情形和事故实际发生之后。

由于公共服务或公共产品的运营往往涉及公共安全,故最引人关注的还是责任问题。而反思理性的重要启示就是通过多元监督和信息公开等机制的综合作用,促使项目公司内部管理体系的结构性变化,最终谋求其内部公共责任反思文化的建立。因此,公私合作的合同设计宜细不宜粗(责任的分配也应尽量明确),才能逐步建立项目公司的积极和主动的自我反思的公共责任意识,并逐渐形成那种"君子慎其独"的守法态度。

除此之外，各种正式或非正式的协商机制也已经被运用于诸多领域（尽管可能不像美国《协商规章制定法》的社会权力协商制定规章程序那么纯粹和完整），如《劳动合同法》第4条规定的用人单位与工会或职工代表的平等协商制度（协商决定有关劳动报酬、工作时间、休息休假、劳动安全卫生、保险福利、职工培训、劳动纪律等直接涉及劳动者切身利益的规章制度或者重大事项），以及第5条规定的县级以上人民政府劳动行政部门、工会和企业方面代表组成的协调劳动关系三方机制。在这些协商制度中，法律的作用在于提供尽量公平、公开的协商框架，为各方的平等协商提供制度保证（同时还应逐渐淡化政府的作用）。

身处法律全球化的发展环境中，面对法律发展的整体方向，我们不可能置身事外。具体而言，一些典型的反思理性法的制度框架，在我国也确实都能找到相似的制度形式，但是在更为具体和微观的制度细节的设计方面，我们还需要进一步的探索和学习，毕竟建立相关的制度框架只是发展的第一步，细节设计才能真正决定其整体效果。

综上所述，反思法之名源自两个方面：一方面，它首先是一种自我批判的法律理论。也就是说，反思法强调法律系统必须承认社会发展的复杂性经常超出自身的规划能力，法律系统必须从强调直接规划转向强调社会自治。另一方面，反思法也意味着法律发展的一种新的可能性，即强调通过法律的程序设计督促社会系统和社会结构的内部自我反思。图依布纳认为，在促进社会系统的自我反思和自我管理的过程中，法律系统的自我反思与自我限制自然也会得到发展，这是一个事实上的循环过程。这一循环过程的起点，可能就在于国家权力系统正确地认识到自身的规划能力的不足，并重视对于社会权力资源的开发。进入21世纪之后，党和政府对社会治理创新的重视表明我们已经开始步入了这种新的开端。因此，在充分借鉴国内外既有反思理性制度和理论资源的基础上，逐步在更多领域引入反思理性的制度设计，将有利于我国社会治理创新和社会主义法治建设的探索和发展。

结　语

在现代社会中，国家权力体系和法律系统已经成为日常生活中不可或缺的背景性景观，"它的存在、它的权威……都深入人心，以至于我们很难想象如果没有国家将会怎样"❶。事实上，我们也有充分的理由相信，"若无自上而下加之于人的秩序，即纵向的权力，人们的生活将在转眼之间变为一场噩梦"。如果国家的首要任务是提供秩序，那么这种秩序处于什么程度才是合适的呢？"用马克思的语言作简单分析就是，世界上存在两种秩序。一种称'社会必要秩序'，另外一种则为'剩余秩序'。"❷国家对于剩余秩序的追求不但不会为社会造福，而且会令社会窒息。

随着近代民族国家的发展，现代社会日益具有了一种发展趋势，那就是"惟有国家才能代表它与人民之间的联系……只有国家才真正是进一步进步的推动者"。国家之内不允许再有国家存在（也就是除国家之外的其他权威），权力必须统一，"惟有国家……才能处理同大众有关的事务，至于人民，则只能是没有特殊联系的个人的涣散的集合体，而且每当他们感到一种共同需要时，必须请求政府办理"❸。一切社会组织都受到猜疑，国家逐渐吞没一切公共职能。当国家不断宣示对权力的垄断，并热衷于不断扩张自己的控制范围，社会权力的消极将逐渐成为一种普遍状态。当人们处理危机的能力日益弱化，就只有依赖法律与国家权力才能获得生存和发展。于是，布莱克（Donald Black）有些"言过其实"的判断也就颇具合理性：现代社会中，当人们越来

---

❶ ［美］乔尔·S. 米格代尔：《强社会与弱国家——第三世界的国家社会关系及国家能力》，张长东、朱海雷等译，江苏人民出版社2009年版，第16-17页。

❷ ［美］阿尔温·托夫勒：《权力的转移》，刘江、陈方明、张毅军、赵子健等译，中共中央党校出版社1991年版，第486页。

❸ ［俄］克鲁泡特金：《互助论》，李平沤译，商务印书馆1963年版，第205页。

越习惯于依赖立法者、行政机关、警察、法官、医生、消防员，并倾向于把公共事务完全推给政府，人们处理自己问题的能力自然是日渐萎缩。当有人生了病，当房子着了火，当路人被车撞倒，❶ 当女孩遇到侵犯……❷ "按照现在的一切由国家保护的理论来说，旁观者用不着去干涉：干涉或不干涉，那是警察的事。"❸ 于是，人们越是求诸法律和国家权力，就越会对法律和国家权力形成习惯性依赖。在这个意义上，法律和国家权力就有如毒品一样，让现代人欲罢不能。❹

因此，权力向国家的过分集中只会导致人们对法律的过度依赖，在国家权力与法律的庇护之下，社会主体会逐渐从理性、强大而自我负责的"好汉"变成弱小而需要随时加以呵护和关怀的弱者。科幻小说家威尔森在《时间旅行机》中对未来世界的地上人类（即"埃洛依"，他们一度曾是生活安逸、无需劳作的贵族，但是过分闲适的生活使得他们的体力、智力和身材逐渐退化，以至于到了未来世界，他们的智力和身材只相当于小孩，他们整日衣着优雅，所有时间都用来恋爱、进餐、游戏和睡觉。与此同时，一度是地上人类的奴隶的一群人，即"莫洛克"，最初基于工作的原因而长期生活于地下，并逐渐习惯于黑暗，怕光怕火，只有在夜间才回来到地面猎取"埃洛依"。"埃洛依"已经成为美丽的废品，纤弱、矮小、懦弱、自私）的描述，本身就具有一定的现实启示性。对国家与法律的过度依赖，社会权力的消极化，本身就倾向于

---

❶ 2011年发生的"小悦悦事件"就是很好的例子，当时，在广东佛山的一座五金城里，一个骇人听闻的悲剧发生了，小女孩悦悦在玩耍时先后遭到两辆车碾压。监控录像显示：在悦悦受伤之后的7分钟时间内，先后有18人路过，却始终未有一人施以援手。最终，悦悦被第19位路过者（阿婆陈贤妹）救起，但是奇迹终究未能上演，悦悦在一周之后不治身亡。"小悦悦事件"发生之后，舆论一片哗然，指责声四起，社会道德危机问题开始受到广泛的关注。

❷ 1964年发生于美国的"吉诺维斯事件"就是代表性的例子，在当时的美国纽约一个社区，一名年轻女子（凯蒂·吉诺维斯）在她的公寓楼附近遭受一名男子的攻击与强奸。事发当时，她的38位邻居没有一位出来干预，甚至还有人亮着灯、开着窗探出头袖手旁观，等警察赶到时，受害人吉诺维斯已经死亡。事后，她的邻居解释说，他们本以为有人给警察局打了电话。事实上，后来确实有人打电话报警，但是为时已晚。据后来的记者采访，歹徒行凶时，也曾四处观望，唯恐有人干预，哪怕当时有人敲一下窗或开一下门，或是大吼一声，他就会选择放弃，但遗憾的是，没有一个人愿意施以援手。事实上，"吉诺维斯事件"或是"小悦悦事件"都并非个例，它们的发生预示着现代社会已经或将会罹患某种疾病，社会学家名之为"吉诺维斯综合征"，这一现代社会疾病的主要症候是现代人对法律的过度依赖，以及各人自扫门前雪的麻木不仁和公共责任意识的缺失。

❸ [俄]克鲁泡特金：《互助论》，李平沤译，商务印书馆1963年版，第206页。

❹ Donald Black, *Sociological Justice*, New York and Oxford: Oxford University Press, 1989, pp. 77 - 80.

造就一群看似美丽优雅，却极度沉溺自我，而又冷漠、脆弱、无助的人类（公民的弱化又最终会影响到国家的存亡）。在国家庇护下，过分充沛的精力反而成为缺点（勇猛好斗、任侠仗义的精神只能在文学和影视作品中供人缅怀，在现实生活中却只能惹人嘲笑或被法律否定），多余的精力只能在通往艺术与情欲的道路上渐行消磨。❶ 早在19世纪，穆勒与托克维尔就已经开始担心现代社会不断强化的规训，具有使人逐渐退化成为驯顺的"工业绵羊"的危险。那么依靠国家权力推行并以国家法之治为主要发展态势的法治策略，似乎也无法回避这样的风险，即将现代人逐渐驯化为法律或是国家权力治下的"绵羊"。

　　君子以独立不惧，"独立者何？不借他力之扶助，而屹然自立于世界者也"。"人有三等：一曰困缚于旧风气之中者；二曰跳出于旧风气之外者；三曰跳出旧风气而能造新风气者。"❷ 文明之所以能够不断发展，就是因为社会中有独立自由品性之人格，能有创新之思维，且社会能够包容这种思维，而不是视之为洪水猛兽和异端邪说。人人能思考，人人能言说，人人能够践行理想，则社会有活力，公民有独立之品性，中国梦才不会只是一个梦，故独立自强乃是文明进步之土壤，无独立自强之社会组织与公民，则无可持续之繁荣和昌盛。西方有谚：天常助自助者。易经也有云：天行健，君子以自强不息。或许这也是中国特色社会主义法治社会建设过程中必须要时刻关注之处，法治不仅仅是依靠国家之力强制推行一些规范体系和社会目标，法治的本原在社会，在有独立、自由、自强之公民，各种自我维持的义务体系同样有意义。

　　但是，现代人对于国家与法律普遍存在的依赖，一方面使得国家被迫接受某些任务，另一方面也使得国家越来越自负，勇于并乐于担当一切具有公共特点的责任，日益背负起越来越多并不适合于自身的工作，逐渐变得既爱管闲事又常常力不从心。于是，权力之于国家，就像金币之于悭吝的葛朗台，整日斤斤计较，小心翼翼，容不得有一丁点损失。除此之外，个人只有通过国家与法律，才能体验社会的价值和对社会的依赖，不过"国家离他们太远……在他们一生的大部分时间里，周围没有什么东西使他们忘掉自己并把某种约束强加给他们。在这种情况下，他们不可避免地陷入利己主义或放纵自己。一个人不

---

❶ ［英］H. G. 威尔森：《威尔森科学幻想小说选》（上），孙宗鲁、孙家新等译，江苏科学技术出版社1980年版，第30—35页。

❷ 梁启超：《独立论》，载《理想与气力》，内蒙古人民出版社2003年版，第22页。

可能致力于达到他力所不能及的目标并服从某种规则，如果他看不到在他之外还有与他休戚相关的东西"❶。而社会的逐渐消极化，社会权力资源的供应不足，只会使法治的成本趋向于无限高涨。甚而言之，这一趋势会导致社会主体公共责任意识的缺失，并导致社会道德水平的整体滑坡。

国家机器尽管已经异常庞大，但却不够灵敏，也无法面面俱到，一旦缺乏社会权力的支持和帮助，国家权力始终缺乏足够的能力及时、准确地介入一切危机，面对法律总是迟来的"爱"，损失就将不可避免。因此，以下判断是切中要害的，即"中国法治建设之所以不成功，以及现代法律制度之所以在中国社会'水土不服'，最重要的原因……是'社会资源'供给不足"❷。正因如此，一个国家的社会权力结构应该有生存的权利和空间，对社会的关怀，正是自由与法治的基础，法治建设与社会权力的发展是相互支持的。因此，目前我们需要法治观念和法治实践的一种转变，一种对片面强调国家权力与国家法之治的法治理念的修正，并转而重视一种能够激发社会权力和提取社会资源的法治观念和社会治理模式的探索。

反思理性法的理论和实践正是对上述要求的回应。反思理性法的目标也正在于克服社会资源供应不足的现状，并征募社会权力参与社会治理。但是"社会权力的性质既有公的一面，也有私的一面"❸，缺乏规制的社会权力往往无法突破自身利益和特殊目标的桎梏。因此，社会治理创新面临的基本难题是如何在社会自治与法律规制之间达至平衡，并使社会权力对自身的公共责任保持持续性的自我反思。反思理性法理论为解决上述难题提供了基本框架，即法律系统通过对其他半自治社会领域的内部程序和组织结构施加影响，促进其自我反思，以有效应对各种社会问题（间接地实现实质性的社会发展目标），同时又因避免直接控制而不会破坏有价值的社会生活模式。而社会系统的自我反思又是以法律系统的自我反思为前提，两者互为条件，相互促进，这种循环过程最终将会促进整个社会的公共责任意识和反思水平的提高。

但是必须说明的是，图依布纳几十年前的判断，在今天依旧适用，即

---

❶ [法] 埃米尔·迪尔凯姆：《自杀论》，冯韵文译，商务印书馆1996年版，第370–371页。
❷ 桑本谦：《私人之间的监控与惩罚——一个经济学的进路》，山东人民出版社2005年版，第346页。
❸ 王宝治：《社会权力的概念、属性及其作用的辩证思考——基于国家、社会、个人的三元架构》，载《法制与社会发展》2011年第4期。

结 语

"反思法还仅仅是一种不成熟的、未充分界定的替代模式"。❶ 实质理性法与形式理性法依旧具有合理性,这决定了反思理性法的作用范围依然是有限的,而且只能通过与另外两种法律理性的合作才能有效处理各种社会问题。尽管如此,反思理性法的思路对于法律的发展和演化依旧具有重要的启示意义,也为我们推进社会治理创新提供了值得借鉴的路径。同时,反思理性法的制度实践也为社会权力的发展和自我完善提供了机会。

或许,有些人会质疑上述分析有些危言耸听。正如人们谈到温室效应时的反应一样,全球变暖会导致冰川融化,水位上升,以至于许多人会失去家园。甚至,当地球气候失控性的变暖,还可能会把地球再次推向冰川时代。大洋暖流直接影响地球气候(太阳的热量到达赤道后,经由暖流传送到南北半球),而暖流的形成则取决于淡水与盐分的微妙比例。当气候变暖,冰川大量融化,巨量的淡水进入海洋,当海水的盐分稀释到一定的关键点,则会导致洋流的变化甚至是逐渐停止,热量的传输就此停滞,地球由此将进入另一个冰河世纪,人类文明可能就此终结,这就是电影《后天》中描绘的可怕灾难。在大多数人甚至是大多数科学家看来,这些只是科幻电影的噱头。且不要说,气候的变化关涉诸多因素,同样存在很多因素会制衡或者淡化温室效应的影响,即使上述情况真的发生,那也是千年以后的事,世界瞬息万变,千年之后有没有人类还是一个疑问,我们又何必因为杞人忧天而自缚手脚。同样,将社会的消极化与社会道德的滑坡直接归于国家权力的膨胀或是法律对社会生活的规制,将存在同样的疑问,原因可能是多元化的,同时各种因素又是相互牵制的。而且,对于那些社会权力形式而言,即使"国家用冷酷无情的法律破坏了人与人之间的关系,但是一到国家放松了这些法律的束缚,这种关系便不顾无数政治的、经济的和社会的困难立刻又重新建立起来,而且所采取的形式最适合现代生产的要求。它们指出了将来必须向着什么方向和采用什么形式向前发展"。❷ 幸运的是,这样的事情正在我们的社会中发生,党和政府也已经意识到激发社会活力和援引社会力量参与公共管理的重要性,社会权力的发展已经迎来了最好的时期,所以上述分析的作用主要是警示或是一种反思。

而倡导社会权力和社会活力,也并非以牺牲法治为代价,更不会导向无政

---

❶ Gunther Teubner, "Substantive and Reflexive Element in Modern Law", *Law & Society Review*, 17 (1983), p. 254.

❷ [俄] 克鲁泡特金:《互助论》,李平沤译,商务印书馆1963年版,第224页。

府主义。正如林语堂先生在《中国人的国民性》一文中所讲的,中国人欲变散漫为团结,化消极为积极,"需要给中国人民以公道法律的保障,使人人在法律的范围之内,可以开其口,各做其事,各展其才……根本要着,在给与宪法人权之保障"。叶圣陶先生在《中国的人命》一文中也讲到,中国要想翻身,要想站得起来,必先改变浪费生命的痼疾。"要等到人命贵于财富,人命贵于机器,人命贵于安乐,人命贵于名誉,人命贵于权位,人命贵于一切,只有等到那时,中国才站得起来。"也就是说,说到底,以自由和人权为根本追求的法治,才是社会权力发展的基础。

简而言之,对于我国法学研究而言,是时候重视社会权力对于法律发展的建设性意义了。

参考文献

一、中文期刊、集刊或网络论文

[1] 蔡定剑:《国家权力界限论》,载《中国法学》1991年第2期。

[2] 陈光中、崔洁:《司法、司法机关的中国式解读》,载《中国法学》2008年第2期。

[3] 陈瑞华:《司法权的性质——以刑事司法为范例的分析》,载《法学研究》2000年第5期。

[4] 储槐植:《美国监狱制度改革的新动向——监狱私营化》,载《国外法学》1985年第2期。

[5] 邓正来:《中国法学向何处去(下)——对苏力"本土资源论"的批判》,载《政法论坛》2005年第3期。

[6] 邓正来:《中国法学向何处去(续)——对梁治平"法律文化论"的批判》,载《政法论坛》2005年第4期。

[7] 封丽霞:《政党与司法:管联与距离——对美国司法独立的另一种解读》,载《中外法学》2005年第4期。

[8] 傅兆龙:《权力制约——一条重要的政治规律》,载《中国法学》1993年第2期。

[9] 公丕祥:《论权利的确认》,载《法律科学》1989年第3期。

[10] 公丕祥:《合法性问题:权利概念的法哲学思考》,载《社会科学战线》1992年第3期。

[11] 郭道晖:《权威、权力还是权利——对党与人大法律关系的思考》,载《法学研究》1994年第1期。

[12] 郭道晖:《论国家权力与社会权力——从人民与人大的法权关系谈起》,载《法制与社会发展》1995年第2期。

[13] 郭道晖:《以社会权力制衡国家权力》,载《法制现代化研究》(第五卷),南京师范大学出版社1999年版。

[14] 郭道晖:《权力的多元化与社会化》,载《法学研究》2001年第1期。

[15] 郭秋永:《解析"本质上可争议的概念":三种权力观的鼎力对峙》,载《人文及社会

科学集刊》1995年第2期。

[16] 郭秋永：《三种权力观的鼎力对峙——真正利益与不可共量》，载《人文及社会科学集刊》1996年第2期。

[17] 郭秋永：《对峙的权力观——行为与结构》，载《政治科学论丛》2004年第20期。

[18] 何增科：《市民社会概念的历史演变》，载《中国社会科学》1994年第5期。

[19] 侯健：《利益集团参与立法》，载《法学家》2009年第4期。

[20] 侯淑雯：《论我国行政立法的体制改革和制度完善》，载《东方法学》2012年第4期。

[21] 胡水君：《权力与自由的螺旋》，载《天涯》2007年第3期。

[22] 胡旭晟：《描述性的法史学和解释性的法史学——我国法史研究新格局评析》，载《法律科学》1998年第6期。

[23] 胡玉鸿：《权力关系与行政诉讼》，载《法律科学》1998年第4期。

[24] 江必新：《正确认识司法与政治的关系》，载《求是》2009年第24期。

[25] 敬乂嘉：《从美国监狱私有化看美国公共治理的路径变化——一个核心职能私有化的视角》，载《复旦公共行政评论》（第三辑），上海人民出版社2007年版。

[26] 刘方：《欧盟环境管理与审计计划》，载《环境经济杂志》2004年第12期。

[27] 刘军宁：《权力与政治权力概论》，载《政治学研究》1987年第5期。

[28] 刘旺洪：《国家与社会——权力控制的法理学思考》，载《法律科学》1998年第6期。

[29] 刘旺洪：《社会管理创新与社会治理的法治化》，载《法学》2011年第10期。

[30] 刘作翔：《法制社会中的权力和权利定位》，载《法学研究》1996年第4期。

[31] 龙宗智：《论检察权的性质与检察机关的改革》，载《法学》1999年第10期。

[32] 吕磊：《社会认同、政治制度和民族认同的建立——以西欧的历史经验为基础的一般性讨论》，载《世界经济与政治论坛》2003年第1期。

[33] 马怀德：《将抽象行政行为纳入行政复议的范围——规范和监督政府行为的重要途径》，载《中国法学》1998年第2期。

[34] 马怀德：《预防化解社会矛盾的治本之策：规范公权力》，载《中国法学》2012年第2期。

[35] 马岭：《德国和美国违宪审查制度之比较》，载《环球法律评论》2005年第2期。

[36] 漆多俊：《论权力》，载《法学研究》2001年第1期。

[37] 任欣：《中外环境标志的比较》，载《中国环境科学》1999年第2期。

[38] 沈岿：《关于美国协商制定规章程序的分析》，载《法商研究》1999年第2期。

[39] 沈岿：《司法解释的"民主化"和最高法院的政治功能》，载《中国社会科学》2008年第1期。

[40] 沈宗灵:《权利、义务、权力》,载《法学研究》1998年第3期。
[41] 宋迎法、王玉:《非制度化政治参与原因探究——以厦门PX事件为例》,载《北京工业大学学报》(社会科学版)2012年第1期。
[42] 孙国华:《权利——被认为是正当的权力》,载《河南政法管理干部学院学报》2002年第2期。
[43] 童之伟:《论法理学的更新》,载《法学研究》1998年第6期。
[44] 童之伟:《再论法理学的更新》,载《法学研究》1999年第2期。
[45] 王宝治:《从价值层面论证社会权力存在的必要性》,载《河北学刊》2011年第1期。
[46] 王宝治:《以权利为基点考察社会权力的形成与演变》,载《东北师大学报》(哲学社会科学版)2011年第1期。
[47] 王宝治:《论社会权力的运行规则》,载《甘肃社会科学》,2011年第2期。
[48] 王宝治:《以个人—社会—国家三元架构界定社会权力的概念》,载《学术界》2011年第3期。
[49] 王宝治:《社会权力的概念、属性及其作用的辩证思考——基于国家、社会、个人三元架构》,载《法制与社会发展》2011年第4期。
[50] 王莉君、孙国华:《论权力和权利的一般关系》,载《法学》2003年第5期。
[51] 王绍光:《中国公共政策议程设置的模式》,载《中国社会科学》2006年第5期。
[52] 王锡锌、章永乐:《专家、大众与知识的运用——行政规则制定过程的一个分析框架》,载《中国社会科学》2003年第3期。
[53] 谢晖:《权利与权力的界分——法制现代化的奠基石》,载《法律科学》1994年第3期。
[54] 徐和平、吕成:《社会权力的培育及司法规制》,载《学术界》2011年第9期。
[55] 俞梅荪、王俊秀、方兴东、赵岩:《立法的社会论争和民间游说与司法互动——我国宪政民主制度的新尝试》,载《法律文献信息与研究》2004年第1期。
[56] 张光博、张文显:《以权利和义务范畴重构法学理论》,载《求是》1989年第10期。
[57] 张骐:《直面生活,打破禁忌:一个反身法的思路——法律自创生理论述评》,载《法制与社会发展》2003年第1期。
[58] 张文显、姚建宗、黄文艺、周永胜:《中国法理学二十年》,载《法制与社会发展》1998年第5期。
[59] 张文显:《论中国特色社会主义法治道路》,载《中国法学》2009年第6期。
[60] 张贤钰:《评"婚内无奸"》,载《法学》2000年第3期。
[61] 赵汀阳:《深化启蒙:从方法论的个人主义到方法论的关系主义》,载《哲学研究》2011年第1期。

[62] 郑永流:《法的有效性与有效的法——分析框架的建构和经验实证的描述》,载《法制与社会发展》2002年第2期。
[63] 中共成都市委党校调研组:《成都市私营企业主入党意愿的调查和分析》,载《中共成都市委党校学报》2001年第4期。
[64] 周永坤:《权力结构模式与宪政》,载《中国法学》2005年第6期。
[65] 周赟:《政治化:司法的一个面向——从2012年"涉日抗议示威"的相关案件说起》,载《法学》2013年第3期。
[66] 朱芒:《依法行政:应依何法行政》,载《法学》1999年第11期。
[67] 卓英子:《中国与法国司法审判中的政党政治因素比较研究》,载《政法论丛》2007年第5期。

二、中文报刊文章

[1] 郭林:《政治献金丑闻淹没英国工党》,载《光明日报》2007年11月30日,第8版。
[2] 晏庆盛:《谁为大连PX项目决策失误负责》,载《检察日报》2011年8月17日,第5版。

三、中译论文或立法

[1] [美]汉娜·阿伦特:《公共领域和私人领域》,载汪晖、陈燕谷主编:《文化与公共性》,生活·读书·新知三联书店2005年版。
[2] [美]葛维宝:《法院的独立与责任》,葛明珍译,载《环球法律评论》2002年春季号。
[3] [荷]K.冯·本达-贝克曼:《法律多元》,朱晓飞译,载《清华法学》2006年第3期。
[4] [澳]P.H.帕特里奇:《关于权力概念的札记》,何开诚译,载《国外政治学》1988年第1期。
[5] [美]托马斯·卡罗瑟斯:《市民社会》,薄燕译,载《国外社会科学文摘》2000年第7期。
[6]《美国规章协商制定程序法》,薛刚凌、王霁霞译,载浙江大学公法与比较法研究所主编:《公法研究》(第二辑),商务印书馆2004年版。
[7]《联邦咨询委员会法》,苏苗罕译,载《行政法学研究》2006年第4期。

四、博士论文

[1] 郭红欣:《论风险社会下环境法的发展》,武汉大学2007年博士学位论文。
[2] 胡水君:《法律与社会权力》,中国人民大学2002年博士学位论文。
[3] 黄璐:《马克思主义视阈内美国利益集团与政府互动研究》,河北师范大学2013年博士学位论文。

[4] 庞正：《法治视阈下的非政府组织功能研究》，吉林大学2006年博士学位论文。

[5] 石新红：《社团治理及其法律规制》，北京大学2003年博士学位论文。

[6] 王宝治：《当代中国社会权力问题研究——基于国家—社会—个人三元框架分析》，河北师范大学2010年博士学位论文。

[7] 钟瑞友：《转型时期社会权力的扩展和公法规制》，北京大学2006年博士学位论文。

五、立法工作报告和立法建议

[1]《全国人民代表大会法律委员会关于〈中华人民共和国邮政法（修订草案）〉修改情况的汇报》，载《全国人民代表大会常务委员会公报》2009年第4期。

[2]《全国人民代表大会常务委员会法制工作委员会关于〈中华人民共和国中小企业促进法〉有关制度立法后评估工作情况的报告》，载《全国人民代表大会常务委员会公报》2013年第1期。

六、中文著作

[1] 费孝通：《乡土中国》，上海人民出版社2007年版。

[2] 郭道晖：《社会权力与公民社会》，译林出版社2009年版。

[3] 胡水君：《法律与社会权力》，中国政法大学出版社2011年版。

[4] 梁治平：《清代习惯法：社会与国家》，中国政法大学出版社1996年版。

[5] 林宏宇：《白宫的诱惑——美国总统选举政治研究（1952～2004）》，天津人民出版社2006年版。

[6] 刘军宁：《权力现象》，商务印书馆（香港）1991年版。

[7] 罗豪才、宋功德：《软法亦法——公共治理呼唤软法之治》，法律出版社2009年版。

[8] 贾焕银：《民间规范的司法运用——基于漏洞补充与民间规范关联性的分析》，中国政法大学出版社2010年版。

[9] 蒋劲松：《美国国会史》，海南出版社1992年版。

[10] 马起华：《政治理论》（第二册），台湾商务印书馆1977年版。

[11] 桑本谦：《私人之间的监控与惩罚——一个经济学的进路》，山东人民出版社2005年版。

[12] 宋冰编：《读本：美国与德国的司法制度及司法程序》，中国政法大学出版社1998年版。

[13] 苏力：《道路通向城市：转型中的中国法治》，法律出版社2004年版。

[14] 苏力：《法治及其本土资源》，中国政法大学出版社2004年版。

[15] 孙国华、朱景文主编：《法理学》（第三版），中国人民大学出版社2010年版。

[16] 孙谦、韩大元主编：《欧洲十国宪法》，中国检察出版社2013年版。

[17] 孙谦、韩大元主编：《亚洲十国宪法》，中国检察出版社2013年版。

[18] 孙谦、韩大元主编：《美洲大洋洲十国宪法》，中国检察出版社 2013 年版。

[19] 孙文恺：《法律的性别分歧》，法律出版社 2009 年版。

[20] 王名扬：《美国行政法》（下），中国法制出版社 2005 年版。

[21] 王名扬：《英国行政法》，北京大学出版社 2007 年版。

[22] 徐正光、张晓春、萧新煌编：《自力救济——一九九六台湾社会批判》，敦理出版社 1987 年版。

[23] 喻中：《法律文化视野中的权力》，山东人民出版社 2004 年版。

[24] 中华人民共和国最高人民法院审视审判第一庭编：《刑事审判参考》（2000 年第 2 辑），法律出版社 2000 年版。

[25] 张光博：《权利义务要论》，吉林大学出版社 1989 年版。

[26] 张静：《法团主义》，中国社会科学出版社 2005 年版。

[27] 张文显：《法学基本范畴研究》，中国政法大学出版社 1993 年版。

[28] 赵荣、卢玮静、陶传进、赵小平：《从政府公益到社会化公益——巨灾后看到的公民社会发育逻辑》，社会科学文献出版社 2011 年版。

[29] 周永坤：《规范权力——权力的法理研究》，法律出版社 2006 年版。

七、中文译著

[1] ［美］阿尔温·托夫勒：《权力的转移》，刘江、陈方明、张毅军、赵子健等译，中共中央党校出版社 1991 年版。

[2] ［美］爱德华·S. 考文：《司法审查的起源》，徐爽译，北京大学出版社 2015 年版。

[3] ［美］彼得·M. 布劳：《社会生活中的交换与权力》，李国武译，商务印书馆 2008 年版。

[4] ［英］伯兰特·罗素：《权力论：新社会学分析》，吴友三译，商务印书馆 2011 年版。

[5] ［美］查尔斯·A. 比尔德：《美国宪法的经济观》，何希齐译，商务印书馆 2010 年版。

[6] ［美］查尔斯·赖特·米尔斯：《权力精英》，王崑、许荣译，南京大学出版社 2004 年版。

[7] ［美］丹尼斯·朗：《权力论》，陆震纶、郑明哲译，中国社会科学出版社 2001 年版。

[8] ［美］戴维·杜鲁门：《政府过程——政治利益与公共舆论》，陈尧译，天津人民出版社 2005 年版。

[9] ［英］戴维·米勒编：《布莱克维尔政治学百科全书》，邓正来译，中国政法大学出版社 2011 年版。

[10] ［法］E. 迪尔凯姆：《社会学方法的准则》，狄玉明译，商务印书馆 1995 年版。

[11] ［法］埃尔米·迪尔凯姆：《自杀论》，冯韵文译，商务印书馆 1996 年版。

[12] ［美］富勒：《法律的道德性》，郑戈译，商务印书馆 2005 年版。

[13] [英] 弗里德里希·冯·哈耶克:《经济、科学与政治——哈耶克论文演讲集》,冯克利译,江苏人民出版社 2003 年版。

[14] [英] 弗里德里希·冯·哈耶克:《个人主义与经济秩序》,邓正来编译,复旦大学出版社 2013 年版。

[15] [德] 贡塔·托依布纳:《法律:一个自创生系统》,张骐译,北京大学出版社 2004 年版。

[16] [英] H. G. 威尔森:《威尔森科学幻想小说选》,孙宗鲁、孙家新等译,江苏科学技术出版社 1980 年版。

[17] [美] H. W. 佩里:《择案而审——美国最高法院案件受理议程表的形成》,傅郁林、韩玉婷、高娜译,中国政法大学出版社 2010 年版。

[18] [德] 哈贝马斯:《在事实与规范之间——关于法律和民主法治国的商谈理论》,童世骏译,生活·读书·新知三联书店 2003 年版。

[19] [德] 尤尔根·哈贝马斯:《合法性危机》,刘北成、曹卫东译,上海人民出版社 2009 年版。

[20] [美] 哈罗德·D. 拉斯韦尔、亚伯拉罕·卡普兰:《权力与社会:一项政治学研究的框架》,王菲易译,上海人民出版社 2012 年版。

[21] [美] 汉娜·阿伦特:《人的境况》,王寅丽译,上海人民出版社 2009 年版。

[22] [美] 汉密尔顿、杰伊、麦迪逊:《联邦党人文集》,程逢如、在汉、舒逊译,商务印书馆 1980 年版。

[23] [美] 赫伯特·马尔库塞:《单向度的人:发达工业社会意识形态研究》,刘继译,上海译文出版社 2008 年版。

[24] [美] 亨利·J. 亚伯拉罕:《法官与总统》,刘泰星译,商务印书馆 1990 年版。

[25] [法] 卢梭:《论人类不平等的起源和基础》,何兆武译,商务印书馆 2003 年版。

[26] [美] 罗伯特·A. 达尔:《民主理论的前言》,顾昕译,东方出版社 2009 年版。

[27] [美] 罗伯特·A. 达尔:《谁统治:一个美国城市的民主与权力》,范春辉、张宇译,江苏人民出版社 2011 年版。

[28] [美] 罗伯特·A. 达尔、布鲁斯·斯泰恩布里克纳:《现代政治分析》(第六版),吴勇译,中国人民大学出版社 2012 年版。

[29] [美] 罗伯特·杰克曼:《不需要暴力的权力——民族国家的政治能力》,欧阳景根译,天津人民出版社 2005 年版。

[30] [美] 罗伯特·诺奇克:《无政府、国家和乌托邦》,姚大志译,中国社会科学出版社 2008 年版。

[31] [美] 罗斯科·庞德:《法理学》(第一卷),邓正来译,中国政法大学出版社 2004 年版。

[32] [美] 杰弗里·罗森：《最民主的部门：美国最高法院的贡献》，胡晓进译，中国政法大学出版社 2013 年版。

[33] [美] 杰弗里·M. 贝瑞、克莱德·威尔科克斯：《利益集团社会》，王明进译，中国人民大学出版社 2012 年版。

[34] [德] 马克思·韦伯：《经济与社会》，林荣远译，商务印书馆 1997 年版。

[35] [英] 马林诺夫斯基：《原始社会的犯罪与习俗》，原江译，法律出版社 2007 年版。

[36] [美] 马修·德夫林编：《哈贝马斯、现代性与法》，高鸿钧译，清华大学出版社 2008 年版。

[37] [美] 迈克尔·曼：《社会权力的来源》（第一卷），刘北成、李少军译，上海人民出版社 2007 年版。

[38] [法] 米歇尔·福柯：《性史》，黄勇民、俞宝发译，上海文化出版社 1988 年版。

[39] [法] 米歇尔·福柯：《必须保卫社会》，钱翰译，上海人民出版社 2010 年版。

[40] [美] 诺内特、塞尔兹尼克：《转变中的法律与社会：迈向回应型法》，张志铭译，中国政法大学出版社 1994 年版。

[41] [美] 诺曼·杰·奥恩斯坦、雪莉·埃尔德：《利益集团、院外活动和政策制订》，潘同文、陈永易、吴艾美译，世界知识出版社 1981 年版。

[42] [美] 乔尔·S. 米格代尔：《强社会与弱国家——第三世界的国家社会关系及国家能力》，张长东、朱海雷等译，江苏人民出版社 2009 年版。

[43] [英] 史蒂文·卢克斯：《个人主义》，阎克文译，江苏人民出版社 2001 年版。

[44] [斯洛文尼亚] 斯拉沃热·齐泽克：《暴力——六个侧面的反思》，唐健、张嘉荣译，中国法制出版社 2012 年版。

[45] [法] 托克维尔：《论美国的民主》，董果良译，商务印书馆 2010 年版。

[46] 中共中央马克思恩格斯列宁斯大林著作编译局编译：《马克思恩格斯选集》（第一卷），人民出版社 2012 年版。

八、英文论文

[1] Bertrand De Jouvenel, "Authority: The Effective Imperative", in Carl J. Fredrich, ed., *Authority*, Cambridge: Harvard University Press, 1958.

[2] Charles L. Stevenson, "Persuasive Definitions", *Mind*, 47 (1938).

[3] Charles Taylor, "Foucault on Freedom and Truth", *Political Theory*, 12 (1984).

[4] Dennis D. Hirsch, "Green Business and the Importance of Reflexive Law: What Michael Porter Didn't Say", *Administrative Law Review*, 62 (2010).

[5] Eric Reitan, "Rape as an Essentially Contested Concept", *Hypatia*, 16 (2001).

[6] Eric W. Orts, "Reflexive Environmental Law", *Northwestern University Law Review*, 89

(1995).

[7] Geoffrey Debnam, "Nondecision and Power: The Two Face of Bachrach and Baratz", in John Scoot, ed., *Power: Critical Concept*, Vol. II, London and New York: Routledge, 1994.

[8] Gunther Teubner, "Substantive and Reflexive Element in Modern Law", *Law & Society Review*, 17 (1983).

[9] Gunther Teubner, "Autopoiesis in Law and Society: A Rejoinder to Blankenburg", *Law & Society Review*, 18 (1984).

[10] Jack H. Nagel, "Some Question about the Concept of Power", *Behavior Science*, 13 (1968).

[11] Jacques Vanderlinden, "Return to Legal Pluralism: Twenty Years Latter", *Journal of Legal Pluralism*, 21 (1989).

[12] Jeremy Waldron, "Is the Rule of Law an Essentially Contested Concept (in Florida)?", *Law and Philosophy*, 21 (2002).

[13] Jody Freeman, "The Private Role in Public Governance", *New York University Law Review*, 75 (2000).

[14] John Griffiths, "What Is Legal Pluralism?", *Journal of Legal Pluralism*, 18 (1986).

[15] Julia Black, "Constitutionalising Self-Regulation", *The Modern Law Review*, 59 (1996).

[16] Julia Black, "Regulatory Conversations", *Journal of Law and Society*, 29 (2002).

[17] Jurgen Habermas, "Hannah Arendt's Communication Concept of Power", in Steven Lukes, ed., *Power*, New York: New York University Press, 1986.

[18] Marc Galanter, "Justice in Many Rooms: Courts, Private Orderings and Indigenous Law", *Journal of Legal Pluralism*, 13 (1981).

[19] Mark Haugaard, "Power: A Family Resemblance Concept", *European Journal of Cultural Studies*, 13 (2010).

[20] Michel Foucault, "Two Lectures", trans. Colin Gordon, Leo Marshall, John Merpham and Kate Soper, in Colin Gordon ed., *Power/Knowledge: Selected Interviews and Other Writings*, 1972-77, New York: Pantheon Books, 1980.

[21] Michel Foucault, "Useless to Revolt?", trans., Robert Hurley and others, in James D. Faubion ed., *Power. Essential Works of Faucoult 1954-1984*, Vol. 3, London: Penguin Books, 2002.

[22] Nelson W. Polsby, "How to Study Community Power: The Pluralist Alternative", *Journal of Politics*, 22 (1960).

[23] Norman Podhoretz, "Rape in Feminist Eyes", *Commentary*, 92 (1991).

[24] Peer Zumbansen, "The Law of Society: Governance Through Contract", *Indiana Journal of Global Legal Studies*, 14 (2007).

[25] Peter Bachrach and Morton S. Baratz, "Two Face of Power", *The American Political Science Review*, 56 (1962).

[26] Peter Bachrach and Morton S. Baratz, "Decisions and Nondecisions: An Analytical Framework", in John Scott ed., *Power: Critical Concept*, Vol. II, London and New York: Routledge, 1994.

[27] Peter Digeser, "The Fourth Face of Power", *The Journal of Politics*, 54 (1992).

[28] Philippe C. Schmitter, "Still the Century of Corporatism?", *The Review of Politics*, 36 (1974).

[29] Rarmond E. Wolfinger, "Nondecision and Study of Local Politics", in John Scoot ed., *Power: Critical Concept*, Vol. II, London and New York: Routledge, 1994.

[30] Robert A. Dahl, "The Concept of Power", *Behavioral Science*, 2 (1957).

[31] Robert A. Dahl, "A Critique of the Ruling Elite Model", *American Political Science Review*, 52 (1958).

[32] Robert A. Dahl, "Power as the Control of Behavior", in Steven Lukes ed., *Power*, New York: New York University Press, 1986.

[33] Roscoe Pound, "The Limits of Effective Legal Action", *International Journal of Ethics*, 27 (1917).

[34] Sally Engle Merry, "Legal Pluralism", *Law & Society Review*, 22 (1988).

[35] Sally Falk Moore, "Law and Society Change: The Semi-Autonomous Social Field as an Appropriate Subject of Study", *Law & Society Review*, 7 (1972).

[36] Steven Lukes, "A Reply to K. J. Macdonald", *British Journal of Political Science*, 7 (1977).

[37] Steward Macaulay, "Private Government", in Leon Lipson and Stanton Wheeler eds., *Law and the Social Science*, New York: Russell Sage Foundation, 1986.

[38] Talcott Parsons, "On the Concept of Political Power", *Proceedings of the American Philosophical Society*, 17 (1963).

[39] Terence Ball, "New Faces of Power", in Thomas E. Wartenberg ed., *Rethinking Power*, New York: State University of New York Press, 1992.

[40] W. B. Gallie, "Essentially Contested Concepts", *Proceeding of the Aristotelian Society*, 56 (1956).

[41] W. B. Gallie, "Art as an Essentially Contested Concept", *The Philosophical Quarterly*, 6 (1956).

[42] Warren A. Braunig, "Reflexive Law Solutions for Factory Farm Pollution", *New York University Law Review*, 80 (2005).

[43] Zechariah Chafee, "The Internal Affairs of Associations Not for Profit", *Harvard Law Review*, 43 (1930).

九、英文著作

[1] Barry Barnes, *The Nature of Power*, Cambridge: Polity Press, 1988.

[2] Carl Joachim Friedrich, *Constitutional Government and Politics: Nature and Development*, New York and London: Harper Brother, 1937.

[3] Donald Black, *Sociological Justice*, New York and Oxford: Oxford University Press, 1989.

[4] Eugen Ehrlich, *Fundamental Principles of the Sociology of Law*, Cambridge: Harvard University Press, 1936.

[5] Gunther Teubner, ed., *Juridification of Social Spheres: A Comparative Analysis in the Areas of Labor, Corporate, Antitrust, and Social Welfare Law*, Berlin/New York: De Gruyter, 1987.

[6] Gunther Teubner, ed., *Environmental Law and Ecological Responsibility: The Concept and Practice of Ecological Self-organization*, New York: John Wiley, 1994.

[7] Hannah Arendt, *On Violence*, New York: Harcourt, Brace & World Inc, 1970.

[8] Jean Cohen, *Regulating Intimacy: A New Legal Paradigm*, Oxford: Princeton University Press, 2002.

[9] Kenneth E. Boulding, *Three Face of Power*, London: Sage Publications, 1989.

[10] Leopold Pospisil, *Anthropology of Law: A Comparative Theory*, New York: Harper & Row, 1971.

[11] M. B. Hooker, *Legal Pluralism: An Introduction to Colonial and Neo-Colonial Laws*, Oxford: Oxford University Press, 1975.

[12] Michael Freeden, *Ideologies and Political Theory: A Conceptual Approach*, Oxford: Clarendon Press, 1996.

[13] Peter Bachrach and Morton S. Baratz, *Power and Poverty: Theory and Practice*, New York: Oxford University Press, 1970.

[14] Peter Morriss, *Power: A Philosophical Analysis*, Manchester: Manchester University Press, 1987.

[15] R. H. Tawney, *Equality*, London: George Allen & Unwin, 1931.

[16] Steven Lukes, *Essays in Social Theory*, New York: Columbia University Press, 1977.

[17] Steven Lukes, *Power: A Radical View*, London: Palgrave Macmillan, 2005.

[18] Stewart R. Clegg, *Frameworks of Power*, London: Sage, 1989.

[19] Talcott Parsons, *Sociological Theory and Modern Society*, New York: The Free Press, 1967.

[20] William M. Evan, *Social Structure and Law: Theoretical and Empirical Perspectives*, London: Sage Publications, 1990.

十、欧盟立法文件

[1] "Council Regulation (EEC) No 1836/93", *Official Journal of the European Communities*, 36 (1993).

[2] "Regulation (EC) No 761/2001", *Official Journal of the European Communities*, 44 (2001).

[3] "Regulation (EC) No 1221/2009", *Official Journal of the European Union*, 52, (2009).

后　记

据说，诸葛孔明称金陵地势为"钟阜龙蟠、石头虎踞"，而这只雄踞于长江江岸的老虎就是今天的清凉山。南京师范大学的随园校区，与清凉山只有一路之隔，"随园校区"之名来自清代大诗人袁枚的故居，即今位于清凉山公园之中的随园故居。袁枚《随园记》有云："金陵自北门桥西行二里，得小仓山，山自清凉胚胎，分两岭而下，尽桥而止。蜿蜒狭长，中有清池水田，俗号干河沿。河未干时，清凉山为南唐避暑所，盛可想也。凡称金陵之胜者，南曰雨花台，西南曰莫愁湖，北曰钟山，东曰冶城，东北曰孝陵，曰鸡鸣寺。登小仓山，诸景隆然上浮。凡江湖之大，云烟之变，非山之所有者，皆山之所有也。"2005年左右，南京市政府为回馈市民，免费开放市内大部分公园，于是囊中羞涩的我也有幸得游清凉山公园，并于随园驻足，可惜的是，今日的南京已经高楼林立，清凉山上早已无法概览金陵四周之佳景，但是在随园的白墙黛瓦之间，其特有的诗书古韵却依旧保留着读书看山的精妙感觉。

在清凉山下，我一边浸染着金陵城的文化气息，一边完成了自己的硕士研究生学业，毕业之后回到济南从教，此一别金陵就是五年。五年之后，终又回到南师，不过这次却是住在仙林校区。仙林恰如其名，也是一处读书修身的好所在。我们的宿舍又处在山谷之中，虽有"臭大姐"横行，但也有鸟语花香的清新，每日读书、思考、写作之余，徒步登山，既可健身也能舒缓紧张的神经。可惜，在仙林的山水环绕之中，始终未有"仙人抚我顶，结发受长生"的奇缘，亦未曾有过那种"地辟天开，云蒸雨降""又如长河，浩浩奔放"的极限写作体验。有的只是和青春作别的无奈，还有"两句三年得，一吟双泪流"的辛酸记忆。

此书的形成，须感谢我的导师，选题和写作均得益于先生的启发和指导。先生淡然和豁达的人生态度，使我佩服之至，耳濡目染中，使我也终于能够更加坦然地面对人生的诸多不如意。同时，也感谢公丕祥教授、龚廷泰教授、夏锦文教授、孙文恺教授对本书的批评和建议，诸位先生的建设性意见使本书少走了不少弯路。感谢刘翀、郑智、朱政、陈小洁等同学的帮助和支持，虽然研究领域各异，也经常陷入唇枪舌剑却各说各话的尴尬，但是与诸位同学的交流还是令我受益匪浅。感谢方乐博士、宣刚博士、杨建博士、李丹博士的无私帮助。也感谢那些虽未有幸相见，但对我的写作影响巨大的国内外学界的前辈们。